史 青 著

中国制造业企业出口、外包与劳动力市场研究

南京大学出版社

图书在版编目(CIP)数据

中国制造业企业出口、外包与劳动力市场研究 / 史青著. — 南京：南京大学出版社，2018.4
ISBN 978-7-305-20063-2

Ⅰ.①中… Ⅱ.①史… Ⅲ.①制造工业－出口贸易－研究－中国 ②制造工业－对外承包－研究－中国 ③制造工业－劳动力市场－研究－中国 Ⅳ.①F426.4

中国版本图书馆 CIP 数据核字(2018)第 065655 号

出版发行 南京大学出版社
社　　　址 南京市汉口路 22 号　　　　邮　　编 210093
出 版 人 金鑫荣
书　　　名 **中国制造业企业出口、外包与劳动力市场研究**
著　　　者 史青
责任编辑 王日俊 秦 露
照　　　排 南京理工大学资产经营有限公司
印　　　刷 江苏凤凰数码印务有限公司
开　　　本 718×1000　1/16　印张 14.5　字数 306 千
版　　　次 2018 年 4 月第 1 版　　2018 年 4 月第 1 次印刷
ISBN 978-7-305-20063-2
定　　　价 58.00 元

网　　　址:http://www.njupco.com
官方微博:http://weibo.com/njupco
官方微信号:njupress
销售咨询热线:025-83594756

本书为江苏高校优势学科建设工程资助项目（PAPD）、江苏高校人文社会科学校外研究基地"江苏现代服务业研究院"、江苏高校现代服务业协同创新中心和江苏省重点培育智库"现代服务业智库"的阶段性研究成果。

书　　　名：中国制造业企业出口、外包与劳动力市场研究

著　　　者：史　青

出　版　社：南京大学出版社

前　言

随着全球化的不断发展,中国与世界经济融合不断深化,外贸依存度也越来越高,国际贸易的发展给一国带来经济增长的同时,也带来了一些负面效应,如拉大工资差距、冲击本国产业安全以及引起诸多的贸易争端与摩擦等一系列问题,因此,学术界对国际贸易影响国内经济的研究从未停止过。近些年来,工资差距不断扩大,失业人数急剧上升,种种劳动力市场问题层出不穷,促使学者们不断权衡对外贸易带来的成本和收益问题,对外贸易对国内劳动力市场的影响成为一个越来越引人注目的领域。我国的出口总额从 1978 年的 167.6 亿元上升到 2011 年的 123 240.6 亿元,作为劳动密集型产品的出口大国,我们更为关注的是广大劳动者是否真的从迅猛发展的出口贸易中受益了呢? 劳动力的就业结构和就业数量受到怎样的影响呢? 劳动力的就业风险是增大还是减小呢? 鼓励出口是三十年来我国对外贸易的基本政策之一,其战略地位不容忽视,作为拉动 GDP 增长的"三驾马车"之一,出口对劳动力市场的影响研究有助于我们从收入分配和就业风险的角度重新思考这一战略政策。

在研究过程中,本书综合运用了系统分析与重点分析相结合、定性分析与定量分析相结合、理论分析与实证分析相结合等研究方法。本书的思路为:首先,对国内外有关国际贸易影响劳动力市场的文献按照工资、就业、劳动力需求弹性三方面内容进行了梳理,并分别阐述了国际贸易对工资、就业、劳动力需求弹性的影响机制。在此基础上,本书利用微观企业层面数据分别考察了企业出口及外包对员工工资、就业结构、技术工人与非技术工人就业数量、劳动力自身需求弹性以及技术工人与非技术工人交叉需求弹性的影响,并进一步研究了劳动力市场波动对企业出口的影响,同时从企业研发策略互动的视角验证了"出口中学"效应,得出了一些与前人不同的结论并提出相关政策建议。本书共分为十章,其具体包括:

第一章为导论。本章主要阐述了本书的选题背景、研究意义,并介绍了本书的研究思路、研究框架以及可能的创新之处。

第二章为文献综述。依据本书研究的主题,对现有的相关文献进行了梳理和评价,主要从三个方面展开:(1) 国际贸易对工资的影响,分别从理论层面和

实证层面进行概括,经验研究采用的方法主要有要素含量法、可计算一般均衡法、委托工资回归法等其它方法。(2)国际贸易对就业的影响,分别从理论层面和经验研究层面进行概括,很多经验研究同时包含了对工资和就业的影响,因此方法基本很相似,主要包括可计算一般均衡分析、回归分析法等。(3)国际贸易对劳动力需求弹性的影响,这方面的理论文献较少,实证研究多是基于发展中国家的。本章概括了该领域已有的研究成果,总结了已有文献的不足,为后文的实证工作奠定了基础。

第三章为影响机制。本章详细阐述了国际贸易对工资、就业和劳动力需求弹性的影响路径。其中,贸易对工资的影响机制主要从新古典贸易理论的萨缪尔森定理和新新贸易理论的同质企业选择异质性劳动力模型进行阐释;贸易影响就业的传导机制归结为菲利普斯曲线和贸易筛选机制,这两种机制的就业效应是相反的;贸易对劳动力需求弹性的影响则主要通过替代效应和规模效应两条途径。

第四章讨论了企业出口对员工工资的影响。本章将企业出口强度做为连续的处理变量,采用广义倾向得分法,控制企业的出口自选择后,在每一出口强度上考察了中国 2000—2007 年持续存活的企业出口后对其员工工资的影响,研究表明:企业出口确实能显著提高员工工资,然而这一因果关系只在企业出口强度的某些子区间成立;此外,企业出口后,出口强度与员工工资呈现倒 U 型关系,出口对工资的改善作用随出口强度的增加先上升后下降。此外,还进行了不同经济性质、不同要素密集度、不同技术行业、不同经济区的多种稳健性检验,仍然支持上述结论。

第五章考察了企业出口对就业的影响。本章在前人的基础上,利用2000—2007年持续存活的企业分析了出口强度对就业的影响,分别包括就业结构、劳动力就业总量、技术工人就业量及非技术工人就业量。发现随着出口强度的增加,企业内技术工人比例会降低即对就业结构是不利的,然而就绝对数来看,两种类型工人的数量都是显著增加的,同时总的就业量也在上升。这说明我国企业出口得出的结论并不支持贸易筛选机制,或许与我国存在"生产率悖论"有很大关系。

第六章企业出口对劳动力需求弹性的影响。本章在总结前人研究的基础上,探讨了企业出口对就业风险——劳动力需求弹性的影响。首先估计了劳动力自身需求弹性、技术工人和非技术工人的交叉需求弹性,然后系统探讨了出口贸易对劳动力自身需求弹性、技术工人与非技术工人的交叉需求弹性的影响。结果发现出口增加了劳动力的自身需求弹性,同时降低了两类工人的交叉需求弹性,表明出口贸易不仅可以通过影响传统意义上的工资和就业水平来影响劳动力市场,还会通过影响具有隐蔽性的就业与收入风险问题如劳动力自身需求弹性和交叉需求弹性来影响劳动力市场,这种影响同样是不可忽视的。

第七章探讨不同形式制造业外包对劳动力需求弹性的影响。利用投入产出表和联合国贸易数据测算制造业发包水平 FH 和接包水平 VS,结合工业企业数据,研究制造业外包对两类劳动力需求弹性的影响。研究发现制造外包水平的提高显著增大了劳动力自身需求弹性和交叉需求弹性,接包角度的提升更明显;其中制造发包和服务发包对两类弹性影响并不相同;劳动力自身调节可减缓全球化带来的冲击,劳动密集型企业、加工贸易企业所受冲击更为明显。本书首次从微观角度探讨制造业外包对两类弹性的影响,并对制造外包和服务外包进行比较,用发展中国家的数据验证了 Rodrik(1997)假说,对于有效解决中国全球化过程中的就业问题有重要启示。

第八章基于国际贸易理论,探讨了劳动力市场波动性对企业出口行为的影响,提出了相关理论假说。随后,利用中国工业企业层面的数据,分析了行业层面劳动力市场需求弹性对企业出口行为的影响,结果发现较大的行业劳动力需求价格弹性会抑制企业的出口强度。这种抑制作用对于规模较小、劳动密集型程度较大和生产率较低的企业更为显著。这一结论对于不同的指标衡量方法、不同的样本以及在控制了可能的反向因果关系后仍然保持稳健。

第九章在考虑企业研发投入策略互动的前提下,利用 2005—2007 年的中国工业企业数据,结合倾向得分匹配法(PSM)与最新发展的空间自回归 Tobit 模型,考察了企业出口行为对研发创新的影响。结果发现,我国企业面临研发决策时,更多采取模仿技术领先者的"搭便车"行为,而不是你追我赶地开展研发竞赛。这一行为抑制了我国的整体创新水平;出口行为确实促进了企业研发投入,而忽略研发的空间交互作用会低估这一影响。这一结论既可为我国目前亟待提高的创新现状提供微观角度的解释,同时也为促进我国企业自主研发创新提供新的思路。

第十章为全书总结、相关启示与未来研究方向。本书认为,可从以下几个方面采取措施:首先,有必要构建与出口贸易相关的急救措施及相关的就业与收入保障,以减少出口对劳动力市场的负面冲击,具体可采取建立稳定出口的机制、提供与贸易有关的培训、完善社会保障体系以及与贸易有关的再就业援助计划等措施,将出口与劳动力市场的制度改革有机结合起来,有效解决贸易自由化进程中的就业、收入与风险问题。其次,由于不同的行业在经济性质、要素密集度、技术难度、经济区位、规模结构等方面的特征不同,造成各个行业的劳动力报酬

和就业等受出口的影响程度不同,因此有必要根据行业的比较优势和禀赋优势,采取有差异的出口措施和劳动力市场措施。最后,打破行政性分割,促进劳动力自由流动。城乡二元结构和区域壁垒是目前我国劳动力市场中面临的重要问题之一。通过加快户籍制度改革、创新农村土地流转制度、完善城乡社会保障制度、推进有就业需求的城镇化进程等措施来实现城乡结构的有效转换。

目 录

第一章 导 论

第一节 选题背景与意义

一、选题背景

国际贸易作为全球经济发展中必不可少的重要环节,近年来的发展突飞猛进,对于中国而言,货物进出口总额从 1978 年的 355 亿元上升到 2011 年的 236 402亿元,其中出口总额从 1978 年的 167.6 亿元上升到 2011 年的123 240.6亿元,三十多年间分别上涨了 665 倍和 734 倍,2012 年,中国的贸易总额为 38 667亿美元,首次超过美国,成为世界贸易规模最大的国家,贸易在中国经济发展中的地位是举足轻重的。

在过去的几十年中,贸易获得了迅速发展,同时其表现形式、贸易结构等也发生了重要变化,主要体现在以下几个方面。第一,贸易形式更加复杂和多样化,由之前的产业间贸易和产业内贸易为主逐步转变为产业间贸易、产业内贸易、产品内贸易①、公司内贸易多种方式并存;服务贸易所占份额比货物贸易份额低很多,然而发展速度却很快,替代了单一货物贸易的局面;与此同时跨国外包、中间品贸易、FDI 垂直专业化也越来越普遍。第二,进出口商品的结构也发生了变化,初级产品的比重下降,工业制成品的比重上升,以出口为例,1991 年的出口总额中初级产品比重为 22.47%,2001 年的比重为 5.30%,而工业制成品占出口总额的比重从 77.53%上升到 94.70%。第三,加工贸易在中国占据重要地位,几乎占据中国进出口量的半壁江山,虽然近几年在转型升级的策略下比重有所下降,然而加工贸易仍是经济增长的动力之一,这种方式也是劳动力密集型发展中国家的特有现象。第四,与中国开展贸易的国家也越来越多,20 世纪 80、90 年代主要集中于美国,日韩等亚洲国家扩大到现在的包括亚洲、欧洲、拉

---

① 外包是产业内贸易的一种形式。

丁美洲、北美洲、大洋洲和非洲①等，几乎涵盖了所有的国家和地区。

国际贸易的迅猛发展会引起生产要素的流动，势必会影响到各生产要素的报酬及在生产中的分配等要素市场的相关内容。作为劳动密集型产品的出口大国，我们非常关注出口贸易对中国劳动力市场的影响，这也是目前的热点问题之一。从另一个角度来说，考察国际贸易对一国经济福利的影响，劳动力市场首当其冲，毋庸置疑，劳动力市场是个重要的领域，它所涉及的劳动力工资、就业、劳动力需求弹性等都是与民生息息相关的方面，是讨论福利必须涉及的内容，也是国家重点关注的对象。2012 年召开的"十八大"就明文规定"发展成果由人民共享，必须深化收入分配制度改革，努力实现居民收入增长和经济发展同步、劳动报酬增长和劳动生产率提高同步，提高居民收入在国民收入分配中的比重，提高劳动报酬在初次分配中的比重。"

劳动力市场作为经济运行必不可少的组成部分，任何影响其运行机制的因素都会导致劳动力市场表现形式——劳动力工资与就业的改变。牛蕊（2009）对这些因素进行了总结：这些因素大致归结为三类——市场性、制度性、社会性，其中市场性是指劳动力市场上供求变化导致的劳动力资源配置及价格的变化状况；制度性因素是指劳动力市场中各种组织对劳动力工资和就业的影响；社会性因素是指针对社会群体的特定规范对工资和就业的影响，例如文化、阶层和风俗习惯等。这几种因素可以同时作用，贸易可以同时通过市场性因素和制度性因素作用于劳动力市场，影响劳动力的报酬、就业结构、就业数量、就业风险等。

因此，对于中国这样一个劳动力密集型产品的出口大国而言，研究如何应对出口带来的不利影响，建立健全劳动力市场制度、制定有效的贸易保障机制，具有非常重要的现实意义。此外，鼓励出口作为中国改革开放三十年来的对外贸易基本政策之一，有非常重要的战略地位，出口与消费和投资并列为拉动 GDP 增长的"三驾马车"，其增长效应在中国已经得到很好的实践，出口对劳动力市场的研究也有助于我们从收入分配和就业风险的角度重新思考这一战略政策。

二、选题意义

随着全球化的不断发展，中国与世界经济融合不断深化，外贸依存度也越来越高，国际贸易的发展给一国带来经济增长的同时，也带来了一些负面效应，如加剧工资差距、冲击产业安全以及与其他国家发生贸易争端与摩擦等一系列问题，学术界对国际贸易影响国内经济的研究从未停止过。近些年来，以工资差距

---

① 与非洲国家的贸易比重由 1990 年的 0.24%，上升至 2006 年的 3.15%。

衡量的收入差距在不断扩大①,失业人数也在急剧上升,中国城镇失业人数从 1990 年的 383.2 万人增加到 2011 年 922 万人,失业率从 1990 年的 2.5% 上升到 4.1%,种种劳动力市场问题层出不穷,促使学者们不断权衡贸易带来的成本和收益问题,因此贸易对劳动力市场的影响成为一个越来越引人注目的领域。赫克歇尔—俄林定理(H—O)及推论之一斯托尔帕—萨缪尔森定理(S—S)阐述了贸易对包括劳动力在内的生产要素报酬的影响,是最早系统且较为完整地涉及国际贸易和劳动力市场关系的经典理论。近几十年来,随着产业内贸易、产品内贸易、中间品贸易、外包等多种形式的出现,国际贸易获得了突飞猛进的发展,其对劳动力市场的影响也日益显著,不仅成为学术界研究的重点课题之一,在政府官员和社会公众间也引起强烈关注。

出口贸易作为中国经济增长的"三驾马车"之一,不仅促进了中国总体的经济发展,同时也促使企业加大研发来提高生产率,推动了技术进步。中国是劳动力大国,根据要素禀赋理论,出口的产品多为劳动密集型产品,本书没有面面俱到关注对外贸易的各个方面对劳动力市场的影响,而是选取了其中一个视角——出口这项与经济增长最密切相关的内容,从出口的角度关注贸易对劳动力市场的影响。主要包括以下几个方面:广大劳动者是否真的从迅猛发展的出口贸易中受益了呢?② 即与非出口企业相比,出口企业员工的工资有提高吗?同样不可忽视的还有出口贸易对劳动力市场结构的影响,包括就业结构、就业风险、工作的稳定性与劳动雇佣关系,而且对后者的影响往往比对前者更有隐蔽性,其相关的政策指导意义不可忽视。本书还将关注劳动力的就业结构和就业数量受到怎样的影响呢? 劳动力的就业风险是增大还是减小呢? 总结起来,本书主要关注的问题有以下几个:出口对劳动力报酬的影响、出口的就业效应(就业结构以及各种类型工人的就业数量)、出口对反映就业风险的劳动力需求弹性的影响③、外包对劳动力就业风险的影响、劳动力市场波动对企业出口的影响等。

鉴于之前国际贸易影响劳动力市场的研究多集中在行业层面或省级层面,

① 赵莹(2003)对此进行了详细阐述。

② 出口贸易如何影响劳动者的工资报酬主要是基于新古典贸易框架下的 Stolper-Samuelson(SS)定理:国际贸易通过提高丰裕要素密集型商品的相对价格,使得国内相对丰裕要素的报酬上升,同时相对稀缺要素报酬受损。

③ 劳动力需求弹性是衡量就业风险的重要方式,劳动力需求弹性越大,则就业风险越大,反正则越小。

本书将研究内容集中在更加微观的视角,采用微观企业的数据对上述关注的问题进行详细的考察。本书的研究有以下意义:

从研究视角上,一方面将国际贸易学和劳动经济学从更微观的视角即企业和工人的角度结合起来。新新贸易理论兴起后,国际贸易理论转向更加微观的层面,即企业层面,而劳动经济学中对工资和就业问题的研究是站在宏观的角度,因此研究出口贸易对劳动力市场的影响——确切地说是企业出口对工资和就业(包括就业结构、就业数量、就业风险等)的影响,为将国际贸易学和劳动经济学结合的研究提供了一种更加微观的视角。

另一方面,从出口与外包的福利角度来评判贸易政策。20世纪后期以来,随着国际政治环境和经济形势的变化,以及中国加入WTO以来的贸易政策转变,中国对外贸易的结构和方式正在发生深刻变化,传统以劳动密集型企业为主的加工贸易方式已经显示出较大的负面作用,使中国的贸易政策面临着重大考验,亟须改革。有关出口与外包影响劳动力市场的研究可以让我们从贸易的福利效应角度来评判和检验贸易政策的调整效果,在保证国际贸易和经济增长相辅相成的同时,进一步保障和改善居民福利,包括安排合理的就业结构、降低就业风险等,进而使贸易政策得到更好的调整和部署。

从研究结果和研究方法上,本书的研究结果可为相关部门完善贸易自由化改革和就业保障与救济制度提供政策建议,对于指导企业如何把出口控制在最好规模提供了经验证据,也为政策制定者提供了很好的借鉴;同时,也为研究者提供了一个较好的分析问题的思路,即分阶段分析问题,找到最优区间或最优点,既要关注大的趋势,更要关注各个变化区间。

第二节　相关概念界定

为了后续研究的需要,下面对本书涉及的某些概念及相关内容做一些简单介绍。

一、劳动力类型分类

本书将劳动力类型分为技术工人和非技术工人两种,又称为熟练工人和非熟练工人,或者白领工人和蓝领工人,或者高技能劳动力和低技能劳动力[①],具

---

① 四种分类方法在本书的含义是一样的。

体的衡量方法在第五章介绍。

二、劳动力需求弹性

(一)劳动力需求弹性的定义

相对于劳动力的工资和就业而言,劳动力需求弹性的概念较为陌生①,根据需求弹性的定义,劳动力需求弹性也分为两种:第一,劳动力自身需求弹性;第二,劳动力交叉需求弹性。

1. 劳动力自身需求弹性定义

劳动力自身需求弹性是指劳动力需求对其工资变化的敏感程度,即工资每变化 1%,引起劳动力的需求变化多少,用公式表示为 $\eta_L = (\Delta L/L)/(\Delta W/W) = (dL/L)/(dw/w)$,其中 η_L 表示劳动力自身需求弹性,L 表示雇佣量即就业人数,w 表示工人工资,Δ 表示变化量。二者一般成反比例变化,因此 η_L 为负值。经济学中一般关注价格弹性的绝对值,当 η_L 绝对值为 1 时,表明单位劳动需求弹性,当绝对值大于 1 时,表明需求富有弹性,反之缺乏弹性。

2. 劳动力交叉需求弹性定义

劳动力交叉需求弹性是指一种类型劳动力工资的变化引起另一种类型劳动力需求变化的程度,即一种劳动力变化 1%引起另一种劳动力的需求变化多少,用公式表示为 $\eta_{L_2}^{L_1} = (\Delta L_1/L_1)/(\Delta W_2/W_2) = (dL_1/L_1)/(dW_2/W_2)$,其中 $\eta_{L_2}^{L_1}$ 为劳动交叉需求弹性,L_1 为一种类型劳动力的雇佣量,W_2 为另一种类型劳动力的工资。交叉需求弹性的值可正可负,如果为正,说明一种类型劳动力工资的提高会引起另一种类型劳动力的雇佣量增加,则两种类型劳动力之间是替代关系;反之,如果一种类型劳动力工资上升反而引起另一种类型的劳动力就业量减少,意味着两类劳动力之间是互补关系。

两种类型劳动力究竟是替代还是互补,取决于一种劳动力工资率上升所带来的替代效应和规模效应哪一个对另一种劳动力需求的影响更大。比如青少年工资率的上涨对成年人就业有两方面影响,首先,存在替代效应:产出一定的情况下,企业会雇佣更多的成年人来替代青少年以节约劳动力成本;同时又存在规模效应:青少年工资上涨会促使企业降低所有投入要素(包括成年人的雇佣),规模效应的大小取决于产品需求的价格弹性,产品需求弹性越大,规模效应越大。最终,如果青少年工资上涨的规模效应大于替代效应,则成年人的就业减少,两

---

① 劳动力需求弹性即劳动力需求的价格弹性。

个群体之间是互补关系;如果规模效应小于替代效应,则青少年工资率上涨会带来成年人就业增加,两者就是替代关系。

(二)劳动力需求弹性的影响因素

影响劳动力需求弹性大小的因素主要体现在派生需求的四个法则之中[①]。派生需求的概念及其法则最初由马歇尔创立,现人们称之为"希克斯—马歇尔派生需求四大法则"或称为"希克斯—马歇尔派生需求定理"[②],法则表示,其他因素不变时,以下四种要素将会影响劳动力自身需求弹性:

1. 最终产品的需求弹性

由于劳动力需求是引致的需求,因此其弹性必然受到最终产品弹性的影响。产品需求的弹性越大,劳动需求的弹性也越大。工资上升会增加产品生产成本,由此引起产品价格上升继而需求降低,如果这种商品的需求弹性较大,则需求下降的较多,因此为减少产出,劳动力的雇佣量也会下降较多。反之,如果产品需求缺乏弹性,则相对而言劳动需求也缺乏弹性。我们可从中得到两个结论:首先,其他条件相同,企业在产品市场上拥有的垄断权力越大,其劳动需求越缺乏弹性;其次,长期劳动需求比短期劳动需求更富有弹性。

2. 劳动力成本占总生产成本的比例

其他条件不变,劳动生产成本的比例越大,劳动需求弹性就越大[③]。假设劳动力是唯一的生产要素,则工资上升 10% 会使生产成本上升 10%,因此产品价格大幅提高,使产品需求量大幅降低,企业从而减少雇佣工人量。假设劳动力成本只占总成本的 10%,则工资上升 10% 只会引起单位产品总成本上升 1%,假设两种情况下产品需求状况相同,则相对较小的成本增加会产生相对较小的劳动需求量的下降。许多服务性行业,如教育、纺织等行业,劳动耗费占总成本的比重很大,在这些行业,工资上升意味着成本的巨大增加,劳动需求较有弹性。相反,资本高度密集型行业,如发电业和机械行业,劳动耗费占总成本比重小,因而这些行业的劳动需求相对比较缺乏。

[①] 我们以劳动力自身需求弹性为例来说明劳动需求弹性的影响因素。

[②] 此处结论首先由马歇尔(Alfred Marshall)在其《经济学原理》(*Principles of Economics*)中进行阐述,后又经希克斯(John R. Hicks)在其《工资理论》(*The Theory of Wages*, 2 ed., PP.241-247)中进一步提炼。因此,该结论也被称为"希克斯—马歇尔引致需求原理"。

[③] 此命题成立的前提假定为"产品需求弹性大于资本和劳动的替代弹性"。

3. 在生产函数上,劳动投入与其他要素之间可替代性

其他条件不变,其他要素投入对劳动的替代能力越强,劳动需求弹性越大。如果在生产过程中,资本可随时替代劳动,则工资小幅上升就会引起机器设备的使用大增,劳动的需求量会大幅削减,这种情况下劳动力富有弹性。相反,如果生产过程对技术的依赖性很强,劳动的替代能力有限,则劳动可能是缺乏弹性的。此时的时间要素是相当关键的,时间越长,劳动需求对工资率变动的反应就越充分,需求弹性也就越大。例如,当卡车司机的工资大大增加后,运输公司雇佣的司机数量不会立即减少,但一段时间以后,当公司需要更新卡车时,会优先选择吨位更大的货车,这样可以用较少的司机完成同样的运量,或者当卡车因折旧报废后,公司转而选择其他运输方式。

4. 其他生产要素的供给弹性

其他条件不变,其他要素的供给弹性越大,劳动需求弹性越小。如果工资水平上涨,企业更愿意以资本来代替劳动,从而使企业对劳动的需求减少,然而当资本的供给量一定时,随着需求量的增加,资本的价格也会相对上升,当资本的供给弹性较大时,其价格的上升速率越快,企业以资本代替劳动的变通程度越低,对劳动力需求量的影响越小;反之则越大。

此类替代效应即使在劳动要素之间也能发生。例如,非技术性工人工资上升,则企业将愿意以技术性工人替代非技术性工人。在技术性工人供给数量既定的情况下,随着对技术工人需求的增多,其工资水平也会相应上涨,从而减小了企业进一步以技术性工人替代非技术性工人的可能性。因此这类替代取决于某类职业或工种供给弹性的大小。此类替代效应对总体就业水平的影响较小,对结构性就业水平的影响较大(杨河清,2002)。

第三节　研究思路与写作框架

一、研究思路

如上文所述,国际贸易对劳动力市场有着广泛而深远的影响,这个话题也一直是经典的贸易理论着重关注并讨论的,而运用微观企业数据进行的考察并不多见。本书在现有研究成果的基础上,广泛运用理论分析、实证分析以及数理统计等多种研究方法,从微观企业层面深入探讨了当前中国企业出口对劳动力市场尤其是工资、就业以及劳动力需求弹性的影响,与之前文献的结论做了比较,

并有针对性地提出一些平衡出口贸易与劳动力市场的策略选择。根据相关问题的研究需要,本书设计了以下研究思路:

首先,由于单纯讨论出口影响劳动力市场的文献较少,因此本书从国际贸易的角度出发,对国内外有关国际贸易影响劳动力市场的文献进行了梳理,主要分为三个方面,国际贸易对工资的影响、国际贸易对就业的影响、国际贸易对劳动力需求弹性的影响,分别从理论和实证两个方面进行总结,并对实证文献中使用的不同方法进行归纳和比较,得出不同方法的适用范围,对已有文献的不足给出自己的观点。接着详细诠释了国际贸易影响工资、就业、劳动力需求弹性的机制,为后文的实证分析做好铺垫。

其次,针对从微观企业层面讨论出口影响劳动力市场的实证文献较少,而且现有的研究也存在一些问题,本书利用中国 2000—2007 年持续存活的企业分别考察了企业出口对员工工资、就业与劳动力需求弹性的影响。具体而言,对于员工工资,笔者认为之前的文献采用匹配方法即"是否出口"二元处理变量来控制出口企业的"自我选择"效应[①]是不准确的,本书采用广义倾向得分法即连续处理变量在每一个出口强度水平上控制了企业的自选择后,考察企业出口行为劳动力报酬的影响,对之前的结论提出异议;对于就业,鉴于行业方面的研究较为成熟,本书系统探究了企业层面出口对就业结构、就业总量、技术工人就业数量、非技术工人就业数量的影响;利用企业数据探讨了出口对劳动力自身需求弹性以及两种类型工人交叉需求弹性的影响。总体来说,贸易影响劳动力市场主要有三方面——工资、就业、劳动力需求弹性,针对现有文献的不足,本书对这三方面分别从不同的角度进行了再分析,是对已有文献的一些补充。

再次,外包也是经济全球化的重要形式之一,本书进而从制造业发包和接包的角度比较了制造外包和服务外包对劳动力就业弹性的影响;考虑到劳动力市场波动会影响到企业的行为,分析了行业层面劳动力市场需求弹性对企业出口行为的影响;并从企业策略互动的视角重新验证了"出口中学"现象。

最后,在理论分析和实证分析的基础上,对全书进行总结,并得出相关启示。

二、写作框架

依据本书的研究内容,本书构建了以下写作框架:

第一章为导论。主要阐述了本书的选题背景、研究意义,并介绍了本书的研究思路、研究框架以及可能的创新之处。

---

① 出口企业的员工工资在企业出口前就高于非出口企业。

第二章为文献综述。依据本书研究的主题,对现有的相关文献进行了梳理和评价,主要从三个方面展开:(1)国际贸易对工资的影响,分别从理论层面和实证层面进行概括,经验研究采用的方法主要有要素含量法、可计算一般均衡法、委托工资回归法等其他方法。(2)国际贸易对就业的影响,分别从理论层面和经验研究层面进行概括,对于国际贸易对就业和工资的影响,很多文章没有割裂开来单独研究,而是同时进行的,因此经验研究的方法与对工资的影响很相似,主要包括可计算一般均衡分析、回归分析法等。(3)国际贸易对劳动力需求弹性的影响,这方面的理论文献较少,实证研究多是基于发展中国家的。本章概括了该领域已有的研究成果,并总结了以往文献的不足。

第三章为国际贸易对劳动力市场的影响机制。本章归纳阐述了国际贸易对工资、就业、劳动力需求弹性的机制:(1)贸易对工资的影响机制,包括新古典理论中的萨缪尔森定理以及新新贸易理论下的同质企业选择异质性劳动力模型、干中学理论以及租金分享理论;(2)国际贸易影响就业的传导机制,包括菲利普斯曲线和贸易筛选就业模型;(3)国际贸易对劳动力需求弹性的影响机制,介绍了劳动力需求弹性的国际经济学意义、劳动经济学意义以及国际贸易影响劳动力需求弹性的两条途径:规模效应和替代效应。

第四章、五章、六章从微观企业的视角,分别考察了企业出口对员工工资、就业结构、就业数量以及劳动力需求弹性的影响,具体分析过程如下:

1. 对员工工资的影响

本章重新考察了企业出口是否真的能提高员工工资,即验证斯托尔帕—萨缪尔森定理的成立。采用连续处理变量的广义倾向得分(GPS)方法,控制企业的"自我选择"效应,并且在区间[0,1]内企业每一出口密度水平上刻画了出口和员工工资的关系,发现出口活动对工资报酬的影响受出口强度的影响,二者呈现倒U型关系,工资随企业出口强度的增加先上升后下降,出口提高员工报酬这一命题仅在出口强度的某一子区间成立。此外,还进行了不同经济性质、不同要素密集度、不同技术行业、不同经济区位的多种稳健性检验,仍然支持上述结论。

2. 对就业结构与就业数量的影响

本章在前人的基础上,分析了企业出口对就业的影响,分别包括就业结构、劳动力就业总量、技术工人就业量及非技术工人就业量。发现随着出口强度的增加,企业内技术工人比例会降低,然而就绝对数来看,两种类型工人的数量都是显著增加的,同时总的就业量也在上升。有关就业数量影响得出的结论并不支持贸易筛选机制,各种稳健性分析后,上述结论仍然成立。

3. 对劳动力需求弹性的影响

本章在总结前人研究的基础上,探讨了企业出口对就业风险——劳动力需求弹性的影响。首先估计了劳动力自身需求弹性、技术工人和非技术工人的交叉需求弹性,然后系统探讨了出口贸易对劳动力自身需求弹性、技术工人与非技术工人的交叉需求弹性的影响。结果发现出口增加了劳动力的自身需求弹性,降低了两类工人的交叉需求弹性。这一结论得到了各种稳健性检验的支持,具有重要的政策指导意义。

第七章探讨不同形式制造业外包对劳动力需求弹性的影响。利用投入产出表和联合国贸易数据测算制造业发包水平 FH 和接包水平 VS,结合工业企业数据,研究制造业外包对两类劳动力需求弹性的影响。首次从微观角度探讨制造业外包对两类弹性的影响,并对制造外包和服务外包进行比较,用发展中国家的数据验证了 Rodrik(1997)假说,对于有效解决中国全球化过程中的就业问题有重要启示。

第八章基于国际贸易理论,探讨了劳动力市场波动性对企业出口行为的影响,提出了相关理论假说。利用中国工业企业层面的数据,分析了行业层面劳动力市场需求弹性对企业出口行为的影响,结果发现较大的行业劳动力需求价格弹性会抑制企业的出口强度。这种抑制作用对于规模较小、劳动密集型程度较大和生产率较低的企业更为显著。

第九章在考虑企业研发投入策略互动的前提下,利用 2005—2007 年的中国工业企业数据,结合倾向得分匹配法(PSM)与最新发展的空间自回归 Tobit 模型,考察了企业出口行为对研发创新的影响。研究发现,中国企业面临研发决策时,更多采取模仿技术领先者的"搭便车"行为,而不是你追我赶地开展研发竞赛,这一行为抑制了中国的整体创新水平;出口行为确实促进了企业研发投入,而忽略研发的空间交互作用会低估这一影响。

第十章对全文研究进行总结,在此基础上得出相关启示,此外还指出了不足之处以及未来的研究方向。

第四节 研究方法与创新

一、研究方法

国际贸易对劳动力市场尤其是工资和就业的影响,既是理论性较强的规范

性问题,也是一个实践性较强的现实经济课题。根据本书的研究需要,在研究过程中,本书主要运用了以下研究方法:

（一）系统分析与重点分析相结合

本书基于中国对外贸易迅速发展的背景,对国际贸易影响劳动力市场的基本理论、具体传导机制的相关理论与文献进行了系统的总结与比较。同时,在实证分析中,以出口贸易和外包为着眼点,重点分析了中国企业出口与外包对劳动力工资、就业以及市场需求弹性的影响。

（二）定性分析与定量分析相结合

定性分析主要是针对国际贸易影响劳动力市场的基本理论、传导机制的阐述,本书对于贸易影响工资、就业、劳动力需求弹性的各种机制给予系统的总结与比较,并对代表性模型给出详细解读。定量分析包括数据的描述性分析和计量模型,利用经济和统计的方法,分别用广义倾向得分法在每一个出口强度上考察了企业出口对其工资的影响,用广义矩方法估计了企业出口对劳动力自身价格需求弹性的影响,此外还探讨了企业出口对劳动力交叉价格需求弹性的影响以及对就业结构的影响。

（三）理论分析与实证分析相结合

在前人研究的基础上,本书运用规范分析方法,梳理了国际贸易影响劳动力市场的相关理论和传导机制,从而为实证分析奠定了理论基础;实证分析方面,本书运用中国工业企业数据库中 2000—2007 年持续存活的工业企业,首先用广义倾向得分在每一出口强度上控制了企业的"自我选择"效应以考察企业出口是否如 S—S 定理所预测的提高了劳动力工资,发现企业出口提高员工工资仅在出口强度的某些子区间成立;其次考察了企业出口对就业结构、不同类型工人就业数量的影响;最后分别估计出劳动力自身需求弹性以及技术工人和非技术工人的交叉需求弹性,并探讨了企业出口对两种弹性的影响,结果发现出口增加了劳动力的自身需求弹性,同时降低了技术工人与非技术工人的交叉需求弹性。进一步,本书还比较了制造外包与服务外包对劳动力自身需求弹性和交叉需求弹性的影响,探讨了劳动力市场波动对企业出口的影响,以及从企业研发策略互动的角度验证了"出口中学"现象。

（四）对比分析

由于出口对劳动力市场的影响受各种外在因素的影响,估计结果可能有所不同,因此在实证分析中,我们分别对不同经济性质、不同要素密集度、不同技术

行业、不同经济区域的企业做了对比,这部分在稳健性检验中有详细的体现。

需要注意的是,这些方法的划分并不是孤立存在的,在讨论某些问题时,经常是多种方法交叉使用。

二、可能的创新之处

伴随着中国贸易大国地位的突出以及国内出现的种种劳动力市场的问题,国际贸易对劳动力市场的影响研究一直是热点问题,然而总体来说,对这一问题的研究还存在一定的空间,仍然存在较多的问题值得进一步探讨。本书在借鉴国内外现有文献的基础上,针对现有研究存在的一些不足,试图在以下几个方面有所创新:

第一,与之前研究中国企业出口和劳动力报酬的研究相比,本书首次采用连续处理变量的广义倾向得分(GPS)方法,控制个体企业的"自我选择"效应,并且在区间[0,1]内企业每一出口强度水平上刻画了出口和员工工资的关系。

从计量方法的视角看:描述性统计显示出口企业的工人工资高于非出口企业,可以解释为,出口企业在出口前的工资就高于非出口企业,或者出口带来了工资增长。在关注后者时,必须要控制前者,否则估计结果有偏差。尽管前人文献中的匹配方法较为准确地控制了"自我选择"效应[1],然而它将出口状态(即是否出口)作为二元处理变量仍是不全面的,可能会掩盖或低估出口对工资的提升作用。出口活动是否能提升员工工资,不仅取决于是否出口,还取决于企业参与出口市场的程度即出口强度,仅用出口与否这个二元变量会掩盖出口强度的不同。考虑到企业参与出口强弱的不同,我们采用广义倾向得分(generalized propensity score,GPS)法,选用企业的出口额与总销售额的比例即出口强度[2]作为连续的处理变量,在每一个出口强度水平上研究出口活动对员工工资的影响。

从方法论的视角看:本书详细论述了各类企业不同出口强度对工资的影响,对之前的相关文献是一个很好的补充。尽管前人的文献如邵敏、包群等的研究中也涉及了企业的出口强度(他们称之为企业外销程或企业转型),但本书的研究更加详细,将企业的出口强度分为多个子区间来进行分析。

第二,利用工业企业数据分别探讨了企业出口对就业结构、就业总量、技术工人就业量、非技术工人就业量的影响。囿于数据的匮乏,目前国内有关对外贸

---

① 支付给工人较高工资的企业进入出口市场。

② 出口强度区间为[0,1]。

易影响就业的研究大都集中在行业层面,而且并未对技术工人和非技术工人的影响做过探讨。本书详细论述了企业出口对就业结构和两类工人就业数量的影响,进一步完善了国际贸易就业效应的实证研究。

第三,利用微观企业数据估计出各行业的劳动力自身需求弹性、技术工人与非技术工人的交叉需求弹性,并系统探讨了出口贸易对劳动力自身需求弹性、技术工人与非技术工人的交叉需求弹性的影响。目前国内对相关问题的研究主要集中在贸易对劳动力自身需求弹性的影响,还没有文章探讨过对外贸易对中国技术工人与非技术工人之间交叉需求弹性的影响;此外,这方面研究大多集中在行业层面,并未具体到微观企业,企业层面的数据可以为我们提供更多的信息,比如经营性质、所属地、男女比例等,而这些详细信息可能对最终的估计结果有所影响;其次大多集中在进口贸易自由化对劳动力需求弹性的影响,很少有文章专门讨论出口对劳动力需求弹性的影响。因此,本书在基于前人研究的基础上,利用持续经营的工业企业,系统估算出劳动力需求(自身需求与交叉需求)弹性,并全面考察了出口对这两种弹性的影响,补充与完善了国际贸易对劳动力市场上就业风险的影响研究。

第四,目前有关中国外包影响劳动力需求弹性的文献均采用的是行业数据(周申等,2010,2014),本书使用企业数据,与行业数据相比,首先微观数据更加符合劳动力供给完全弹性的假设(Hamermesh,1993)①;其次可区分出劳动力需求弹性中企业内部变化以及企业进入退出市场带来的变化;此外,还可控制不可观测的企业异质性,因此微观数据使得估计结果更加准确。第二,劳动力需求弹性包含劳动力自身需求弹性以及不同类型工人的交叉需求弹性,前者指劳动力需求对其工资变化的敏感程度,后者指一类工人的需求对另一类工人工资变化的敏感程度,二者均反映劳动力面临的就业压力和工作稳定性。国内此类研究主要集中在第一类弹性,从而忽视了不同类型工人之间相互影响带来的劳动力雇佣关系的改变,不能全面系统反映外包对劳动力就业风险的影响。第三,鉴于中国加入 WTO 以来服务外包的迅速发展,本书首次关注到制造业外包中的服务外包部分,并比较了制造发包和服务发包对两类弹性的不同影响。

第五,目前有关企业出口的"学习效应"研究,均忽略了企业研发策略互动这一事实,从而导致估计偏差、结论片面。企业研发创新的策略互动关系可以体现

---

① 相关研究中一般将实际雇佣劳动数量作为劳动力需求来估算劳动力需求弹性,隐含的假设是劳动力供给是完全弹性的,Hamermesh(1986)指出单个企业面临的劳动力供给弹性可认为是无穷大,因此企业层面微观数据更加符合供给完全弹性的假设。

为研发投入的"空间"相关性,可通过构造恰当的空间权重矩阵进而构建空间计量模型来准确度量个体之间的"空间"。本书根据企业所在行业、省份、全要素生产率等地理和经济特征构造空间权重矩阵全方位定义空间"邻居",探讨微观企业出口行为对其研发创新的影响。可能的贡献在于:一方面,验证了企业放弃技术追赶这一现象,与发达国家企业采取研发竞赛形成鲜明对比,进一步丰富了学界关于中国工业企业研发投入行为机理的认识;另一方面,研究中引入对企业研发策略互动问题的关注,纠正了以往文献中出口对研发创新影响大小的认识,而基于中国的数据也证实了这种新的认识,从而在实证方面完善了"出口中学"的相关研究。

第二章 文献述评

最早涉及国际贸易与劳动力市场关系[①]的理论是要素禀赋理论,又称为 H—O(Heckcher-Ohlin Theory)理论,由赫克歇尔——俄林提出,该理论及其拓展理论如斯托尔帕-萨缪尔森定理(Stolper-Samuelson Theorm)最早提到并分析了国际贸易对生产要素价格即工资的影响。近年来,随着全球化的加深,国际间的经贸往来越来越密切,国际贸易对国内经济的影响越来越受到关注,作为与人民生活息息相关的如工资、就业等劳动力市场的相关内容,受国际贸易的影响也日益显著。

于是相应出现了一批学者来研究国际贸易与劳动力市场之间的关系,主要集中在劳动经济学和国际经济学领域。相关的理论研究和经验研究涉及各个方面[②],包括国际贸易对劳动力报酬、就业、劳动力流动、劳动力集聚效应等各方面的影响,本书在总结前人研究的基础上,将国际贸易对劳动力市场的主要影响归纳为三个方面:第一,国际贸易对劳动力报酬的影响;第二,国际贸易对劳动力就业的影响;第三,国际贸易对劳动力市场需求弹性的影响。接下来本章对国际贸易影响劳动力市场的三方面内容分别从理论基础层面和经验研究层面进行系统的总结与归纳。

第一节 国际贸易对工资的影响

一、理论综述

从李嘉图的古典贸易理论中可以推断出两国相对工资的大小,然而两国贸易后对劳动力报酬的具体影响如何,比较优势理论并未涉及。以要素禀赋为基础的新古典贸易理论——S—S定理首次系统的表述并论证了国际贸易对国内

---

① 确切地说是贸易与劳动力报酬的关系
② 周申等(2006)对此进行过综述。

工资的影响。对于劳动力密集型的国家而言,贸易提高了本国劳动力价格即工人工资,该定理通过国家之间比较要素密集度来确定哪国的工人报酬会上升,扩展到更一般的框架在多种产品框架下也成立(Stolper and Samuelson,1941)①。此后,很多学者对 S—S 定理进行了理论上的拓展,如 Jones and Scheinkman(1977)将传统完全竞争市场下 2×2(两种产品、两种生产要素)模型扩展到多种产品和多种生产要素的框架,在不存在联合生产的假设下,分析了赫克歇尔——俄林定理、斯托尔帕——萨缪尔森定理、罗宾斯基定理的适用性,证明了 S—S 定理可以在满足一定条件下可以推广和一般化。Deardorff and Stern(1994)总结了学者们对定理的研究,归纳为六个"版本":"最初版本②(original version)、一般版本③(general version)、基本版本④(essential version)、平滑技术下的强版本⑤(strong version with even technology)、敌人与朋友版本⑥(friends and enemies version)、相关性版本(correlation version)"。Borjas and Ramey(1995)在不完全竞争市场框架下,讨论了国外竞争对所渗透行业的非技术工人的相对工资的影响,实证分析表明小部分受贸易影响比较集中的行业的就业量变动不仅可以解释美国总体技术工人与非技术工人工资差距的拉大,也能解释大城市之间工资差距呈现出的不同趋势。Jones(1997)通过分析得出简单 2×2框架下 H—O 模型对收入分配的预测与多种产品、两种要素框架下考虑技术变动的预测是不一致的:如果考虑技术进步,在劳动力丰裕度较高的国家,劳动密集型产品的价格上升可能带来劳动力报酬的下降,在资本丰裕度较高的国家,将劳动力密集型部门转移到国外的新兴发展中国家这一垂直专业化过程可能会导致实际工资的升高。

---

① 即 Stolper and Samuelson(1941)的 S—S 定理表述,该版本又称为"限制性版本(restrictive version)"。

② 贸易保护会降低丰裕生产要素的实际报酬,同时增加稀缺生产要素的实际报酬。

③ Jones(1965)在两种产品和两种生产要素的一般均衡框架下,用对偶理论证明了如果一种商品的相对价格上升,生产该商品密集使用的生产要素的实际报酬会上升,另一种要素的实际收入会下降。

④ 在其他商品价格不变时,任一种商品价格的上升会引起密集使用要素的实际价格上升,同时其他要素实际价格下降。

⑤ "朋友"是指产品价格上升引起要素价格上升的一组产品和要素,"敌人"是指产品价格上升引起要素价格下降的一组产品和要素。每一种产品都是某些要素的朋友,同时是另外一些要素的敌人。

⑥ 由产品价格变化引致的要素价格变化,与以要素密集度为权重的产品价格变化加权平均值呈现正相关关系。

近十年伴随着微观企业数据的可得而兴起的新新贸易理论,则从企业的角度出发研究了员工工资与出口贸易的关系,如 Yeaple(2005)建立了一般均衡模型,假设企业是同质的,而工人因技能高低①不同是异质的,企业生产面临四个决策:是否进入市场、选择技术、是否出口、决定雇佣哪种类型工人。Melitz(2003)的机制是不同质企业选择同质工人,Yeaple(2005)的机制是同质企业选择不同质工人,最终均衡结果可以解释出口企业比非出口企业的规模更大、支付的工资更高、生产率更高等,即存在"出口溢价"。Egger and Kreickemeier(2011)则认为每个人的管理能力不同,企业一般雇佣能力较强的管理者,从而有较高的生产率和利润。在租金共享的机制下由于工人偏好公平工资,为使员工尽全力工作,生产率高、利润高的公司会支付更高的工资,国际贸易使最好的企业进入出口市场,因此出口企业会支付较高的工资。Amiti and Davis(2012)首次从理论上建立模型考察了企业参与全球化的背景下最终产品和中间投入品的关税降低对员工工资的影响,模型预测最终产品关税的降低会降低进口竞争企业的员工工资,而增加出口企业的员工工资;同样,相对于只从本地进口投入的企业,中间投入品关税的降低提高了进口竞争企业的工资。

二、实证综述

20 世纪 80 年代,发展中国家与发达国家的贸易迅猛增长,同时国内也出现了各种工资差距,包括技术工人与非技术工人(熟练工人与非熟练工人)的工资差距、行业之间的工资差距、地区之间的工资差距等。在这一背景下,越来越多的学者开始关注国际贸易对劳动力报酬的影响,20 世纪 90 年代前期的经验研究多是针对 S—S 定理的验证,多采用行业层面的数据,采用不同的方法包括要素含量法(factor content)、可计算一般均衡分析法(Computable General Equilibrium,CGE)、委托工资回归分析法(mandated—wage regression)等。90年代中后期以后随着企业微观数据的所得,Bernard and Jensen et al.(1995)、Bernard and Bradford Jensen(1999)最早用美国的数据发现了出口企业比非出口企业有更高的工资、生产率、更大的规模等,很多指标要高于非出口企业,并对差异原因进行了考察,后来的学者大多是在 Bernard and Bradford Jensen(1999)方法的基础上进行改动或扩展用不同国家企业层面的微观纵向数据进行研究,本书把 90 年代中后期的企业数据的经验研究这一部分归入新新贸易理论框架

---

① 技能不同包含两方面内容,一是可以观测的部分,如工人具有较高的受教育程度;二是不可观测的工人能力的测量,这部分需要企业去判断。

下的实证分析。

(一) 要素含量法

要素含量法又称为"投入产出法"最早是用来试图估计出发展中国家贸易增长和经济开放对美国国内劳动力报酬的影响,不能解释的部分可以归因于技术变动带来的结果。由 Vanek(1959)最早引入国际贸易领域,其基本思路为,首先计算出口商品生产过程中使用的生产要素量,然后估计假设进口商品在国内生产需要的生产要素量,前者减去后者可以得到"贸易要素含量"。贸易要素含量被看作是贸易对国内要素供给状况的影响,从而可以通过它来度量贸易对国内要素价格的影响:具体做法是假设一个合理的生产要素替代弹性,并算出对应于贸易要素含量的变化所带来的要素相对价格的变化,贸易不能解释的残余,通常认为是技术的影响(周伟,2011)①。

Wood(1991)认为传统的要素含量法忽视了发达国家从发展中国家的进口是非竞争性的并且贸易会影响技术进步,针对这些事实,Wood 在修正的要素含量法基础上,重新探讨了制造行业的南北贸易对两国的要素需求及要素报酬的影响。研究发现,贸易对南方国家非技术劳动力报酬的正面影响是传统要素含量法估计结果的 6 倍,贸易对北方国家劳动力报酬的负面影响是传统要素含量法估计结果的 10 倍。Sachs and Shatz et al.,(1994)利用美国制造业 131 个细分行业的数据,考察了 1978—1990 年间美国与其他 150 多个贸易伙伴国(包括发达国家和发展中国家)对劳动力市场的影响。结果表明,经济全球化确实拉大了技术工人与非技术工人的工资差距,与发展中国家的贸易是促成这种影响的主要原因。Messerlin(1995)探讨了贸易和资本流动对法国相对工资的影响,发现贸易对法国总就业的影响不大,并且这种影响依赖于宏观经济因素和政府政策以及劳动力市场和产品市场的结构,对技术工人和非技术工人分开考察时,上述结论仍然成立;自由贸易对相对工资的影响依赖于劳动力市场的政策和制度,尤其是对于年轻人和即将退休的人,这种影响更大。Borjas and Freeman et al.(2002)用要素含量法重新探讨了移民和贸易对美国教育工资差距的影响,并试图对移民对美国公民收入的影响从更宽泛的角度进行评价:移民至少对非技术劳动力的经济地位产生了显著的负面影响,而贸易对劳动力市场上非技术劳动力的供给产生了微弱的影响,当考虑这些行业的进口替代时,贸易的影响会变大。

---

① 周伟:《对"贸易要素含量"方法的评价——一般均衡模型和数值例子》,北京大学工作论文。

（二）可计算一般均衡分析

可计算一般均衡（CGE）模型作为政策分析的有力工具，经过 30 多年的发展，在世界上得到了广泛的应用，并逐渐发展成为应用经济学的一个分支，其特点是在经济的各个组成部分之间建立起数量联系，通过建立模型描述国民经济各个部门，各个核算账户之间的连锁关系，并且可以对政策和经济活动对这些关系的影响做描述、模拟和预测，已经成为世界银行和国际贸易组织等政策分析的基本工具。基本思路"是用一般均衡的思想，通过控制政策变量来改变模型的均衡，然后通过比较政策变化前后的均衡得到政策的综合影响，其分析结果既包含了经济冲击产生的直接影响，也包括间接影响"（张欣，2010）。

Krugman and Cooper et al.（1995）建立了一个简单的可计算一般均衡模型，探讨了新兴发展中国家与 OECD 国家的贸易对 OECD 国家的影响，分别做了两种假设："劳动力市场的相对工资固定不变"与"劳动力市场的相对工资是有弹性的"，两种假设下得到的结论是不同的：第一种假设下，从新兴发展中国家的进口引起 OECD 国家的就业下降；第二种假设下，从新兴发展中国家的进口引起非技术工人的实际工资下降。Tyers and Yang（1997）建立了一个 37 个行业、6 个地区、5 种生产要素的大型可计算一般均衡模型，比较了亚洲各国1970—1992年间国际贸易和技术升级对要素报酬的影响，认为技术升级对要素需求和要素报酬的影响比国际贸易的影响大得多，而且作用更直接。Francois and Nelson（1998）在 2×2 模型的可计算一般均衡框架下，研究了国际贸易对美国劳动力市场要素回报的影响，发现 S—S 定理的效果在现实中是很明显的，然而并不排除技术进步、政府支出、劳动力市场参与率、劳动力市场制度变化带来的影响。

（三）委托工资回归分析法

委托工资回归分析法（mandated-wage regression）由 Jones（1965）首次提出，Jones and Scheinkman（1977）进行了扩展完善，Ethier（1984）和 Deardorff and Stern（1994）分别在多要素多产品框架下对该模型进行了验证。

该方法在要素含量法基础上，首先测算出国际贸易所包含的生产要素数量，在测算出要素含量的前提下估计出国际贸易对参与国国内各种生产要素需求以及价格的影响。其核心思想可以表述如下：假定市场结构满足完全竞争，生产是规模报酬不变的，要素在一国的各部门（行业）之间可以自由流动①，生产要素的

---

①　隐含着一国各部门（行业）之间的要素报酬是相同的。

相对价格只有在使用该要素的产品相对价格发生变化时才会变动,也就是说产品价格的相对变化可以引起要素价格的相对变化,而且是要素价格发生变化的唯一渠道。在利润最大化(成本最小化)的条件下,要素相对价格与产品相对价格的变动关系可通过下式体现出来(Jones,1965):

$$\hat{p}_j = \sum \hat{w}_i \theta_{ij} \qquad (2-1)$$

其中 $\hat{p}_j$ 是 j 产品价格的变化率,$\hat{w}_i$ 是 i 要素报酬的变化率,θ_{ij} 是 i 要素在生产 j 产品过程中的贡献率[①],通常用 i 要素成本在行业收入中的份额表示。也就是说任何一种产品价格的变化等于其生产过程中使用的要素报酬变动的加权和,具体的权重为每种要素在产品生产过程中的贡献。在传统的古典贸易理论如两种生产要素和两种产品即 2×2 分析框架下,上式可以用 S—S 定理重新来表述,一种产品的相对价格上升会引起该产品密集使用的生产要素报酬的上升,同时引起另一种生产要素报酬的降低。随后 Ethier(1984)和 Deardorff and Stern(1994)分别在多要素多产品框架下对该模型进行了验证。基于 S—S 定理,假定生产技术不变的情况下,(2-1)式可以用来估算生产要素报酬的变化,回归模型表示为:

$$\hat{p}_j = \sum \hat{w}_i \theta_{ij} + e_j \qquad (2-2)$$

(2-2)式中,e_j 为误差项,要素价格 $\hat{w}_i$ 是待估计量,θ_{ij} 为要素的行业收入份额[②]。基期的要素供给和要素价格以及产品产出和产品价格共同决定了比例变化[③]。实证分析中,之前的研究在建模过程中多采用两种及其以上不同技术水平的劳动力要素和资本要素。

委托工资回归法注重要素价格和商品价格之间的联系,一方面吸取了要素含量法的思路,另一方面更加符合一般均衡分析下的理论基础,与要素含量法相比,其理论基础更加牢固,因此在回归法分析中占有重要地位。

Wood(1995)利用委托工资回归法详细证明了与发展中国家之间的贸易损害了发达国家的非技术工人利益,并对技术进步是造成非技术工人利益损害的

---

① Jones(1965),Ethier(1984)和 Deardorff and Stern(1994)分别证明了即使在不完全竞争的市场结构下,如果产品价格是根据成本加成定价得出来的,则(2-1)式仍然成立。

② 给定最初的要素价格,θ_{ij} 取决于该行业规模报酬不变的生产技术,由此可见,产品价格变动的技术原因是外生决定的。

③ 这些基期价格相当于现期价格都是外生变量。

主要原因的命题提出异议。Baldwin and Cain(1997)探讨了美国1967—1996年国际贸易、技术、要素禀赋的变动对受教育程度较高的工人与受教育程度较低的工人的相对工资的影响:在考察期初,受教育程度较高的劳动力供给增多造成了工资差距的降低,而70年代以后,无法将三种因素割裂开来,在密集使用教育程度较低的劳动力的行业,技术进步对拉大工资差距起了重要作用,而在密集使用教育程度较高的劳动力的行业,进口竞争对拉大工资差距起了重要作用。Lawrence and Slaughter et al. (1993)考察了国际贸易对美国近期工资表现的影响。结果表明美国的相对工资并不受S—S定理的影响,全要素生产率的增长和非生产性劳动力的密集使用之间存在正相关关系,生产性技术进步是造成白领、蓝领工人工资差距的主要原因。Lawrence(1996)扩大了研究范围,将很多经济合作与发展组织(OECD)国家包含在内,发现在考察期内美国、日本等国并不存在密集使用非技术工人的可贸易部门进口价格偏低的现象,贸易对蓝领与白领工人工资差距的解释能力非常有限。

(四)其他方法

这一部分我们主要针对新新贸易理论框架下贸易与工资的实证研究进行概括。20世纪90年代中期以来,随着企业数据的普及,结合计量方法对微观企业层面的研究成为热点。Bernard and Jensen et al. (1995)首次用美国制造业的数据发现,出口企业的员工平均工资要高于非出口企业,我们称之为"工资溢价",在控制公司规模、行业、地区和人均资本后,这种现象仍然存在,根据后来学者在不同国家的验证,发现"工资溢价"广泛存在于高度发达国家英国、德国、瑞典、西班牙;新兴经济体中国台湾、韩国、墨西哥、智利;转型国家爱沙尼亚、斯洛文尼亚;以及最不发达的撒哈拉以南非洲地区布隆迪、埃塞俄比亚等,幅度大约在8%—25%之间。

Van Biesebroeck(2005)研究了不发达国家的贸易和工资状况,发现控制国家、年份、行业、地址、企业规模后,出口企业的工资溢价非常显著大约在40%,非生产性工人的工资溢价约为30%,生产性工人则不显著。Schank and Schnabel et al. (2007)用德国的雇工—雇员数据[①](employer-employee data)分析了出口企业的"工资溢价",发现当控制雇员的可观测、不可观测信息以及工作单位后,工资差距变小了但未完全消失,出口强度超过60%的蓝领(白领)工人

---

① 雇工—雇员数据库包含了企业所雇佣员工的很多信息如年龄、受教育程度等,这是企业数据库不具备的,这种企业和对应员工的详细信息使回归结果更有说服力。

的收入比非出口企业中具有同样特征的蓝领工人的收入高 1.8％（0.9％）。Verhoogen（2008）用质量升级机制将墨西哥的贸易和工资溢价联系起来，发现对于出口企业而言，蓝领工人与白领工人的平均工资以及工资之比均比非出口企业高。

国内利用企业微观数据对贸易与工资的研究也很多，如邵敏、包群等的一系列文章，前期的文章主要采取动态面板系统 GMM 估计（包群与邵敏，2010）、联立方程（绍敏，2011a）、工具变量法（邵敏，2011b）等方法解决工资的内生性问题，后期主要采用非参数方法，如包群与邵敏等（2011）运用各种匹配方法并结合双重差分法对企业出口和员工收入的关系进行研究，然而并未发现出口能显著提高员工收入。邵敏与包群（2011）运用倾向得分匹配法从微观层面分析了中国出口企业转型对就业和工资增长的影响，发现只要不退出出口市场，外销型企业转型行为基本不显著影响就业和工资增长。李静（2012）利用 OLS 计量回归和倾向得分匹配方法分别考察了出口企业是否比非出口企业存在更高的出口工资溢价，用 OLS 方法发现存在约 4％以上的溢价效应，用倾向得分匹配方法存在9.4％的溢价效应，两种方法得到的出口工资溢价都是显著存在的。

第二节　国际贸易对就业的影响

一、理论综述

根据新古典贸易理论中 S—S 定理可以推断，一国由自给自足走向贸易开放后，出口部门会扩张，我们假定出口部门是劳动力密集型的，进口竞争部门是资本密集型的，则出口部门劳动力报酬会提高，因此进口竞争行业的劳动力会向出口部门流动。由于 S—S 定理的前提假设之一是充分就业，因此涉及的国际贸易对就业结构影响是在充分就业的假设下做出的推断，对失业状况下国际贸易的就业效应的理论研究还需要从其他角度如劳动力市场制度性因素层面进行探讨，并逐步拓展到开放经济的一般均衡框架中。目前为止，比较流行的有最低工资假说（minumum wage hypothesis）、效率工资假说（efficiency wage hypothesis）、公平工资—效率假说（fair wage-effort hypothesis）[1]、搜寻假说（search hypothesis）、工会理论假说（union wage hypothesis）等分析框架，这些

---

① 确切地说，公平—效率工资假说是效率假说的一种。

假说从各个角度丰富了国际贸易对就业影响的理论研究。

Harris and Todaro（1970）通过建立最低工资模型（minumum wage hypothesis），分析了城乡二元市场结构下的劳动力流动。由于最低工资法的存在，该模型假定农村部门的最低实际工资低于城市部门的实际工资水平，发现劳动力市场达到均衡时城市部门是存在失业的。Shapiro and Stiglitz（1984）率先提出了效率工资假说（efficiency wage hypothesis），研究发现在信息不对称的情况下，工人会偷懒，而企业的监管是有成本的，因此企业为了有效激励员工，会支付给员工比市场出清水平高的工资，在这样的工资水平支付下，劳动力成本的相对收益是最高的，然而此时，均衡状态时会出现失业的情况。Akerlof and Yellen（1990）提出了公平工资—效率假说，该假说是基于效率工资假说发展而来的，劳动力市场上"公平"或"平等"的感觉成为阻碍了企业向员工提供较低工资的因素之一，使企业面临着"公平工资约束"，由于公平工资时高于市场出清工资的，因此这种状况下会出现非自愿失业。Davidson and Martin et al.（1988）提出了搜寻模型，通过建立两部门的一般均衡模型，表明由于存在贸易摩擦，失业是内生的，均衡时经济中总存在失业。具体假设有两个部门（X 和 Y）和两种生产要素（A 和 B），其中 X 部门的生产需要一种类型工人搜寻到与之匹配的工人才能完成，否则生产无法完成，工人也将处于失业状态。搜寻过程中的外部性会导致无效均衡，要素报酬和生产价格之间的关系也与无摩擦假设下的 S—S 定理有显著差异。Davidson and Martin et al.（1999）在之前搜寻假说的基础上，在未充分就业下建立模型，解释了传统的充分就业前提下不能解决的问题，从新的角度阐释了对外贸易与失业的关系，指出资本比较充裕的大国与劳动力比较充裕的小国进行贸易会带来总失业的上升。Gaston and Trefler（1995）构造了工会工资模型，刻画了国际贸易和贸易政策是如何影响工会的工资决定。模型假设市场结构是寡头垄断，本国市场的供给主要由一个国内企业和一个国外竞争者来提供，国内企业和工会之间讨价还价，集体谈判来确定工资和就业。结果表明，国际贸易和贸易保护在工会决定工资的过程中起了重要作用，"工会工资溢价"[①]对于进口竞争比对出口扩张更加敏感，并且与关税是负相关的。就业水平与工会工资存在此消彼长的关系。Helpman and Itskhoki et al.（2010）考察国际贸易的就业效应时引入了筛选和匹配机制，研究发现，尽管国际贸易带来了福利的上升，然而贸易均衡时的部门内工资差距和失业率仍然比自给自足时要高很多，贸易自由化带来了部门内工资差距的上升以及总失业的上升。

---

① 工会决定的工资高于完全竞争市场结构工资的部分称为"工会工资溢价"。

Helpman and Itskhoki(2010)在此基础上,假设有两个国家两个部门,其中一个部门生产同质化产品,另一部门生产异质性产品,两部门都受工会讨价还价以及劳动力市场摩擦带来的搜寻匹配成本影响。两国除了劳动力市场的摩擦如匹配效率和职位空缺成本在各部门之间不同外,其他都是相同的,异质性产品行业有异质性的企业且面临垄断竞争的环境。贸易会提高异质性部门劳动力市场摩擦较小的国家的失业率,降低异质性部门劳动力市场摩擦较大的国家的失业率。劳动力市场摩擦较低并不代表失业率会低。Helpman and Itskhoki et al. (2011)强调了企业异质性与劳动力市场的搜寻和匹配摩擦,构建了新的框架来研究工资差距、失业率、劳动力市场摩擦及国际贸易的相互关系,最终发现贸易始终会带来福利的增加,然而有时也会提高失业率和拉大工资差距。

二、实证综述

以上介绍的是国际贸易影响就业的理论研究,学者们也对国际贸易的就业效应进行了大量实证研究,与国际贸易的收入效应一样,主要采用回归法和要素含量法进行分析。

(一)回归分析法

Hungerford(1995)通过一个内生的 probit 模型研究了贸易冲击和比较优势对国内行业裁员的影响,发现净进口行业的短期裁员行为几乎不受国际贸易冲击的影响,而净出口行业的短期裁员行为受贸易冲击的影响,同时净进口行业通过裁员来调整劳动力的力度往往比净出口行业更大。然而长期来看,两种行业的蓝领和缺乏经验类型的工人往往比其他类型工人面临更大的被裁风险。Levinsohn(1999)利用智利的微观企业数据研究了 20 世纪六七十年代的贸易自由化改革对就业的影响,得出以下重要结论:在智利贸易自由化改革期间,就业创造和就业破坏根据公司规模的大小、部门生产的产品是否是可贸易品而不同,整个社会的就业创造大部分是由大公司提供的,而中小企业带来的就业破坏远大于就业创造,就业创造和就业破坏是同时进行的。Baldwin and Brown(2005)利用加拿大 1976—1997 年加拿大各州的制造业数据研究了产品多样性、企业规模、出口强度与就业的关系,发现就业稳定、产品多样化的地区往往企业规模较大、出口强度较高而且低于平均的生产率。贸易增长迅速的地区,企业的规模也较大。Biscourp and Kramarz(2007)利用法国 1986—1992 年详细的海关企业贸易数据研究了法国制造业的进口、出口、就业与技术结构之间的关系,并细致地区分了最终产品和中间产品的进口,发现最终产

品的进口与生产性工人(非技术工人)的就业破坏呈现显著的正相关,这种正相关关系在规模较大的公司更加明显。此外,企业的开放度越高,受技术引致的影响越大,技术工人的比重会增加。

俞会新与薛敬孝(2002)利用1995—2001年34个行业的数据定量分析了在加入WTO前夕中国的贸易自由化对制造业的影响,研究发现出口导向率促进了制造业的就业,而进口渗透率对制造业就业没有显著影响。中国当时的失业状况主要是由于经济体制转轨造成的。陈昊(2011)在Pissarides(1985)劳动力就业和匹配模型的基础上,构建了就业和外贸顺差模型分析框架,并利用2004—2008年中国行业的面板数据分析了外贸顺差影响就业的机制。结论表明在现有较大的贸易顺差情况下,顺差增加不会拉动就业,反而会降低就业水平。因此,应制定相应的进口支持政策、减少顺差等措施来优化国内经济发展结构和提高就业水平。

(二)要素含量法

Schumacher(1984)利用投入产出方法比较了包括联邦德国、法国、意大利、荷兰、英国、比利时在内的六个欧共体国家与新兴发展中家的贸易对本国就业量的影响,结果发现,总体而言,与发展中国家的贸易对六个国家的就业总量没有显著影响,1977年的数据表明,与新兴国家的贸易改变了各国的贸易结构,具体来说降低了各国劳动密集型部门的就业量。同时从新兴国家的进口使各国就业减少了0.9%—1.7%,而对新兴国家的出口则使各国就业增加了2.7%—4.5%。Driver and Kilpatrick et al.(1986)利用投入产出方法研究了英国和新兴工业化国家、欧共体国家的贸易增长对英国就业量的影响,发现英国与新兴工业化国家及欧共体的平衡贸易增长对英国就业产生了很小的负面影响。英国与欧共体国家的贸易带来就业的直接效应为正,并且在数值上大于负面的就业间接效应;而英国与新兴工业化国家的贸易带来的正面就业直接效应在数值上小于负面就业间接效应。Wood(1991)在对传统的要素含量法进行修正的基础上分析了发达国家和发展中国家之间的贸易对发展中国家的生产要素需求的影响,发现1990年国际贸易带来发达国家工业非技术工人的需求降低了21.5%左右,约为920万人。Wood(1995)认为之前的研究低估了发达国家与发展中国家贸易对发达国家的非技术工人带来的负面影响,他在传统要素含量法的基础上加入服务贸易的因素,调整后的模型表明南北贸易对非技术工人的不利影响比前人得出的结论大得多,非技术工人就业量大约下降20%。

周申与李春梅(2006)对中国工业制成品贸易结构的变动带来的就业效应进

行详细的理论和实证研究,理论上假设劳动市场需求方是短边均衡的,实证分析采用了投入产出方法对 1992—2003 年中国工业品贸易结构变化对劳动力就业的影响进行考察,发现考察期内确实存在显著的不利影响。周申与杨传伟(2006)利用投入产出分析方法探讨了中国与重要贸易伙伴国的贸易对中国就业带来的影响,研究表明在总体和行业两个层面上,与不同国家的贸易对中国就业影响有显著差异,与美国、欧盟、日本和中国香港的贸易极大促进了就业,而与澳大利亚、巴西、东盟五国的贸易却降低了就业。周申与廖伟兵(2007)利用投入产出方法系统研究了中国 1997—2004 年间服务贸易的就业效应,结果表明,考察期内中国服务业进口替代降低了就业人数,而服务业出口带动了就业人数的上升,总体来看,服务贸易有利于就业,且服务贸易的就业效应大于工业贸易,发展服务业对于中国而言比发展工业贸易更有效。

（三）其他分析方法

Harrison and Revenga(1995)考察了进行贸易自由化改革的低收入和中等收入国家,对其中六个国家的贸易开放引致的就业调整进行了重点分析,发现中东欧有些国家如波兰、罗马尼亚、捷克斯洛伐克在经历贸易自由化改革后就业呈现明显下降趋势,拉丁美洲的秘鲁、哥斯达黎加、乌拉圭等国则出现了就业的大幅增长。Smith(1999)通过可计算一般均衡分析了对外贸易对欧盟(European Union,EU)就业市场的影响。结果发现,与欠发达国家的贸易往来促使欧盟对技术工人的需求上升,对非技术工人的需求下降。然而欧盟的失业不能完全由贸易解释,欧盟与其他国家发展对外贸易的就业效应非常有限。Sen(2002)将要素含量分析法、增长会计法[①]、回归分析法结合起来分析了全球化对不发达国家肯尼亚和孟加拉国家劳动力市场的影响。结果表明,对外开放使孟加拉国的制造业越来越多采用劳动密集型技术,对于肯尼亚制造行业的资本劳动比无显著影响。全球化对两国的就业效应影响也是不同的,对外贸易增加了孟加拉国的就业,却减少了肯尼亚的就业。

郑玉歆(1999)在其著作中利用可计算一般均衡模型计算了中国贸易自由化的就业效应,中国在 1996 年和 1997 年分别大幅下调了关税,促进就业增长为 0.28%,如果同时将亚太经合组织(APEC)的贸易自由化效应考虑在内,则实际上就业增长为 0.82%。邵敏与包群(2011)利用 2000—2006 年持续经营的微观

---

① 其基本思路是以新古典增长理论为基础,将经济增长中要素投入贡献剔除掉,从而得到全要素生产率增长的估算值,其本质是一种指数方法。按照指数的不同构造方式,可分为代数指数法和几何指数法(也称索洛残差法)。

企业数据,利用双重差分法和倾向得分匹配法相结合的非参数分析方法研究了出口企业转型对就业和工资的影响,外销企业转内销会通过减少产出来降低就业规模。

第三节　国际贸易对劳动力需求弹性的影响

一、理论综述

之前的理论分析都是用来解释国际贸易对劳动力市场中劳动力报酬以及需求方面的影响,Hamermesh(1996)在其著作中建立了劳动贡献份额与劳动需求弹性、劳动与产品的需求价格弹性以及其他生产要素的替代弹性等之间的理论模型,得到劳动力需求弹性的公式如下:

$$\eta_{LL_j} = -(1-s)\sigma_{LL} - s\eta_j \qquad (2-3)$$

其中 η_{LL_j} 为行业(或厂商)的劳动需求弹性,为负数,s 为劳动收入在行业收入中所占的份额,σ_{LL} 为不变产出下劳动和其他要素之间的替代弹性,η_j 为行业 j(或厂商)的需求价格弹性绝对值,$0 < s < 1$, σ_{LL}, $\eta_j > 0$。

Rodrik(1997)首次将贸易与劳动力需求弹性结合起来,将贸易对劳动力市场的影响进一步扩展到贸易对就业风险之一即劳动力需求弹性的影响,扩展了Hamermesh(1996)的理论框架,并在其基础上详细阐述了贸易开放对劳动力需求弹性影响的两种途径,第一,贸易自由化会增大国内各行业最终产品的需求价格弹性,根据刚才提到的希克斯—马歇尔派生需求[1],进而提高劳动力的需求弹性,称之为"规模效应";第二,贸易开放度提高将使本国厂商获取进口投入品的种类增加、成本降低,从而对国内劳动要素生产率产生更强的替代性,生产要素替代弹性上升将导致行业劳动需求弹性提高,称之为"替代效应"。Rodrik(1997)还特别强调"国际贸易对劳动力市场的影响可能更多地体现为劳动需求弹性的改变而非劳动报酬的变动,这一点往往被大家忽视。"Slaughter(2001)在总结前人的基础上,详细阐述了劳动力需求弹性的经济学意义和劳动经济学意义,比较了不同市场结构下贸易影响劳动力需求弹性的两种机制的区别,并详细

---

[1]　希克斯—马歇尔需求定律(Hicks,1963)认为,"对使用某种要素生产出的产品需求弹性越大,该要素的需求弹性可能就越大。"

对比了行业层面劳动力需求弹性与国家层面劳动力需求弹性的差异，为后来学者的实证研究铺垫了完善的理论基础。

二、实证综述

自从 Rodrik(1997)提出贸易会影响劳动力需求弹性后，一系列学者用不同国家的数据进行验证，得到了不同的结论。如 Slaughter（2001）用美国1961—1991年四分位数的行业数据，估计了生产工人和非生产工人的需求弹性，发现生产工人的需求弹性随时间增长，非生产工人的需求弹性没有这种趋势，且只有非生产性劳动力市场支持 Rodrik(1997)提出的有关贸易提高劳动力弹性的理论预测；而 Krishna and Mitra et al.(2001)用土耳其 10 个制造行业的企业数据，发现进口贸易自由化对劳动力需求弹性并无显著作用，与 Rodrik(1997)的预测相反。与之前文章大多关注进口贸易自由化的影响不同，Fajnzylber and Maloney(2005)首次在进口因素基础上加入了出口因素，用智利、哥伦比亚和墨西哥的企业数据研究贸易自由化对熟练工和非熟练工各自的劳动需求弹性的影响，最终结论并不支持贸易自由化会影响劳动力需求弹性的假说。Hasan and Mitra et al.(2007)用印度 1980—1990 年 15 个洲两分位的行业数据进行验证，结果支持进口贸易自由化会提高制造业部门的劳动力需求弹性，且劳动力法规较为灵活的部门其劳动力弹性也较高；贸易自由化改革通过劳动力需求弹性，将生产率和产出的波动转化为工资和就业的波动。

国内学者对于贸易与劳动力需求弹性的研究非常有限。周博(2002)首次用1993—2000 年的行业数据估算了中国 20 个工业行业的劳动力需求弹性，但未考查贸易对劳动力需求弹性的影响。周申(2006)首次将贸易与劳动力需求弹性联系起来，估计了进口贸易自由化对中国 34 个工业行业的劳动需求弹性的影响，发现工业进口自由化导致了劳动需求弹性的上升。即使贸易不直接对工资和就业产生影响，也会通过提高劳动力需求弹性对劳动者产生较大压力。盛斌与牛蕊(2009)利用中国 1997—2006 年工业行业的面板数据，考察了贸易开放对劳动力自身需求弹性的影响及其作用机制，结果支持进口自由化会提高劳动力需求弹性的假说，当加入出口因素时，贸易开放的净影响是降低了劳动力自身需求弹性，即降低了劳动力就业风险。

我们将国内外有关贸易影响劳动力需求弹性的主要经验研究列在表 2－1中，从样本国家、样本数据、计量方法、研究内容、主要结论进行全方位的比较。

表 2－1 国内外有关贸易影响劳动力需求弹性的主要经验研究

	样本国家	样本数据	计量方法	研究内容	主要结论
Slaughter (2001)	美国	行业面板数据	固定效应模型	考察了贸易对生产性和非生产性劳动力需求弹性的影响	部分支持贸易提高劳动力需求弹性
Krishna, Mitra and Chinoy(2001)	土耳其	企业面板数据	固定效应模型/随机效应模型	考察了贸易对合同劳动力,加班劳动力和女性劳动力需求弹性的影响	不支持进口贸易提高劳动力需求弹性
Haouas and Yagoubi(2004)	突尼斯	行业面板数据	固定效应模型/随机效应模型	考察了贸易对合同劳动力和永久性劳动力需求弹性的影响	不支持进口贸易提高劳动力需求弹性
Fajnzylber and Maloney(2005)	智利,哥伦比亚,墨西哥	企业面板数据	广义矩估计(GMM)	考察了贸易对白领和蓝领劳动力需求弹性的影响	部分支持贸易提高劳动力需求弹性
Hasan, Mitra and Ramaswamy (2007)	印度	企业面板数据	固定效应模型/广义矩估计(GMM)	考察了贸易以及劳动力市场规制对劳动力需求弹性的影响	支持进口贸易提高劳动力需求弹性
Akhter and Ali (2007)	巴基斯坦	企业面板数据	固定效应模型/随机效应模型	考察了贸易对生产性和非生产性劳动力需求弹性的影响	不支持进口贸易提高劳动力需求弹性
Mitra and Shin (2011)	韩国	企业面板数据	固定效应模型	在考虑贸易伙伴国的市场规模及贸易政策情况下,考察了贸易对劳动力需求弹性的影响	支持进口、出口贸易提高劳动力需求弹性;中国关税的削减提高了韩国企业的劳动力需求弹性,欧盟,美国,日本关税的削减却没有显著作用
周申 (2006)	中国	行业面板数据	固定效应模型	考察了贸易自由化对工业劳动力需求弹性的影响	支持进口贸易自由化提高劳动力需求弹性
盛斌和牛蕊(2009)	中国	行业面板数据	固定效应模型	从不同工业行业技术水平和教育水平三方面考察了贸易开放对劳动力需求弹性的影响	支持进口贸易提高劳动力需求弹性,出口贸易和汇率降低劳动力需求弹性

第四节　本章小结

本章分别从国际贸易对劳动力报酬、就业以及劳动力需求弹性的影响三个方面回顾了国际贸易对劳动力市场的影响,对于三方面内容又分别从理论层面和实证层面进行了概括。本章按照贸易理论发展的路线——新古典贸易学、新新贸易理论阐述贸易对工资的影响;贸易对工资的影响很多情况下是和贸易的就业效应结合在一起的,因此在讨论贸易对就业影响时,我们提到了一些有关工资的"假说";相对于贸易对工资与就业量的影响,有关贸易对劳动力需求弹性影响的理论文献较少,然而并不代表劳动力需求弹性不重要,学者盛斌认为"传统的贸易一般强调贸易对劳动力水平方面的影响,包括就业量、收入水平和贫困。但是同样不可忽视的是贸易对劳动力市场结构方面的影响,包括收入分配、就业风险、工作的稳定性与劳资雇佣关系,而且后者的影响往往比前者更具有隐蔽性,其相关的政策指导意义同样不可忽视。"传统贸易理论框架下行业层面贸易对中国劳动力市场影响的实证研究已经比较成熟,由于微观数据的获得与整理比较困难,一方面,利用企业数据考察贸易对中国就业和劳动力需求弹性影响的研究乏善可陈,另一方面,虽然已有学者考察过企业层面的对外贸易对员工工资的影响,然而本书认为这类文献还存在一些不足,因此,本书在前人的基础上,利用微观企业数据,分别针对劳动力市场三方面研究的不足,选取出口贸易这个视角,具体探讨了企业出口对劳动力工资、就业和劳动需求弹性的影响,希望在包含更多信息的微观数据下得到一些不同的结论。

第三章 国际贸易对劳动力市场的影响机制

国际贸易对劳动力市场的影响途径分为多种,本书分别总结了对外贸易对工资、就业、劳动力需求弹性三方面的影响机制。此外,对外贸易还可能通过教育机制、政府收入再分配机制等其他途径影响劳动力市场。对外贸易影响工资的传导机制主要基于新古典贸易理论和新新贸易理论;对外贸易对就业的影响机制主要归纳为菲利普斯曲线和贸易筛选机制;对外贸易影响劳动力需求弹性的机制主要通过替代弹性和需求弹性。每种影响机制的机理和过程均不同,本书将按照不同的机制分别展开说明。

第一节 国际贸易对工资的影响机制

有关国际贸易对劳动力市场影响的考察是目前国际经济学领域和劳动经济学领域研究的热点问题,从经典国际贸易理论的发展来看,涉足最多的是要素禀赋理论为主导的新古典贸易理论和以 Melitz(2003)异质性企业模型为代表的新新贸易理论。严格来说,古典贸易理论中涉及的对外贸易对劳动力市场的影响主要侧重于研究对国家间工资差距的影响,并非真正意义上对一国劳动力市场的影响;新古典理论才从真正意义上首次系统地完整地探讨了国际贸易对一国收入分配的影响;新新贸易理论则从企业异质性角度重新对这一问题进行探讨,并取得了很多成果。

一、新古典贸易理论的观点

古典贸易理论有很多假设条件与现实不符,新古典贸易理论在比较优势基础上,从要素禀赋的角度出发解释了两国发生贸易的原因,并将要素价格和要素供求等引入到传统的国际贸易研究中,第一次系统阐述了开放以后国际贸易对国内生产要素价格的影响,并首次对国际贸易与收入分配的关系予以关注,对国际经济学领域中贸易的收入分配效应研究产生了深远影响。

要素禀赋理论又称为 H—O 定理,由 Heckcher-Ohlin 提出,该理论是一个

有两个国家、两种最终产品、两种生产要素的模型,并以两点基本假设为前提:第一,各产品在生产过程中需要的要素需求量不同,或者说商品可以按照要素密集度来排列,而且要素密集度不可逆转;第二,各国的要素禀赋是不同的。由这两个基本假设导出 H—O 理论:国际贸易以要素丰裕度的不同为基础,各国都倾向于生产其要素相对充裕的产品并出口,进口其要素相对稀缺而产品。萨缪尔森等人在 H—O 理论的基础上,进一步考察了国际贸易后产品价格变化是如何要素价格变化的,提出了 Stolper-Samuelson 定理(以下简称 S—S 定理)以及 Heckcher-Ohlin- Samuelson 定理(以下简称 H—O—S 定理)

(一)Stolper-Samuelson 定理

S—S 定理的核心思想是,如果存在规模报酬不变的技术,当一国从自给自足走向国际贸易时,贸易使得出口产品的价格相对提高,进口产品的价格相对下降,这会使出口产品生产中密集使用的那种要素——国内供给相对充裕的生产要素价格提高;同时也使出口产品生产中非密集使用的那种生产要素——国内供给相对稀缺的要素价格下降。结合 Feenstra(2008),将 S—S 定理的论证过程表述如下:

假设有两个国家(本国和外国)、两种产品(产品 1 和产品 2)、两种生产要素(资本 K 和劳动 L),假定生产技术规模报酬不变,要素供给量一定,允许要素在一国内自由流动而不能跨国流动。其中,产品 1 和产品 2 的价格分别为 p_1 和 p_2,资本 K 和劳动 L 的价格分别为 r 和 w,y_1 和 y_2 分别是产品 1 和产品 2 的产量,α_{ij} 为生产 1 单位第 i 种产品需要的第 j 种要素投入,其中 $i=1,2\ j=L,K$,具体的,$\begin{bmatrix} \alpha_{1L} & \alpha_{2L} \\ \alpha_{1K} & \alpha_{2K} \end{bmatrix}$ 代表国内生产产品的要素投入系数矩阵。

假设产品 1 是劳动密集型产品,产品 2 是资本密集型产品,则由密集型定义可知 $\alpha_{1L}/\alpha_{1K} > \alpha_{2L}/\alpha_{2K}$,又假设本国的劳动力较为丰裕,外国的资本较为丰裕,则 $L/K = L^*/K^*$。根据要素禀赋理论可知,本国生产劳动密集型产品 1,外国生产资本密集型产品 2,两国开展贸易后:

$$p_1 < p_1^w < p_1^* \text{ 并且 } p_2^* < p_2^w < p_2 \tag{3-1}$$

本国要素市场均衡满足充分就业:

$$\alpha_{1L}y_1 + \alpha_{2L}y_2 = L, \alpha_{1K}y_1 + \alpha_{2K}y_2 = K$$

本国产品市场均衡满足零利润条件:

$$p_1 = c_1 = \alpha_{1L}w + \alpha_{1K}r, p_2 = c_2 = \alpha_{2L}w + \alpha_{2K}r$$

为了将本国产品价格和要素价格联系起来,对上式进行全微分可得:

$$dp_i = \frac{\partial c_i}{\partial w}dw + \frac{\partial c_i}{\partial r}dr = \alpha_{iL}dw + \alpha_{ik}dr \qquad (3-2)$$

(3-2)式可以转化为

$$\frac{dp_i}{p_i} = \frac{w\alpha_{iL}}{c_i}\frac{dw}{w} + \frac{r\alpha_{iK}}{c_i}\frac{dr}{r} \qquad (3-3)$$

其中$\frac{w\alpha_{iL}}{c_i} = s_{iL}$为生产第$i$种产品中劳动投入占总成本的比重,$\frac{r\alpha_{iK}}{c_i} = s_{iK}$为生产第$i$种产品中资本投入占总成本的比重,且$s_{iL} + s_{iK} = 1$,(3-3)式可以进一步写成

$$\hat{p}_i = s_{iL}\hat{w} + s_{iK}\hat{r}, i = 1,2, \hat{x} = \frac{dx}{x} \qquad (3-4)$$

为了更清晰地表达要素价格是如何受产品价格影响的,将(3-4)式写为矩阵形式:

$$\begin{bmatrix} \hat{p}_1 \\ \hat{p}_2 \end{bmatrix} = \begin{bmatrix} s_{1L} & s_{1K} \\ s_{2L} & s_{2K} \end{bmatrix}\begin{pmatrix} \hat{w} \\ \hat{r} \end{pmatrix} \Rightarrow \begin{pmatrix} \hat{w} \\ \hat{r} \end{pmatrix} = \frac{1}{|D_S|}\begin{bmatrix} s_{1L} & s_{1K} \\ s_{2L} & s_{2K} \end{bmatrix}\begin{bmatrix} \hat{p}_1 \\ \hat{p}_2 \end{bmatrix}$$

其中$|D_S| = s_{1L}s_{2K} - s_{2L}s_{1K}$,由于产品1是劳动密集型的,并且$s_{1L} + s_{1K} = 1$,$s_{2L} + s_{2K} = 1$,因此

$$|D_S| = s_{1L}(1 - s_{2L}) - s_{2L}(1 - s_{1L})$$
$$= s_{1L} - s_{2L} > 0 \text{ 或者 } = s_{2K} - s_{1K} > 0$$

假设两国贸易后,产品1价格的变动大于产品2价格的变动,即$\hat{p}_1 > \hat{p}_2$,则本国的产品价格和要素价格分别可以写成:

$$\hat{w} = \frac{1}{|D_S|}(s_{2L}\hat{p}_1 - s_{1K}\hat{p}_2) = \frac{1}{|D_S|}[(s_{2K} - s_{1K})\hat{p}_1 + s_{1k}(\hat{p}_1 - \hat{p}_2)]$$

$$= \hat{p}_1 + \frac{s_{1K}}{s_{2K} - s_{1K}}(\hat{p}_1 - \hat{p}_2) > \hat{p}_1$$

$$\hat{r} = \frac{1}{|D_S|}[-s_{2K}\hat{p}_1 + s_{1K}\hat{p}_2] = \frac{1}{|D_S|}[(s_{1L} - s_{2L})\hat{p}_2 + s_{2L}(\hat{p}_2 - \hat{p}_1)]$$

$$= \hat{p}_2 - \frac{s_{2K}}{s_{2K} - s_{1K}}(\hat{p}_1 - \hat{p}_2) < \hat{p}_2$$

$$\Rightarrow \hat{w} > \hat{p}_1 > \hat{p}_2 > \hat{r}$$

$$\Rightarrow \frac{w}{p_1}\uparrow \quad \frac{w}{p_2}\uparrow \quad \frac{r}{p_1}\downarrow \quad \frac{r}{p_2}\downarrow$$

从上述分析过程可以看出,出口产品相对价格的上升会提高生产这种产品密集使用的生产要素价格,而降低非密集使用的生产要素价格。根据 H—O 理论,劳动力充裕的国家会出口劳动密集型产品,根据 S—S 定理,劳动力的价格会提高;反之,资本比较充裕的国家出口资本密集型产品,资本的价格会提高。此外,如果将上述模型中的资本和劳动要素分别换成非技术工人和技术工人(低技能工人和高技能工人),则 S—S 定理还能判断贸易对不同技术工人间工资差距的问题:如果一国是技术工人比较充裕的国家(发达国家),则贸易会提高该国技术工人的工资,从而拉大了该国技术工人与非技术工人的工资差距;如果一国是非技术工人比较充裕的国家(发展中国家),则贸易会提高该国非技术工人的工资,从而缩小该国技术工人与非技术工人的工资差距。我们可以总结为国际贸易拉大了发达国家两类工人的工资差距,而缩小了发展中国家两类工人的工资差距。

(二) Heckcher-Ohlin- Samuelson 定理

H—O—S 定理又称为要素价格均等化定理,是 Samuelson 对 H—O 理论的扩展,该理论进一步论述了两国在发生贸易后,两国之间的资源将会发生怎样的变化。可以表述为:如果两国生产技术相同、禀赋不同,自由贸易后,在要素密集度不发生逆转的情况下,两国的劳动力价格 w 和资本价格 r 都会趋于一致。具体来说,在满足特定条件和假设前提下,国际贸易不仅使两国间的商品价格均等化,而且会使两国间的各种要素价格均等化,以至于即使要素不能在各国间自由流动,两国工人将享受同样的工资水平、两国单位面积土地也将获得同样的地租收益。实际上 H—O—S 定理是 H—O 定理的推论,只有当 H—O 理论成立时它才成立。

只要两国的商品存在相对价格差,两国之间就会存在贸易,随着两国贸易的开展,两种商品的相对价格会缩小,当两种商品的相对价格达到相等,贸易会终止。贸易在使两种商品相对价格相等过程中,必然会使两国两种要素的相对价格实现均等化,即在均衡状态下,相同的生产技术、不变的规模报酬条件下,产品和要素的相对价格将会实现均等化。在这个过程中,实际上是产品的流动代替了要素的流动。只要两国之间的要素禀赋差异没有发生根本变化,贸易终止只是暂时的,因为随着贸易的终止,要素价格的差异又会重新产生,商品价格的差异也随之产生,国际贸易又将恢复。

(三) 对新古典贸易理论的评价

S—S 定理蕴含的国际贸易拉大发达国家两类工人的工资差距而缩小了发

展中国家工资差距的推断与现实有很大的不符:首先,贸易对要素价格的影响是通过对商品价格的影响而传导的,由于发达国家在技术劳动力密集型产品生产上有比较优势,因此贸易应该促进发达国家该类产品相对价格的升高,继而使技术劳动力的工资上升,然而很多实证研究表明,很多发达国家的技术劳动力密集型产品的相对价格有下降趋势①,因此,贸易通过产品价格影响要素价格的影响机制是无法解释日益拉大的发达国家工资差距;第二,发展中国家的现实与S—S定理预测恰好相反,大多数新兴发展中国家在扩大对外贸易和发展工业化进程中,经历了较为明显的工资差距扩大。

实际上,S—S定理的成立附加了一系列限制条件,然而现实中满足这些条件非常困难,甚至是不可能的。例如,运输成本和贸易壁垒的存在使自由贸易几乎不存在,各国并非使用相同的生产技术,两国生产完全同样的商品也不可能(有非贸易品的存在),运作模式也不一定是规模报酬不变的。这些过于苛刻的假设条件限制了S—S定理解释现实的能力。

同样,要素价格均等化定理也是在一系列的假设条件下推导出来的,现实世界中,各国间的要素价格并没有均等化,如相同技能的劳动者在各个国家的报酬差别非常大,原因在于H—O—S定理的很多假设在现实世界中是不成立的。

然而,现实中国家之间要素价格的差异并不能推翻要素价格均等化定理,没有国际贸易,这些国际差异要大得多。因此,H—O—S定理是适用的,它确定了影响要素价格的重要因素,使我们对现实中的贸易模型和经济的一般均衡特性有了更深入的认识。

尽管新古典贸易理论及其推论中有关贸易影响收入分配的论述在解释现实时存在一定的局限性,但是由于其严密的逻辑思维和完善的分析框架,至今仍被学者广泛应用,并为后来的研究打下坚实的基础。

二、新新贸易理论的观点

20世纪90年代以来,随着微观企业数据的可得,学者们发现了新的贸易事实:一个产业内并不是所有的企业都出口,而且出口企业所占比例非常小,根据Bernard等人的一系列研究,2000年美国550万家企业中,从事出口活动的企业仅占4%,而在出口企业中,排名前10%的企业的出口额占美国出口总额的

---

① 如Lawrence and Slaughter et al. (1993)、Lawrence(1994)、Sachs and Shatz et al. (1994)对美国的研究,Saeger(1996)、Slaughter and Swagel(1997)对OECD发达国家的研究,Slaughter(2001)对该领域进行了综述。

96％;此外,出口企业的很多指标都比非出口企业好,如生产率、工资等①。之前的理论由于假设(至少在同一产业内)代表性企业具有相同的生产率无法解释这一重要发现,于是催生了以 Melitz(2003)与 Bernard and Eaton et al. (2003)为代表的异质性企业模型以及以 Antràs(2003)、Antras and Helpman(2004)为代表的企业内生边界模型,这两部分构成了新新贸易理论的主要内容:前者在 Krugman(1979,1980)的垄断竞争分析框架中引入了企业异质性,得出只有较高生产率的企业才能克服固定成本进而出口的结论,Melitz(2003)也成为学者对各国进行实证研究的理论基础;后者则在 Feenstra and Hanson(1996)、Feenstra(1998)与 Grossman and Helpman(2002)等一系列文献的基础上探讨了企业异质性对企业边界与进入国际市场的方式(外包或者 FDI)的影响,为研究企业全球化和产业组织提供了全新的视角。下面分别从新新贸易理论的两个分支阐释对外贸易对工资的影响机制。

(一)异质性企业视角——Yeaple(2005)

企业异质性模型中有关出口企业支付较高工资的作用机制,目前并未形成统一的看法,主要分为以下几种:第一,Yeaple(2005)的同质企业选择异质性劳动力和技术模型,该理论认为出口企业雇佣的是人力资本水平较高的劳动者,因此出口企业工资支付较高的工资仅是出口企业员工的人力资本较高的自然反映;第二,"干中学理论",企业出口以后面对更广阔的国际市场,市场扩大形成规模经济从而提高生产率,同时国际市场更为激烈的竞争促使企业加大研发力度和创新,出口过程也可以使企业从国外顾客和竞争者学到比在国内先进的技术,导致国内整体生产率的提高,从而提高工资水平;第三,租金分享理论,该理论认为最好描述劳动力市场的是谈判力模型(barganing model),而不是完全竞争模型,在该模型里,雇主和雇员分配企业出口创造的剩余价值即租金,因此体现了出口和企业支付高工资的联系。

下面我们主要介绍 Yeaple(2005)的同质企业选择异质性劳动力和技术模型。

1. 需求函数

代表性消费者的效用函数采取柯布道格拉斯函数形式,Y 为同质性产品,X 为异质性产品的组合并满足常替代弹性:

$$U = (1-\beta)\ln Y + \beta\ln X \ \text{其中} \ X = \left[\int_0^N x(i)^\alpha di\right]^{\frac{1}{\alpha}}$$

---

① Bernard and Jensen et al. (1995)最早用美国的数据发现了这一现象,Bernard and Bradford Jensen(1999)则对这种现象的原因进行了考察。

异质性产品 x 之间的替代弹性 $\sigma = \dfrac{1}{1-\alpha} > 1$，根据（Dixit and Stiglitz，1977），X 的加总价格可以表示为 $P_X = \left[\int_0^N p\,(i)^{1-\sigma} di\right]^{\frac{1}{1-\sigma}}$，其中任意一种产品 x 的需求为 $x(i) = \left(\dfrac{\beta E}{P_X}\right)\left(\dfrac{p(i)}{P_X}\right)^{-\sigma}$，$E$ 为总支出，$\beta E/P_X$ 为差异化产品组合 X 在总支出中所占比例。

2. 工人

假设一国工人是连续的，总量为 M，工人因技术水平 Z 的高低而不同，Z 越大意味着工人的技能越高。技能 Z 包含两方面含义，一方面包括工人可观测的特征如教育背景等；另一方面 Z 可用来衡量企业可以觉察到的工人的能力和质量，工人技能的分布函数用 $G(Z)$ 表示。

3. 生产函数

假设只有劳动力一种生产要素，生产 Y 只有一种技术，而生产 X 可以用两种技术——高技术 H 与低技术 L，$\varphi_j(Z)$ 表示拥有技术 Z 的单个工人生产产品的产量，j 代表工人采取的三种技术，$j \in \{Y, H, L\}$，假定技术工人比非技术工人更有效率，则 $\varphi_j(Z)$ 是 Z 的增函数，假设 $\varphi_H(0) = \varphi_L(0) = \varphi_Y(0) = 1$，

$$\frac{\partial \varphi_H(Z)}{\partial Z} \frac{1}{\varphi_H(Z)} > \frac{\partial \varphi_L(Z)}{\partial Z} \frac{1}{\varphi_L(Z)} > \frac{\partial \varphi_Y(Z)}{\partial Z} \frac{1}{\varphi_Y(Z)} > 0$$

即工人在技术上有比较优势，高技能工人在用高技术 H 生产 X 上有比较优势，中等技能工人在用技术 L 生产 X 上有比较优势。假定企业在生产过程中要承担固定成本，根据采取的技术不同，固定成本满足 $F_H > F_L$。

4. 封闭经济的均衡

在封闭经济中，Y 为完全竞争部门，X 部门为垄断竞争部门，企业 k 生产产品 X 的收益为 $R_k = (\beta E P_X^{\sigma-1}) p_k^{1-\sigma}$，假设劳动力市场是完全竞争的，$C_Y$、$C_L$、$C_H$ 分别为企业用高中低三种技术生产的单位成本。

如果拥有技能 $\bar{Z}$ 的工人在 Y 部门工作，则所有技能 $Z < \bar{Z}$ 的工人都会被 Y 部门雇佣；如果拥有技能 $\hat{Z}$ 的工人使用高技术 H，则所有技能 $Z > \hat{Z}$ 的工人会被采用高技术 H 的公司雇佣。

$$W(Z) = \begin{cases} C_Y \varphi_Y(Z) & 0 \leqslant Z \leqslant Z_1 \\ C_L \varphi_L(Z) & Z_1 \leqslant Z \leqslant Z_2 \\ C_H \varphi_H(Z) & Z \geqslant Z_2 \end{cases} \qquad (3-5)$$

假设 Y 部门的单位成本为 1,则有

$$C_Y = 1$$
$$C_L = \frac{\varphi_Y(Z_1)}{\varphi_L(Z_1)} < 1 \tag{3-6}$$
$$C_H = \frac{\varphi_Y(Z_1)}{\varphi_L(Z_1)} \frac{\varphi_L(Z_2)}{\varphi_H(Z_2)} < C_L$$

从(3-5)、(3-6)两式可以推出:如果均衡中存在使用高技术 H 和使用低技术 L 的两种企业,则相对于使用低技术 L 的企业来说,使用高技术 H 的企业付给工人更多的工资并且有更大的收益,同时使用高技术 H 的企业工人的人均收入要高于在使用低技术 L 的企业工人的人均收入。

5. 开放经济的均衡

假设 Y 部门的产品不可贸易,仿照 Melitz(2003)做法,当

$$F_H > F_X\tau^{\sigma-1} > F_L \tag{3-7}$$

时[1],出口带来的额外收益足够大,以至于高技术企业进入不仅在国内市场销售同时也进入出口市场,而低技术企业只在国内销售。通过(3-5)(3-6)(3-7)式可以发现,由于技术水平较高的工人在利用高技术 H 上有比较优势,雇佣这些工人的企业参与了出口,因此出口企业比内销企业支付了更高的工资。同时由于出口企业雇佣的工人技能更高、效率更高,因此出口企业工人的人均产出比非出口企业更高。Yeaple(2005)从出口企业雇佣更高技能的工人这个角度解释了 Bernard and Bradford Jensen(1999)的出口企业支付更高工资的"工资溢价"现象。

(二)企业内生边界视角——外包(Feenstra and Hanson,1995)

20 世纪 70 年代开始,随着全球化进程的加快,出现了一种新的贸易方式——外包(outsourcing),这种形式区别于传统贸易中最终产品的贸易以及国际直接投资,以中间产品贸易为特征,属于产品内贸易,与企业异质性理论都属于新新贸易理论的内容。Feenstra and Hanson(1995)在 Dornbusch and Fischer et al.(1980)的基础上(以后简称 DFS 模型),构造了一个中间投入品贸易模型,探讨了外包引起的产品内贸易增长与工资的关系,其基本思想为:

假设生产过程中有非技术劳动力 L、技术劳动力 H、资本 K 三种生产要素,要素报酬分别为 w_L、w_H、r。假定最终产品只有一种,生产过程需要连续的中间

---

① τ 为出口到海外的运输成本或者理解为冰川成本。

投入品 $z\in[0,1]$，每单位中间投入品 z 的生产需要 $\alpha_L(z)$ 单位的非技术工人和 $\alpha_H(z)$ 单位的技术工人，在中间品的两种劳动力要素投入总量分别用 $L(z)$ 和 $H(z)$ 来表示。

中间产品的生产函数采取柯布道格拉斯形式：

$$x(z) = A_i \left[\min\left\{ \frac{L(z)}{\alpha_L(z)}, \frac{H(z)}{\alpha_H(z)} \right\} \right]^{\theta} \left[k(z) \right]^{1-\theta}$$

其中，A_i 是常数代表中性技术进步，在南北国家是不同的 $(i=N,S)$，θ 为劳动的贡献率。给定要素投入，最终产品 Y 无成本地在另一国组装，生产函数如下：

$$\ln Y = \int_0^1 \alpha(z) \ln x(z) dz, \int_0^1 \alpha(z) dz = 1$$

本国生产中间产品的成本函数为：

$$c(w,q,r,z) = B \left[w\alpha_L(z) + q\alpha_H(z) \right]^{\theta} r^{1-\theta},$$

外国的生产函数与成本函数与本国是一样的。

假设两国模型中，本国是发包国（北方国家），外国是承包国家（南方国家），自给自足状态的要素价格满足 $\frac{w_H}{w_L} < \frac{w_H^*}{w_L^*}$ 且 $r < r^*$①，本国技术工人的相对报酬低于外国技术工人的相对报酬，即本国的技术工人相对充裕，同时资本相对充裕，符合本国是发达国家的假设。

本国和外国对中间产品生产的分工仍然是在古典理论和新贸易理论的框架下完成的，根据比较优势理论和要素禀赋理论，如果本国在生产中间产品上有比较优势，则会生产所有的中间产品，在外包的情况下，本国和外国并非完全专业化生产。假设成本函数是连续的，两国中间产品的成本函数存在一个公共解，满足 $z^* \subset z \in (0,1)$，本国和外国生产中间产品的范围如下：

当 $z \in (0, z^*)$ 时，中间产品的技术密集度较低，根据要素价格的假设，与本国相比，外国的比较优势在于非技术工人（低技能劳动力）密集型产品，外国的生产成本 $c^*(w^*,q^*,r^*,z^*)$ 低于本国 $c(w,q,r,z)$，所以本国将 $z \in (0,z^*)$ 的中间产品外包给外国生产；当 $z \in (z^*,1)$ 时，中间产品的技术密集度较高，根据要素价格的假设，与外国相比，本国的优势在于生产技术工人（高技能劳动力）密集型产品，本国的生产成本低于 $c(w,q,r,z)$ 外国的生产成本 $c^*(w^*,q^*,r^*,z^*)$，因此

---

① 星号代表外国要素价格。

本国将 $z \in (z^*, 1)$ 的中间产品留在国内生产。

可以计算出本国对技术工人、非技术工人的相对需求为：

$$D(z^*) = \frac{\int_{z^*}^{1} \frac{\partial c}{\partial w^H} x(z) dz}{\int_{0}^{z^*} \frac{\partial c}{\partial w^L} x(z) dz}$$

同样，外国对技术工人、非技术工人的相对需求为：

$$D^*(z^*) = \frac{\int_{z^*}^{1} \frac{\partial c}{\partial w^H} x(z) dz}{\int_{0}^{z^*} \frac{\partial c}{\partial w^L} x(z) dz}$$

根据上述分工范围可知，对于本国而言，由于作为发包国将技术密集度相对较低的 $z \in (0, z^*)$ 中间产品外包给外国（承包国），而将技术密集度相对较高的 $z \in (z^*, 1)$ 中间产品留在国内生产，因此提高了本国生产中间产品的平均技术密集度，从而增加了本国对技术工人的相对需求；对外国而言，由于承包了来自发包国（本国）$z \in (0, z^*)$ 的中间产品的生产，这部分产品的技术密集度高于其国内的技术密集度，因此也提高了外国生产中间产品的平均技术密集度，从而增加了其对技术工人的相对需求。因此，在两国劳动供给总量不变的前提下，技术工人相对于非技术工人的工资都会提高。

第二节 国际贸易对就业的影响机制

对外贸易影响就业的理论机制可以概括为两种：第一，从宏观层面来看，对外贸易会促进经济增长，而经济增长会促进就业，这一机制可以用简单的菲利普斯曲线来概括；第二，从微观层面来看，对外贸易的发展提高了劳动者搜寻工作的匹配成本和企业的筛选意愿，从而减少了就业水平，即基于匹配理论的贸易筛选机制 Helpman, Itskhoki and Redding(2010)[1]。这两种机制带来的就业效应是截然相反的。

---

[1] 严格来说，他们的工作也是建立在 Melitz(2003)构建的异质性企业模型之上，然而由于新新贸易理论包含的内容远不止贸易的就业效应，因此把 Helpman 等的一系列文章归为以贸易筛选机制来研究对外贸易的起点(陈昊,2011)

　　具体来说,对外贸易影响就业的机制,从宏观层面来解释,可以从菲利普斯曲线的角度来刻画,演变成对外贸易——经济增长——就业,这一思路遵循的理论可以阐述为:外贸(出口)增加,会带来有效需求的提高,继而引起物价上涨,生产者受到物价水平上升的影响会扩大规模增加供给,从而雇佣更多的工人,带来就业量的增加。其实菲利普斯曲线本身已经包含了经济增长和失业之间此消彼长的关系,因此只需要把出口贸易与经济增长联系起来,就可以证明对外贸易发展与就业的关系。

　　对外贸易影响就业的路径还可以从微观层面来解释,Helpman and Itskhoki et al. (2010)从企业异质性角度论证贸易可以通过企业微观行为和劳动力市场对就业施加影响,以出口为例,出口对微观企业设置了门槛并起到筛选的作用,使得一批缺乏竞争力的低效率企业逐步退出市场,因此会造成中等熟练能力(intermediate-ability)的员工收入下降,就业减少,失业上升。在此基础上,Helpman and Itskhoki(2010)构建了对外贸易与劳动力市场刚性的动态模型,模拟了差异化部门的劳动力就业选择机制,最终得出,在劳动力市场刚性的条件下,对外贸易影响就业的方向取决于差异部门劳动力市场的摩擦。Helpman, Itskhoki and Redding(2011)在之前文献基础上构建了一个新的框架探讨了收入不平等、失业、劳动力市场摩擦与对外贸易之间的关系,强调了企业异质性以及劳动力市场的搜寻、匹配成本,分析了开放以后的就业选择过程,结论是对外贸易的增加会提高失业水平并拉大收入的不平等。

　　下面以 Helpman and Itskhoki et al. (2010)为例,详细阐释贸易筛选机制。企业异质性体现在生产率的不同,工人异质性体现在不可观测的能力不同,劳动力市场摩擦主要体现在搜寻成本和筛选成本两方面,由于工人的能力是不可观测的,企业要在不完全信息下判断工人能力筛选出和自己企业生产能力相匹配的工人,即所谓的筛选成本。最终的产出依赖于企业的生产率、工人的能力以及雇佣员工人数。企业选择一个筛选工人能力的“门槛值”从而在提高工人能力带来产出增加与承担少的筛选成本,从而雇佣少量工人带来产出减少之间做出权衡。在均衡中,高效率的企业有更高的收益、雇佣更多的工人,设立更高的能力“门槛值”,雇佣有更高能力的工人,这些工人的替换成本非常昂贵,决定了企业支付的工资也较高。而失业也是源于搜寻和筛选成本的存在,部分工人因为不能和企业匹配而无法就业,或者即使可以匹配,由于达不到企业设置的能力“门槛值”而失业。贸易开放后导致产业内很多要素的变动,低效率企业退出市场逐渐萎缩或者只服务于国内市场,高效率企业由于出口而扩大规模,由于高效率企业设立的工人能力“门槛值”更高,因此这部分出口企业雇佣的工人的比例会变

少。这种贸易带来的产业向高效率企业的转移会带来失业的增加,当然随着出口企业比例的增加,后来进入出口市场的企业与已经出口的企业相比,效率相对较低,这部分企业对工人能力没有过多的选择,因此在出口企业范围内向低效率企业的转移会降低失业,贸易开放带来失业的增加这一关系并非是单调的。

第三节　国际贸易对劳动力需求弹性的影响机制

前面回顾的经典贸易理论中多是贸易的收入分配效应,着重讨论贸易对劳动力市场中工资和就业的影响,很少涉及贸易对就业风险如劳动力需求弹性的影响。Slaughter(2001)在总结前人的基础上对劳动力需求弹性以及贸易对劳动力需求弹性的影响机制进行了全面论述,下面我们分别从劳动力需求弹性的国际经济学意义、劳动经济学意义以及贸易影响劳动力需求弹性的两种途径——替代弹性和规模弹性等进行详细的阐述。

一、劳动力需求弹性的国际经济学意义

在理论上,贸易可以不改变劳动力价格而改变劳动力需求弹性。国际贸易主要通过两种途径来使劳动力市场变得更加有弹性:使产出市场更有竞争力;由于可以进口国外要素使国内劳动力更具有替代性。在赫克歇尔—俄林模型(H—O)中,如果一国在自给自足状态时的相对要素禀赋与其他国家相同,则这个国家贸易开放后,它的产品价格不会改变,进而通过斯托尔帕-萨缪尔森定理(S—S),它的要素价格也不改变。但是开放后,一方面国外的要素可以替代本国的要素,另一方面如果自给自足状态的产品市场是不完全竞争的,则贸易会使产品市场更具竞争力。因此即使贸易通过萨缪尔森—斯托尔帕定理(S—S)没有改变产品价格以及要素价格,仍可以通过改变劳动力需求弹性对劳动力市场带来冲击。如果这种现象成立,则贸易对劳动力市场的压力主要来源于劳动力需求弹性的改变①。

劳动力价格的变化非常重要。当非技术工人的实际工资下降时,这部分工人的福利会下降。为什么劳动力需求弹性的变化如此重要呢?Rodrik(1997)解

---

① 将全球化对劳动力市场的主要影响归结于对劳动力需求弹性的影响而不是对工资的影响。在 H—O 模型中,全球化对要素价格的影响来源于与有不同相对要素禀赋的国家进行贸易,而对劳动力需求弹性的影响来源于与任一国家进行贸易。

释了劳动力需求更富弹性的重要性:第一,较高的劳动力需求弹性会使非工资成本更多的由雇工承担而非雇主承担,比如培训费用;第二,较高的劳动力需求弹性会使工资和就业在面对劳动力需求的外在冲击时变得更加不稳定[①];第三,较高的劳动力需求弹性会降低劳动相对于其他要素(如资本)所有者在"租金共享"方面的谈判力量。

二、劳动力需求弹性的劳动经济学意义

从劳动经济学的视角概括了行业的劳动力自需求弹性的决定因素,称为"要素需求的基本法则",认为完全竞争条件下劳动力需求弹性主要由三部分决定:产出不变情况下劳动和其他要素之间的替代弹性、最终产品的需求价格弹性以及劳动力收入占总收入的份额,并且推导出劳动力需求弹性的公式为

$$\eta_{LL_j} = -(1-s)\sigma_{LL} - s\eta_j \qquad (3-8)$$

其中 η_{LL_j} 为行业(或厂商)的劳动需求弹性,为负数,s 为劳动收入在行业收入中所占的份额,σ_{LL} 为不变产出下劳动和其他要素之间的替代弹性,η_j 为行业 j(或厂商)的需求价格弹性绝对值,$0<s<1,\ \sigma_{LL},\ \eta_j>0$。

如式(3-8)所示,η_{LL_j} 包含两部分,其中,$-(1-s)\sigma_{LL}$ 称为"替代效应",给定产出不变,当工资上升时,行业或厂商会在多大程度上用其他要素来代替劳动力,为了与总的劳动力需求弹性区 η_{LL_j} 区分开来,$-(1-s)\sigma_{LL}$ 这一项通常称为不变产出的劳动力需求弹性;$-s\eta_j$ 称为"规模效应"或者"产出效应",工资上升,意味着成本增加,行业或厂商的产量会降低,进而会引起多大程度的劳动力需求减少。

当工资上升时,替代效应和规模效应都会降低劳动力需求,行业或厂商会更多的使用其他要素来代替劳动力,同时较高的成本导致较低的产出,进而会有较少的要素投入,因此,η_{LL_j} 为负数。

三、国际贸易对劳动力需求弹性的影响机制之一:规模效应

国际贸易学理论有关(3-8)式中 σ_{LL} 和 η_j 取决于一国贸易伙伴的各个方面,首先,考虑 η_j,将(3-8)式对 η_j 求导数,$\partial\eta_{LL_j}/\partial\eta_j = -s<0$,说明当产品更富

---

① 工资和就业间的不稳定性分布取决于劳动力供给的弹性。如果劳动力供给是完全无弹性的,劳动力需求的冲击仅仅引起工资的变化;如果劳动力供给是完全弹性的,则劳动力需求的冲击仅仅引起就业的变化。

有弹性时，劳动力市场也更富有弹性，即 η_j 上升，η_{LL_j} 下降。劳动力收入在总收入中占的份额越大，从 η_j 到 η_{LL_j} 的"传导"部分越多，贸易对劳动需求的这种作用是对"希克斯—马歇尔需求法则"的应用："如果对某种产品的需求富有弹性，则投入生产这种产品的要素需求也富有弹性"。

很多贸易理论告诉我们，贸易使一国的产品市场更富竞争力，贸易自由化政策使国内企业面临更大的国外厂商的竞争。不同的模型对 η_j 大小的预测稍有不同，比如完全竞争产品市场的理论（H—O 模型）认为贸易自由化的结果会导致产品市场弹性无穷大（即 η_j 无穷大），从而导致劳动力需求弹性无穷大（η_{LL_j} 无穷大）。然而，实证结果表明，η_{LL_j} 并不是无穷大，和理论预测有很大差距。而不完全竞争市场的模型认为贸易自由化使要素需求更富有弹性，但不是无穷大。

如果一个国内行业只有一个企业，面临国外竞争的同时受国内进口限额政策的保护，这会导致该企业面临线性的剩余需求曲线。Helpman and Krugman（1989）认为放松进口限额会迫使国内企业降低产出和价格，并通过证明得出在新的产出水平下，产品需求更加富有弹性，保持其他条件不变，劳动需求弹性会增加。具体推导如下：假设企业的需求为 $Q=(a-x)-bP$，X 为限额的水平。假设边际生产成本为常数 c（在边际成本递增的情况下仍然成立，因此这个假设并不重要）。在不完全竞争市场下，均衡时的产品需求弹性为：

$$\eta_j = [-(x-a-bc)/(a-x-bc)] > 0$$

放松进口限额即 X 上升后，$\partial \eta_j / \partial x = [2bc/(a-x-bc)^2] > 0$，因此随着进口限额的放松，均衡时的产品需求更富有弹性，继而导致劳动力需求更富有弹性。

另一个模型是垄断竞争的 Dixit'Stiglitz（1977）模型，消费者喜欢多样化的产品，假设代表性厂商面对的产品需求弹性与消费者效用函数中差异化产品间的替代弹性（elasticity of substitution，EOS）相等，但实际上产品需求弹性无限逼近替代弹性（EOS），$\eta_j = EOS + [(1-EOS)/N]$，即给定 N，每个企业面临等弹性需求。当 N 上升时，η_j 也上升，$\partial \eta_j / \partial N = [-(1-EOS)/N^2] > 0$。贸易自由化后行业内企业的数目（包括本国和外国）会增多，引起产品需求弹性 η_j 的上升，继而导致劳动力需求弹性 η_{LL_j} 上升。

第三个模型是 Trefler（1995），当国内和国外的产品种类对消费者而言存在不完全替代时，行业的产品需求弹性依赖于本国产品和外国产品的替代弹性，贸易自由化削弱了产品间的替代弹性，从而提高了行业的需求弹性，进一步提高劳动力的需求弹性。

四、国际贸易对劳动力需求弹性的影响机制之二：替代效应

国际贸易影响劳动力需求弹性 η_{LL_j} 的第二种方式是通过劳动力和其他要素的不变产出替代弹性 σ_{LL}。假设一个行业是垂直一体化的，包含多个生产阶段，参加贸易后，有些生产阶段可以不必在国内完成，可以通过建立跨国公司的国外子公司来完成 Helpman(1984)，也可通过直接从国外购买这些阶段的产出 Feenstra and Hanson(2008)。贸易使得企业有机会利用国外和国内的生产要素，或者通过国外子公司或者直接进口中间品来获得。贸易通过获得国外的生产要素，扩大了行业用来应对国内工资上升所利用的国内非劳动力要素的范围，因此，从自给自足走向国际贸易会提高 σ_{LL}，更大程度的贸易自由化会进一步提高 σ_{LL}。

上式(3-8)对 σ_{LL} 求微分：$\partial\eta_{LL_j}/\partial\sigma_{LL}=-(1-s)<0$，表明随着替代弹性的升高，劳动力需求弹性也在升高，同时还发现，劳动力收入在总收入中占的份额越小，从 σ_{LL} "传导" 到 η_{LL_j} 的部分越多。

综上可以得到以下结论：理论上，国际贸易可以通过产品需求弹性 η_j 或者通过劳动力与其他要素的替代弹性 σ_{LL} 来提高均衡时的要素自身价格需求弹性[①]。

五、劳动力需求弹性：行业层面与国家层面

上述理论是针对劳动力的行业需求弹性的，Leamer 等其他学者的一系列文章如 Leamer(1995)、Leamer and Levinsohn(1995)、Leamer(1996)讨论了整个国家的劳动力需求。Leamer 强调一个足够多样化的小型开放国家有无穷大的劳动力需求弹性，对于这个经济体而言，要素禀赋的变化不会影响国家的工资，却可以改变产出，如罗宾斯基定理(Rybczynski Theorm)的预测一样。Leamer(1995)认为 H—O 模型的结果被称为要素价格不敏感定理(Factor Price Insensitivity)更加合适[②]。

---

① 劳动力成本所占的份额 S 也可以改变 η_{LL_j}，然而国际贸易对 S 的影响至今还不明确。比如，如果贸易自由化改变了一国的相对产品价格进而改变了相对要素价格，则企业会试图用更多相对便宜的要素而较少用相对昂贵的要素来生产。成本份额 S 的变化取决于生产技术，而且，即使知道 S 的变动方向，国际贸易对 η_{LL_j} 的影响也取决于 σ_{LL} 与 η_j 的相对大小。

② 足够小对要素价格均等化是至关重要的：国家产出的变化必须足够小以至于不影响全球产品的价格。如果国家产出的变化确实改变了全球产品的价格，则国内要素的价格也会通过斯托尔帕——萨缪尔森定理(S—S)改变。

行业的劳动力需求弹性和国家劳动力需求弹性都来自于企业利润最大化的要素投入决策,然而它们仍是两个完全不同的概念。前者描述了一个行业为应对外生的工资变化所要做出的劳动力需求的调整是多少;而国家层面的劳动力需求变化则描述了一个国家内生决定的工资是如何应对一国要素禀赋的外生变化的。Leamer(1995)强调了二者的不同,他认为H—O模型隐含的国家劳动力需求弹性并不依赖于 σ_{LL}:"要素价格不敏感定理(FPI)、斯托尔帕—萨缪尔森定理(S—S)、赫克歇尔—俄林定理(H—O)都不依赖于劳动力与其他要素的替代弹性,即使在要素投入被生产技术固定的情况下,这些定理仍然可以运用。要素价格不敏感定理(FPI)和赫克歇尔—俄林定理(H—O)本质是由产品组合的变化引起的。"在FPI定理下,一个有里昂惕夫生产技术的国家可以同时具有几乎为零的行业层面劳动力需求弹性,以及无穷大的国家劳动力需求弹性;相反,在完全竞争市场及灵活的生产技术下,只生产一种产品的大国可以同时拥有无穷大的行业层面劳动力需求弹性和几乎为零的国家层面劳动力需求弹性。

第四节 本章小节

本章分别介绍了对外贸易影响工资、就业以及劳动力需求弹性的机制,其中贸易对工资的影响机制主要介绍了新古典贸易理论的萨缪尔森定理以及新新贸易理论的同质企业选择异质性劳动力模型;贸易对就业的影响机制主要概括为菲利普斯曲线以及新新贸易理论下的贸易筛选机制,两种机制的就业效应是相反的;贸易对劳动力需求弹性的影响机制主要包括替代弹性和规模弹性。根据以上几种机制,在接下来的几章,本书针对之前研究的不足,利用微观企业数据来分别验证企业出口对工资、就业和劳动力需求弹性的影响。

第四章　中国企业出口对员工工资的影响

第一节　引　言

20 世纪 90 年代中期以来,随着企业数据的普及,结合计量方法对微观企业层面的研究成为热点。此类研究发现,出口企业的各种表现如生产率、员工平均工资、企业规模等都比非出口企业好,我们称之为"出口溢价"(export premium)。其中,"工资溢价"(wage premium)现象,由 Bernard et al. (1995)利用美国企业的数据首次研究得出,在控制公司规模、行业、地区、人均资本等其他因素后,出口企业的员工工资仍比非出口企业显著要高。后来很多学者在 Bernard et al. (1995)以及 Bernard and Jensen(1999)方法的基础上进行改动或扩展,发现在其他国家也存在"工资溢价",包括高度发达国家英国、德国、瑞典、西班牙;新兴经济体中国台湾、韩国、墨西哥、智利;转型国家爱沙尼亚、斯洛文尼亚;还有最不发达的撒哈拉以南非洲地区布隆迪、埃塞俄比亚等,Schank and Schnabel et al. (2007)曾针对不同国家做了细致总结。

"工资溢价"现象的存在有两种解释:

第一,出口之前企业就支付了较高工资,支付较高工资的企业"自我选择"进入出口市场。在 Melitz (2003)提出新新贸易理论的异质性企业模型中,高效率的企业自我选择进入出口市场,这一假说在很多国家得到了实证支持[①]。关于企业生产率和员工工资的关系,Egger and Kreickemeier(2009)将 Akerlof and Yellen (1990)的公平工资机制引入到 Melitz(2003)的一般均衡框架,并在此基础上引入租金共享动机作为员工公平工资偏好的决定因素,假定公平工资取决于企业的生产率和其他表现,得出均衡时高效率企业的工人获得工资更高,而且实证也支持生产率、利润和工资之间的正相关关系。而 Davis and Harrigan (2011)从另一个角度阐述了工资高的企业自我选择出口,将 Shapiro and

---

① Wagner(2007)曾对来自不同国家的实证结果进行过总结。

Stiglitz（1984）提出的效率工资理论引入 Melitz（2003）的异质性企业模型，得出企业监管能力的不同会造成相同的工人在均衡时有不同的工资。如果出口企业的规模在出口前就比非出口企业大，并且规模较大企业的监管成本较高，则会导致未来的出口企业与非出口企业间的工资差距。Egger and Kreickemeier（2011）则认为每个人的管理能力不同，企业一般雇佣能力较强的管理者，从而有较高的生产率和利润。在租金共享的机制下由于工人偏好公平工资，为使员工尽全力工作，生产率高、利润高的公司会支付更高的工资，国际贸易使得最好的企业进入出口市场，因此出口企业会支付较高的工资。

第二，出口行为促进工资的增长，即"出口中学"效应。参与国际市场意味着面临更激烈的竞争，同时与国际市场上的购买者和竞争者接触可以使出口企业学到更先进的信息、技术、管理经验（Crespi and Criscuolo et al.，2008），从而促使企业出口后迅速成长，企业变得更有效率，支付给工人更高的工资，导致出口企业和内销企业间工资差距的产生。Helpman and Itskhoki et al.（2008）则认为工资差距是由劳动力市场不是完全竞争造成的，而后者则是由工人找工作时的搜寻成本导致的。当企业出口以后即使生产率保持不变，也会产生工资溢价。

这两种解释并不排斥，可以同时成立。作为劳动密集型产品的出口大国，我们较为关注的是劳动者从出口贸易中获益了吗？即第二种解释——出口提高员工工资是否成立。相对于企业出口和生产率的研究而言，国内关于出口行为和工资的实证研究较少。包群和邵敏（2010）运用动态面板数据模型考察了出口贸易对工资增长率的影响，发现加工贸易下的出口扩张对工资增长速度的提高产生了显著的抑制作用。于洪霞与陈玉宇（2010）探讨了出口与工资水平的相互关系及作用机制，发现出口与工资水平之间存在双向的因果关系。邵敏（2011a）采用联立方程模型估计企业出口对劳动收入占比的影响时，发现出口对工资报酬和劳动生产率均产生显著负向作用。邵敏（2011b）采用工具变量法对中国持续经营的企业进行分析，发现企业出口对员工收入存在显著的负面影响，具体到要素密集度不同的行业，结论会有所不同。

值得注意的是，我们在验证第二种解释的过程中，不得不考虑第一种解释的影响。"工资溢价"情况下，如果我们看到支付较高工资的企业进入出口市场，即第一种解释成立，则研究出口对工资的影响时，必须得控制来自"自我选择"效应的偏差。如果出口企业比非出口企业支付的工资高，我们有理由猜测出口企业即使不出口也比非出口企业的工资高，然而我们不能直接验证这一猜测，因为假设出口企业不出口是一种反事实的框架，我们缺乏足够的信息。邵敏（2011b）曾采用出口国的国内需求增长作为出口行为的工具变量，来解决企业的"自我选

择"带来的内生性问题,我们认为工具变量法可能存在弱工具变量问题,与之相比,匹配法通过在"对照组"中选取与"处理组"尽可能相似的个体,在"对照组"与"处理组"组成的新样本基础上进行比较,可以很好地控制"自我选择"效应。包群与邵敏等(2011)运用各种匹配方法并结合双重差分法对企业出口和员工收入的关系进行研究,然而并未发现出口能显著提高员工收入。邵敏与包群(2011)运用倾向得分匹配法从微观层面分析了中国出口企业转型对就业和工资增长的影响,发现只要不退出出口市场,外销型企业转型行为基本不显著影响就业和工资增长。

　　尽管匹配方法较为准确地控制了"自我选择"效应,然而它将出口状态(即是否出口)作为二元处理变量仍是不全面的,可能会掩盖或低估出口对工资的提升作用。出口企业参与国际市场活动的强弱差别很大,有些企业偶尔接到几张海外订单,出口仅占销售额的一小部分;有些企业积极挖掘国际市场潜力,出口占销售额的比重较大;有些企业全部外销,属于纯出口企业。出口活动是否能提升员工工资,不仅取决于是否出口,还取决于企业参与出口市场的程度即出口强度,仅用出口与否这个二元变量会掩盖出口强度的不同。考虑到企业参与出口强度的不同,我们采用广义倾向得分(generalized propensity score,GPS)法,选用企业的出口额与总销售额的比例即出口强度[①]作为连续的处理变量,在每一个出口强度水平上研究出口活动对员工工资的影响,结果发现,在有些子区间内,出口对工资有促进作用,在有些子区间内,出口没有作用甚至是负面作用,这或许可以部分解释为什么包群等(2011)将出口与否作为二元处理变量并未发现出口对员工收入有显著正向影响,或邵敏(2011b)研究得到企业出口对员工收入有负面或抑制作用。

　　与之前研究中国企业出口和劳动力报酬的研究相比,本书首次采用连续处理变量的广义倾向得分(GPS)方法,控制企业的"自我选择"效应,并且在区间[0,1]内企业每一出口密度水平上刻画了出口和员工工资的关系,发现出口活动对工资报酬的影响受出口强度的影响,二者呈现倒 U 型关系,工资随企业出口强度的增加先上升后下降,出口提高员工报酬这一命题仅在出口强度的某一子区间成立。

---

　　①　出口强度区间为[0,1]。

第二节 模型介绍——广义倾向得分法

GPS 方法由 Imbens(2000)和 Hirano and Imbens(2004)发展而来,与二元处理变量相比,GPS 更加一般化,它允许处理变量(出口强度)是连续的,同时又能消除处理组(出口企业)与对照组(非出口企业)在受处理(出口)之前的异质性带来的偏差,即控制"自我选择"效应。Hirano and Imbens (2004)进一步估计出剂量响应函数(dose response function),它可以在给定连续的处理变量(出口强度)和 GPS 下,描述任一连续处理水平上(出口强度)所对应结果(工资)的条件期望。由于 GPS 方法模型控制了个体的"自我选择"效应,因此任意两个出口强度上的工资差异,可以解释为出口强度的变化对工资的净影响。

GPS 方法的应用在国外较为广泛,Kluve and Schneider et al. (2012)用 GPS 方法研究了培训时间的长短(连续的处理变量)对员工再就业(响应结果)的影响,发现培训时间在 100 天之内,再就业呈上升趋势,100 天之后,再就业无明显变化;Fryges(2006)首次将 GPS 方法引入有关企业表现与出口的相关研究中,估计了企业出口强度与出口之后销售额增长率之间的关系;Fryges and Wagner (2008)利用同样的方法研究了德国萨克森州采矿业和制造业的企业出口强度与生产率增长率的因果关系。

为分离出处理变量 D 对结果变量 Y 的因果关系,非常有必要控制处理组和非处理组在接受处理之前各特征变量 X 的差异。然而实际上,当特征变量 X 的维度较多时,要想控制这种差异变得非常困难。二元处理变量中,Rosenbaum and Rubin(1983)证明了以个体的一维倾向得分(可以理解为,给定特征变量 X 的前提下,个体接受处理的概率)为条件即可以消除处理组和非处理组在处理之前各特征变量 X 的差异。倾向得分的性质被广泛应用于匹配方法中。然而,当我们考虑的处理变量是连续的(或者近似于连续的)[①],传统的倾向得分方法需要作出改变。

广义倾向得分法放松了 Rosenbaum and Rubin(1983)中对二元处理变量所做的强约束假设,提出了相应的弱约束假设,允许处理变量 D 在区间 $\mathcal{R}=[d_0,d_1]$ 上取值,给定与处理无关的协变量 X,如果满足

---

① 我们把解决连续处理变量的方法称为"广义倾向得分法"。

$$Y(d) \perp D \mid X, \forall d \in \mathscr{R} \qquad (4-1)$$

其中 $Y(d)$ 是与处理水平 d 相关的结果变量,则处理变量 D 满足弱约束条件。这个假设并不要求所有潜在结果变量 $\{Y(d)\}_{d \in \mathscr{R}}$ 是联合独立的,仅要求处理变量和对应的潜在结果变量是相互独立的,即在任意给定的处理水平 d 上,假定随机的处理变量 D 条件独立于随机的结果变量 Y。

进一步,令 $r(d, x)$ 为给定相关变量时处理变量的条件密度:

$$r(d, x) = f_{D \mid X}(d \mid x) \qquad (4-2)$$

则根据 Hirano and Imbens(2004)的定义,广义倾向得分为 $R = r(D, X)$。给定个体的特征变量 X,假定处理变量 D 与之满足弱约束条件,则可证明对于每一个处理水平 d,有

$$f_D(d \mid r(d, X), Y(d)) = f_D(d \mid r(d, X)) \qquad (4-3)$$

即给定广义倾向得分 GPS,处理变量 D 满足弱约束。方程(4-3)表明,处理水平 d 的条件密度是用 GPS 在相对应的处理水平上计算得出。因此,可以认为广义倾向得分法在每一个处理水平上,都使用了倾向得分法。

在二元处理中,Rosenbaum and Rubin(1983)证明了一维的倾向得分已经消除了处理组和非处理组在处理之前的特征变量 X 的差异所带来的偏差。Hirano and Imbens(2004)证明:在处理变量连续情况下,对广义倾向得分进行调整后也可消除上述偏差。给定个体的特征变量 X,假定处理变量 D 满足弱约束,由(4-3)式得出

$$\eta(d, r) = E[Y(d) \mid r(d, x) = r] = E[Y \mid D = d, R = r] \qquad (4-4)$$

$$\mu(d) = E[\beta(d, r(d, x))] = E[Y(d)] \qquad (4-5)$$

消除偏差的性质可由(4-4)(4-5)两式得出,第一步,估计出的结果变量 Y 的条件期望是处理变量 D 和广义倾向得分 R 的函数,$\eta(d, r) = E[Y \mid D = d, R = r]$,然而 Hirano and Imbens(2004)指出,这里的回归函数 $\eta(d, r)$ 并不能解释为因果关系;第二步,条件期望 $\eta(d, r)$ 完全可以表示成任一处理水平 d 上的广义倾向得分 GPS,$\mu(d) = E[\eta(d, r(d, x))]$,意味着系列反应函数 $\mu(d)$ 是在处理变量的任一连续处理水平上计算得出。

参照 Hirano and Imbens(2004)的做法,我们分三阶段来估计不同出口强度对工资的影响。第一阶段,给定控制变量 X_i,估计出口强度的条件分布。在我

们的样本中,出口强度的分布是严重有偏的[①],尤其是有很多为零的观测值(即企业只内销),故我们采用逻辑斯蒂分布函数来刻画其分布特征。假定对于观测值 i,给定 X_i 时,出口强度 D_i 的条件期望为:

$$E(D_i \mid X_i) = F(X_i\beta) \tag{4-6}$$

其中对于所有的 $X_i\beta \in \mathcal{R}$,有 $0 \leqslant F(X_i\beta) \leqslant 1$,保证 D_i 的取值在区间 $[0,1]$。假设函数 $F(\cdot)$ 是逻辑斯蒂分布函数(logistic distribution function):

$$F(X_i\beta) \equiv \Lambda(X_i\beta) \equiv \frac{\exp(X_i\beta)}{1+\exp(X_i\beta)} \tag{4-7}$$

又由于 D_i 在区间 $[0,1]$ 取值,借鉴 Wagner(2001,2003)的做法,采用 Papke and Wooldridge(1996)提出的分数对数单位模型(fractional logit model)来估计企业出口强度的概率,即 GPS,用拟最大似然估计(quasi-maximum likelihood estimation)估计出 β(Papke and Wooldridge,1996)。具体估计过程是在 Gourieroux and Monfort et al. (1984)与 McCullagh and Nelder(1989)提出的广义线性模型(generalized linear models,GLM)框架下,最大化伯努利对数似然函数:

$$\hat{\beta}: \max l_i(\beta) = \max \sum_{i=1}^{N} \left[D_i \log[\Lambda(X_i\beta)] + (1-D_i)\log[1-\Lambda(X_i\beta)] \right] \tag{4-8}$$

估计出 $\hat{\beta}$ 后,GPS 可由下式计算得出:

$$\hat{R}_i = \left[\Lambda(X_i\hat{\beta})\right]^{D_i} \left[1 - \Lambda(X_i\hat{\beta})\right]^{(1-D_i)} \tag{4-9}$$

其中 $\hat{R}_i$ 可以理解为企业达到某个出口强度的概率,即 GPS。第二阶段,用出口强度 D_i 及其概率 $\hat{R}_i$ 的组合平方项来逼近工资 Y_i 的条件期望[②]:

$$E[Y_i \mid D_i, \hat{R}_i] = \delta_0 + \delta_1 D_i + \delta_2 D_i^2 + \delta_3 \hat{R}_i + \delta_4 \hat{R}_i^2 + \alpha_5 D_i \hat{R}_i \tag{4-10}$$

第三阶段,利用(10)式估计出的系数 $\hat{\delta}$,计算每一个出口强度对应的平均工资:

[①] Hirano and Imbens(2004)使用正态分布刻画处理变量的分布,但我们的例子中,处理变量即出口强度很多为 0,使用正态分布函数会使结果有偏误。

[②] 考虑到工资和出口强度的非线性关系,我们也使用了三次方来逼近,结果和平方逼近基本是一致的。

$$\hat{E}[Y(d)] = \frac{1}{N}\sum_{i=1}^{N}[\hat{\delta}_0 + \hat{\delta}_1 d + \hat{\delta}_2 d^2 + \hat{\delta}_3 \hat{r}(d, X_i) +$$
$$\hat{\delta}_4 \hat{r}^2(d, X_i) + \hat{\delta}_5 d\hat{r}(d, X_i)] \qquad (4-11)$$

其中 N 是样本数目，$\hat{r}(d, X_i)$ 是 $\hat{R}(d, X_i)$ 的密度函数，我们将步长设为 1%，则 $d = 0, 0.01, 0.02, \cdots, 0.99, 1$，$\hat{E}[Y(d)]$ 是 d 取任一出口强度时对应的工资均值。这里的 d 与 D_i 是不同的，D_i 是企业真实的出口强度，而 d 是根据设定的步长划分的出口强度，有些 d 在样本中存在，有些 d 则不存在，如果存在，则按真实的出口强度 D_i 来计算其 GPS，如果不存在，则在所谓的反事实框架下按 d 来计算其 GPS。(4-11)式即为剂量响应函数，工资在每一出口强度的响应函数。

我们并非直接比较非出口企业和所有出口企业的工资差异，而是比较平均工资在两个不同出口强度水平上的差异。(4-11)式可以刻画任一出口强度 d 上的工资均值，将不同出口强度上的工资均值进行比较，就可进一步衡量出口强度在[0,1]变化时，工资是如何改变的，于是出口强度变化对工资的影响可用(4-12)式表示，(Flores，2004)称之为处理效应(pairwise treatment effect)：

$$E(\Delta^{d_1 d_2}) = E[Y(d_2) - Y(d_1)] \quad d_1, d_2 \in [0,1] \qquad (4-12)$$

具体地，结合本书研究的问题，当 d_1 取 0，d_2 取非 0 的任一出口强度时，(4-12)式变为：

$$E(\Delta^{0d_2}) = E[Y(d_2) - Y(0)] \quad d_2 \in (0,1] \qquad (4-13)$$

(4-13)式即可衡量不出口相比，任一出口强度水平给工资带来多大的净影响。采取与 Hirano and Imbens(2004)同样的做法，通过自举法(bootstrap)来计算(4-11)(4-12)(4-13)式估计量的标准差。

第三节　中国企业出口的特征性事实

近年来，随着企业层面数据的可得，越来越多贸易方面的学者转向微观企业的研究。很多研究发现，企业参与国际贸易时表现出显著不同，即所谓的企业异质性，如：更高效率的企业获得更高的出口收益、进入更多的海外市场、有更多的产品参与贸易，等等；此外，与非出口企业相比，出口企业在生产率、就业规模、工

资、技术密集度、资本密集度等方面具有明显优势。① 这些企业异质性可作为研究贸易自由化对生产率影响的工具变量,因此具有非常重要的意义。

本研究利用最新的企业层面贸易数据检验并总结出新的企业特征事实,阐明企业参与海外贸易的成本构成以及所有权在企业出口、进口决策时所起的作用,同时也对 2003—2005 年间中国贸易增长的来源以及中国贸易活动的状况进行详细分析。

本研究详细考察了按产品和目的国/来源国分类的企业出口和进口的月度数据,同时也考虑了企业的所有权结构,而之前的文献仅是捕捉到部分信息和维度,不能全面反映出企业在参与国际分工时的异质性:Eaton, Kortum and Kramarz (2004,2008)从目的国角度讨论了法国企业的出口,未考虑进口和产品;Arkolakis and Muendler (2009)从产品和目的国层面研究了巴西企业出口,并未涉及进口和所有权结构;Muûls and Pisu (2009)从产品和目的国维度探讨了比利时的出口与进口,但未包含所有权结构和贸易流。需要说明的是,Bernard, Jensen and Schott (2009)用同样的数据检验了美国企业的进口与出口状况,并比较了国内企业和外商投资企业的表现。与之相比,本书进一步区分了私有企业、国有企业、外商独资企业以及中外合资企业。

自 2001 年 12 月加入 WTO 以后,中国的对外贸易和外商直接投资都得到了快速发展,仅在 2003—2005 年间,出口增加了 86%,进口增加了 66%,分别达到 5 484 亿美元和 4 835 亿美元,其中,合资企业和外商独资企业在贸易流中达到 75%的份额。

2012 年,中国的贸易总额为 38 667 亿美元,首次超过美国成为世界贸易规模最大的国家,贸易在中国经济发展中的地位是举足轻重的。这些加总的贸易总量掩盖了企业层面的活动,如生产率的重新分配等,本书总结出有关企业异质性的如下事实:

特征事实 1:有多个贸易伙伴的多产品企业占据贸易流的大部分。尽管这种贸易模式在出口企业和进口企业都存在,但是进口企业的分布是有偏的,因为进口企业中规模较小的企业占比重很大。这项发现和已有的出口异质性模型

---

① Bernard and Jensen (1995,1999) and Bernard, Jensen and Schott (2009)对美国的研究;Bernard and Wagner (1997)对德国的研究;Clerides, Lach and Tybout (1998)对哥伦比亚、墨西哥、摩洛哥的研究;Aw, Chung and Roberts (2000)对韩国和中国台湾的研究;Eaton, Kortum and Kramarz (2004,2008)对法国的研究;Bernard, Jensen, Redding and Schott (2007)对此做过文献梳理。

(Melitz,2003)是一致的,由此看出,这些模型同样适用于进口企业。对于出口企业和进口企业而言,究其原因,均可以归结为企业在边际成本和针对不同国家不同产品的固定成本方面的异质性。从两种类型公司不同的分布可以看出,进口企业比出口企业有更低的固定成本以及更加分散的生产率即更高的边际成本。

Bernard,Jensen and Schott(2009)指出,美国企业在贸易流、产品以及贸易伙伴密集度几个方面均为有偏的,且偏度明显大于中国企业。这种贸易模式表明中国企业面临更高的固定成本,因此提高了企业出口或进口的"临界点"生产率。主要是因为美国众多的中小企业仅和少数贸易伙伴贸易少量种类产品。Beck,Demirgüç-Kunt,Laeven and Levine(2008),Beck,Demirgüç-Kunt and Maksimovic(2005)与Forbes(2007)指出相比于发展中国家,美国的金融支撑水平较高,小企业在信贷方面更受约束。考虑到这一点,在应对激烈的国际竞争时,中国的小企业更加没有能力改善外部的金融条件。

特征事实 2:平均而言,与出口商出售产品相比,进口商会购买更多种类的产品,但是出口企业比进口企业拥有更多的贸易伙伴国。既进口又出口的企业中,68%的企业进口的产品比出口产品种类多,53%的企业出口目的国比进口来源国数量要多。之所以出现这种状况,与中国的加工贸易模式密不可分,企业进口大量中间投入品进行加工、组装、再出口。这也可以解释为什么多数企业从少量(尤其是低成本)来源国进口各种各样的中间投入品,加工后转换后将少量成品出售到大量目的国。[①]

特征事实 3:企业的贸易活动与外资所有权所占比重密切相关。与合资企业相比,外资子公司贸易更多,后者又领先于国内私营企业。而且,进口密集度和进口来源国的数量和外资所有权比重呈现正相关,出口密集度和出口目的地数量和外资所有权比重呈现反相关。与私营企业相比,外资子公司和中外合资公司从更多的国家进口更多的产品,同时出口更少的产品到更少的目的国。

一种可能的解释是内资企业和外资企业的加工贸易模式不同,内资企业将少量的基本原材料加工成一系列简单的最终产品,而外资企业将各种投入品进行组装,专注于生产复杂的具有较高科技含量的最终产品。这种模式与FDI的知识产权保护模型是一致的,该模型预测外资企业更加注重研发。本书的结果

---

① Manova(2007)指出信贷约束加强了最有效率企业自我选择进入出口市场的可能性,其中Beck(2002,2003),Becker and Greenberg(2007),and Manova(2007,2008)提供了国家层面的证据,Guariglia and Kneller(2007)and Muûls(2008)提供了企业层面的证据。

同样认为外资企业更愿意从海外采购高质量的投入品，而国内企业则倾向于从本地供应商采购。

和国内企业相比，外资子公司在全球采购投入品，因为它们全球配置资源更有效率。异质性模型预测效率更高的企业进入更多的海外市场，更倾向于对外直接投资，形成跨国公司。外资公司在组织生产过程中，可能中间某个阶段在中国完成，然后将未完成的产品出口到其他国家的子公司继续深加工。跨国公司并不是在所有的最终消费市场所在地都有子公司，与国内公司相比，它们在中国的子公司的出口目的地也较少。外资公司更倾向于生产专业化程度较高的中间品以及较为富裕国家需求的最终产品，而国内公司却专注于标准化的中间投入品以及对很多国家的生产者和消费者的最终产品。

特征事实 1 与 Melitz(2003)的异质性企业模型是一致的，该模型强调了企业在出口的边际成本和固定成本的异质性，存在生产率的"临界点"，生产率超过"临界点"，企业就可以进入出口市场。因此，有效率的企业能进入更多的海外市场，在每个市场能出口更多。同样，Bernard，Redding and Schott（2009a，2009b)的多产品企业模型也认为，更有效率的企业能出口更多种类的产品到更多的国家。企业边际成本的异质性可以解释企业在出口贸易流、产品密度、贸易伙伴密度的有偏分布，以及最活跃企业贸易流的集中分布。

可以发现，异质性企业出口模型同样适用于进口，相对于出口企业而言，进口企业的偏向分布意味着进口的固定成本偏低，而生产率的分散程度偏高，这些差异使得有些生产率低的企业从事进口成为可能，而有些生产率低的企业从事出口却不可行。

特征事实 2 与 3 在很多贸易模型里也提到过，如外包(企业的生产选址)理论和跨国公司(企业的一体化)理论。这种模式符合目前中国很多企业进口中间投入品进行加工、组装进而出口的特有现象。加工贸易的特有现象可以解释很多企业从少量低成本的来源国进口各种各样的中间投入品加工成少量最终品出口到多个目的国，然而并不能解释不同外资所有权比重企业的差异。

Bernard，Jensen and Schott（2009)研究发现美国企业在贸易流、产品密度、贸易伙伴密度的分布偏度高于中国企业。这种差异主要是因为美国存在大量的贸易伙伴、产品以及每种产品贸易量都较少的小企业。一种可能的解释是，中国的企业面临更高的固定成本，因而提高了生产率的出口和进口"临界点"，进而阻止了中小企业参与国际市场活动。另一种解释依赖于企业面临的外部融资约束。很多文献研究发现，融资约束限制了企业出口或进口，Manova(2007)扩展了 Melitz(2003)的异质性模型，加入了企业出口面临的融资约束以及各国不

同的融资弹性。在这种框架下,出口的生产率"临界点"降低了,更多的企业在较好的金融支持下进入出口市场,这暗示着生产率较低的仅出口到利润最大化的目的地的小企业更容易在金融支持比较完善的发达国家存活下来。[①] 存在出口目的国的固定成本时,如果企业较容易得到外部的金融支持就能进入更多的出口市场,存在进口固定成本和进口企业边际成本异质性时,这类模型同样适用于进口。

考虑到美国较高的金融支持水平,较小的企业能较为容易地获得足够的外部金融支持进入海外市场,和少数几个贸易伙伴贸易少量产品的生产率较低的企业能在美国存活,却不能在中国存活。这就可以解释为什么美国企业的分布比中国企业分布的偏度更大。

不同外资所有权比重的企业贸易流的差异也为上述外部金融支持的解释提供了依据。外资独资公司以及中外合资公司可以从其母公司或者相关国外公司得到金融支持,外商独资企业比中外合资企业表现要好,二者均优于国内私营企业。与私营企业相比,国有企业可以从当地国有银行得到较多的金融支持,这也可以解释为什么国有企业的表现比私营企业要好,甚至有时比外资企业表现好。Manova,Wei and Zhang(2009)通过研究不同外资所有权企业的差异以及部门间外部融资的差异,提供了计量方面的证据支持融资约束假说。

中国 2012 年的贸易总额为 38 667 亿美元,已经小幅超越美国,其中出口为 20 489.3 亿美元,比去年增长 7.9%;进口 18 178.3 亿美元,比去年增长 4.3%。可见出口额在贸易额中占了一半以上,同时出口还担任着拉动中国经济增长的三驾马车之一的角色,因此其重要性不言而喻,与其他国家相比,中国的出口状况有自己的特殊性,主要体现在以下三个方面:

特征事实 4:出口企业不一定内销。理论上,Melitz(2003)的经典异质性模型中提到的出口企业,是同时从事出口和内销活动的企业,而实际上根据数据库中已有信息判定一个企业是否为出口企业,我们是观测其出口交货值是否大于0,若出口交货值大于0,则认为是出口企业,若出口交货值等于0,认为是内销企业。因此,Melitz(2003)理论中的出口企业和经验研究中的出口企业定义是不一致的。以中国为例,从表4-1看出,中国出口强度为1的企业在出口企业中的比例高达30%,这部分企业是只出口不内销的,很显然,这部分企业并不是

---

① 这种预测符合目前关于融资约束文献的研究:较小的企业更容易受到融资约束的影响,Beck,Demirgüç-Kunt,Laeven and Levine (2008),Beck,Demirgüç-Kunt and Maksimovic (2005),and Forbes (2007)对不同国家企业做过相应的实证研究。

Melitz 理论中提到的出口企业。除此之外,我们还发现,出口强度较高的企业在同时满足出口和内销的企业即满足 Melitz(2003)新新贸易理论中的出口企业中①所占比例较大,出口强度在 75％以上的企业在这部分企业中占据了半壁江山,这与已有的其他国家的经验研究不尽相同,Bernard and Redding et al.(2007)对美国制造业的研究结果表明,由于企业走向海外市场要克服昂贵的固定成本和可变成本等贸易成本,因此企业出口额仅占销售额的一小部分,出口强度一般在 25％以下。

表 4-1　出口企业中不同出口强度企业所占比重

	2000 年	2001 年	2002 年	2003 年	2004 年	2005 年	2006 年	2007 年	总体
(0,0.25)	25.14	25.8	25.26	24.71	25.39	28.97	28.4	24.32	26.27
(0.25,0.5)	12.09	11.69	11.83	11.79	11.02	11.22	11.84	12.75	11.74
(0.5,0.75)	1.67	11.36	11.79	11.77	10.55	10.94	11.54	12.19	11.41
(0.75,1)	22.32	22.21	23.05	22.89	22.61	21.13	20.63	22.04	21.97
1	28.78	28.94	28.06	28.84	30.43	27.74	27.59	28.69	28.61

注:根据工业企业数据库整理计算得出。

　　通过以上分析,我们在研究企业出口对国内经济影响的时候,不得不考虑企业的出口强度大小,如果仅仅将企业是否出口这个二元变量作为与不出口企业的区别,将较高出口强度的企业甚至是完全出口企业与较低出口强度的企业等同起来作为出口企业,直接与不出口进行比较分析,可能会掩盖一些由于出口强度不同引起的企业出口的特性。因此,为了更准确地研究与不出口企业相比,出口企业给就业、工资、劳动力需求弹性带来的影响,我们有必要从更细致的出口强度的角度来刻画出口企业的差异,以避免将不同出口强度的企业作为一类带来的偏差。

　　特征事实 5:出口主体具有二元性。中国企业出口的另一鲜明特征是出口主体的二元性,从表 4-2 看出,外资企业的出口在中国出口总量中占据 50％以上,占比如此高的外资企业出口和内资(本土)企业出口在本质上是否有不同呢?这也是我们在研究过程中要考虑的问题。对于内资企业而言,选择出口,意味着有足够的能力克服贸易成本,向国际化迈出了第一步;对于外资企业而言,非出口的外资企业往往是对外资来源国向目的国出口的一种替代,其国际化程度更

---

　　①　这部分企业的出口强度大于 0 而小于 1。

高。因此,我们在考察企业出口问题时,从出口主体的二元性角度出发是非常必要的。

表4-2　外资企业在中国出口中所占比重

	2000年	2001年	2002年	2003年	2004年	2005年	2006年	2007年	总体
外资企业出口占出口企业总数比重	45.3	46.4	45.4	46.7	49.5	46.8	47.2	50.9	47.6
外资企业出口占出口总额比重	62.9	63.8	65.3	67.0	71.9	70.3	69.8	70.8	68.9

注:根据工业企业数据库整理得出。

特征事实6:出口方式具有二元性。中国作为劳动力密集型的新兴发展中大国,加工贸易的现象非常普遍,2012年进出口总额中,一般贸易进出口20 098.3亿美元,比上年增长4.4%;加工贸易进出口13 439.5亿美元,增长3.0%。出口额中,一般贸易出口9 880.1亿美元,增长7.7%;加工贸易出口8 627.8亿美元,增长3.3%。进口额中,一般贸易进口10 218.2亿美元,增长1.4%;加工贸易进口4 811.7亿美元,增长2.4%。表4-3列出了1981年以来的加工贸易在出口总额中所占比重,从1980年的4.8%上升至1996年的55.8%,1996年后一直稳定在55%左右[①],反映了中国一般贸易企业和加工贸易企业并存的局面。

表4-3　加工贸易出口占出口总额的比重

年　份	出口总额	加工贸易出口额	占总出口的比重(%)
1981	220.1	10.6	4.8
1982	223.2	15.2	6.8
1983	222.2	19.4	8.7
1984	261.4	28.6	10.6
1985	273.5	32.3	11.8
1986	309.4	56.2	18.2

---

① 近年来由于加工贸易转型升级,因此比例有所下降。

（续表）

年　份	出口总额	加工贸易出口额	占总出口的比重（%）
1987	394.4	89.9	22.8
1988	475.2	140.5	29.6
1989	525.4	197.8	37.7
1990	620.9	254.2	40.9
1991	718.4	324.6	45.1
1992	849.4	396.1	46.6
1993	917.6	442.5	48.2
1994	1 210.1	569.8	47.1
1995	1 487.8	737.0	49.5
1996	1 510.5	843.4	55.8
1997	1 827.0	996.6	54.5
1998	1 837.6	1 044.7	56.9
1999	1 949.3	1 108.8	56.9
2000	2 492.0	1 376.5	55.2
2001	2 661.0	1 474.3	55.4
2002	3 256.0	1 799.3	55.3
2003	4 382.3	2 418.5	55.2
2004	5 933.2	3 279.7	55.3
2005	7 619.5	4 164.7	54.7
2006	9 690.8	5 103.8	52.7
2007	12 180.2	6 176.6	50.7
2008	14 285.5	6 625.8	46.4
2009	12 016.6	5 869.8	48.8
2010	15 779.3	7 403.3	46.9
2011	18 986.0	8 354.2	44.0
2012	20 489.5	8 627.8	42.1

　　根据加工贸易的定义[①],加工贸易有多种形式,无论采取哪种方式,加工贸易企业都属于纯出口企业即出口强度为1的企业,因此,中国企业较高的出口强度是与加工贸易分不开的。中国的加工贸易企业有很多特殊性:比如根据Melitz(2003)的异质性企业理论,出口企业因为克服了固定成本才能出口,因此,出口企业的生产率要高于非出口企业,然而国内很多学者针对中国的研究并不支持这个结论,他们发现了相反的结论——"生产率悖论",即出口企业的生产率并没有理论预期的那样要高于非出口企业,而是与非出口企业差异不显著,甚至比非出口企业低(李春顶与尹翔硕,2009;李春顶与赵美英等,2010;马述忠与郑博文,2010)。关于"生产率悖论",李春顶(2010)、戴觅与余淼杰等(2011)做了非常细致的检验工作,认为中国制造业企业出口整体上存在"生产率悖论"的主要原因是出口企业加工贸易的大量存在,加工贸易可以获得政府在税收方面的优惠,意味着生产的边际成本降低,从而可以在出口市场存活,在剔除加工贸易后,出口企业的生产率均值都要比非出口企业高[②]。因此,在对中国的出口企业进行研究时,加工贸易的特殊性是不可忽略的,遗憾的是,我们的数据库中缺乏加工贸易的信息,局限于数据的可得性,我们并未单独研究加工贸易企业,这也是本书的不足之一,然而这无法改变它与一般贸易企业并存对结论影响的重要性。

---

　　① 加工贸易是一国通过各种不同的方式,进口原料、材料或零件,利用本国的生产能力和技术,加工成成品后再出口,从而获得以外汇体现的附加价值。加工贸易是以加工为特征的再出口业务,按照所承接的业务特点不同,常见的加工贸易方式包括:进料加工、来料加工、装配业务和协作生产。中国的加工贸易发展具有以下三个方面的基本特征:a.两头在外的特征。即其用以加工成品的全部或部分材料购自境外,而其加工成品又销往境外。b.料件保税的特征。根据加工贸易"两头在外"的基本特征,中国现行的法规规定海关对进口料件实施保税监管,即对其进口料件实施海关监管下的暂缓缴纳各种进口税费的制度。料件的保税可以大大降低企业的运行成本,增加出口成品的竞争力,同时又对加工贸易保税料件监管提出较高的监管要求。料件保税是加工贸易的灵魂与核心,是区别于一般贸易的重要标志。c.加工增值的特征。企业对外签订加工贸易合同的目的在于通过加工使进口料件增值,从而从中赚取差价或工缴费。加工增值是加工贸易得以发生的企业方面的根本动因。

　　② 此外,"出口企业"的惰性、创新动力不足以及国内市场进入成本过高也可能是造成出口企业生产率低于非出口企业的原因。

第四节 数据处理与统计描述

一、数据来源和处理

本研究的数据来源于国家统计局的《500万产值以上工业企业统计年度库》(2000—2007),根据聂辉华与江艇等(2012)的总结,此数据库的优点是样本大、指标广、时间长,然而却存在样本匹配混乱、指标缺失与异常,测度误差明显及变量定义模糊等缺陷,针对以上问题,我们分别做了以下处理:

首先,由于企业关闭改制重组等原因,每年数据库中的企业是不同的,我们参照 Brandt and Van Biesebroeck et al. (2012)的序贯识别匹配法,先根据相同的企业代码,然后根据相同的企业名称,最后根据邮政编码等来识别同一家企业,一共识别出在 2000—2007 年持续存活的企业 49 130 家,构建了时间跨度为 8 年以企业 ID 和年份为两维的平衡面板数据,具体识别企业的状况见表4-4。

其次,产业匹配也存在着问题,2002 年及其之前采用 GB/T 4754—1994 标准,2002 年之后采用 GB/T 4754—2002 标准,依然借鉴 Brandt and Van Biesebroeck et al. (2012)的做法,将 2002 年前后的产业标准统一。

再次,2001 年和 2004 年缺少"工业增加值"数据,会影响到生产率的计算,我们根据会计准则进行估算,工业增加值=工业总产值(现价)-中间投入+应交增值税,将缺失的数据补齐①。

表4-4 识别企业的状况

识别依据	识别个数	识别比例%	每年样本总数
企业代码	46 421	94.49	49 130
企业名称	2 513	5.12	49 130
邮政编码等其他信息	196	0.40	49 130

最后,我们删除了一些指标的异常值,按照 Cai and Liu(2009)的做法:第一,剔除总资产、从业人数、工业总产值、固定资产净值和销售额等关键指标缺失

---

① 聂辉华、江艇、杨汝岱(2012)用这个公式估算了 2005—2007 年的工业增加值,发现平均而言估算值略小于报告值,因此会低估生产率。

的观测值;第二,剔除明显不符合会计原则的观测值,包括总资产小于流动资产、总资产小于固定资产净值、累计折旧小于当期折旧的观测值;第三,根据谢千里与罗斯基等(2008),剔除从业人数少于 8 人的观测值(这些企业缺乏可靠的会计系统);最后,剔除关键指标[①]小于零的值,经过上述几个步骤,总共剔除了 5 957 个观测值,剩余 387 083 个样本,我们将具体的剔除结果总结为表 4-5。

表 4-5 关键指标的剔除情况

剔除标准	8 年观测值总数	异常值个数	异常值比例%
总资产、从业人数、工业总产值、固定资产净值和销售额缺失	393 040	4 496	1.14
总资产小于流动资产、总资产小于固定资产净值、累计折旧小于当期折旧	393 040	461	0.12
从业人数小于 8 人	393 040	936	0.24
总资产、工业销售值、固定资产净值、负债总计、应付工资总额小于等于零,出口交货值小于 0	393 040	64	0.02

二、数据描述

为了客观反映,样本中的所有名义变量都以 2000 年为基期进行了调整,其中工业增加值使用企业所在地区工业品出厂价格指数平减,实际资本(固定资本存量)使用固定资产投资价格指数平减,工资和收入使用消费品价格指数平减,平减指数均取自"中经网统计数据库"。

我们采用 Olley and Pakes(1996)的 OP 方法来估计企业的全要素生产率[②],以避免传统 OLS 方法估计带来的选择偏差和同步偏差,利用永续盘存法算出企业投资[③],并结合了 OP 方法的一些最新进展:考虑到企业的出口状况可能会影响 TFP,我们参照 Amiti and Konings(2007),包含了企业是否出口的虚

---

① 我们剔除了总资产、工业销售值、固定资产净值、负债总计、应付工资总额小于等于零,出口交货值小于 0 的值。

② 全要素生产率的测算是项非常复杂的工作,本书在附录 3 中总结了生产率的各种测算方法,并详细比较了各种方法的优缺点。

③ 企业投资=本期资本存量-上期资本存量+本期折旧,由于我们采用的是 8 年连续经营的企业,因此计算的投资值缺省不多,而戴觅与余淼杰(2012),鲁晓东与连立君(2012)包含已倒闭的企业,缺省值会很多,因此我们估计出的 TFP 较高。

拟变量[1];此外由于中国加入 WTO 对企业出口有较大影响,进而影响到 TFP,我们参照 Feenstra and Li et al. (2011)以及余淼杰(2011)在估计 TFP 过程中加入 WTO 虚拟变量[2]。经过以上处理,本书所使用主要变量的统计特征如表4-6所示。

表4-6 各变量定义及描述性统计特征

变 量	定 义	数据形式	度量方法	均值	最小值	最大值
Lwage	平均工资报酬	对数	应付工资＋应付福利/从业人员	2.150	1.000	7.188
Expshare	出口密度	比值	出口交货值/工业销售额	0.217	0	1
lSize	企业规模	对数	从业人员	5.413	2.079	11.965
TFP	全要素生产率	对数	OP	5.022	0.086	10.164
Finance	财务状况	比值	负债总计/资产总计	0.581	2.11e−06	10.962
capintensity	资本密度	比值	固定资产/从业人员	135.458	0.002	7 986.364

第五节 实证分析的初步结果

我们关注的问题是,企业出口行为对员工工资有何影响。通过描述性统计发现,非出口企业的员工工资为 7.118,而出口企业为 8.497,"工资溢价"确实存在,究其原因主要有两种:出口企业在出口前就比非出口企业支付的工资高,支付高工资的企业"自我选择"进入出口市场;或者出口活动促进了员工工资的提高,即"出口中学"效应。

我们首先对第一种解释进行了考察,参照 Bernard and Bradford Jensen (1999)的做法,比较非出口企业与出口企业在出口之前的工资。由于 2004 年进行了工业普查,统计口径和之前不一致,我们把样本分为 2000—2004 年和2005—2008 年两个阶段,选择样本原则如下[3]:首先满足四年之内持续经营,在此基础上挑选前三年 2000—2003 年(2004—2006 年)未出口的企业作为样本,

---

① 出口虚拟变量:企业出口为 1,不出口为 0。

② WTO 虚拟变量:2001 年之后的为 1,2001 年之前为 0(包含 2001 年)。

③ 数据处理与 2000—2007 年的处理相同。

如果该企业在最后一年 2004（2007）年出口，记做出口企业，通过以下回归方程来衡量企业在出口之前的工资差距：

$$\ln W_{it} = \alpha + \beta Export_{iT} + \delta D_i + \varepsilon_i \qquad (4-14)$$

其中 W_{it}（t＝1,2,3）是企业员工在前三年每年的工资，$Export_{iT}$ 是企业在第四年是否出口的虚拟变量，D_i 包含了地区虚拟变量和两位数的行业虚拟变量，β 即可衡量出口企业在出口之前三年每年的工资差距，比较结果展示在表 4－7 中，发现将来（2004 年，2007 年）要出口的企业在进入出口市场之前几年就比非出口企业支付的工资高。

表 4－7　未来出口企业在出口前的水平工资差距 2000—2003 年，2004—2007 年

	2000 年	2001 年	2002 年	2004 年	2005 年	2006 年
	(a)	(b)	(c)	(d)	(e)	(f)
平均工资(β)	0.012*** (0.018)	0.149*** (0.016)	0.140*** (0.016)	0.087*** (0.010)	0.099*** (0.012)	0.123*** (0.012)
控制地区虚拟变量	是	是	是	是	是	是
控制行业虚拟变量	是	是	是	是	是	是
观测值	46 150	46 150	46 150	110 575	110 575	110 575

注：*** 表明在 1％的水平显著，括号内为标准差。

通过表 4－7 看出，工资差距在出口之前就存在，而且非常显著，第一种解释成立——支付高工资的企业进入出口市场，因此在研究出口是否提高了员工工资时，不得不控制这种"自我选择"，常用的方法是匹配法（matching）[1]，并结合双重差分（difference in difference）来估计[2]，以进一步控制不随时间改变的不

---

[1]　其思路是以某年开始出口的企业作为"处理组"（treatment group，又称为"实验组"），在非出口企业中选取在这年之前的表现和"实验组"表现（包括企业规模、雇员人数、人均增加值等）尽可能相似的企业，即产生了一个与"处理组"（treatment group）——对应（like-for-like，有时是一对多）的对照组（matching group）（Rosenbaum and Rubin，1984），在包含"实验组"和"对照组"的新样本基础上进行分析，很好的控制了"自我选择"问题。除此之外，还有其他选取对照组的方法，偏差矫正匹配法（bias-corrected matching）是指对简单匹配过程中的偏差进行校正，倾向得分匹配法（propensity score method，PSM）是选取那些和出口企业尽可能有相同出口概率的非出口企业作为对照组，在逻辑上更有说服力。

[2]　两种方法结合来研究出口与生产率的文献比较多，代表性的研究有 Girma and Greenaway et al.（2004）对英国的研究，Alvarez and Lopez（2005）对智利的研究，Greenaway and Gullstrand et al.（2005）对瑞典的研究，De Loecker（2007）对斯洛文尼亚的研究等。

可观测异质性。另外,考虑到企业的出口强度不同,本书不仅关注出口对工资的影响,更关心在每一出口强度上出口对工资的净影响,广义倾向得分法可以很好地做到这一点。表4-8列出了各年不同出口强度的企业在样本中的比例及其员工工资的信息,出口强度和员工工资之间并不是单调的,除2007年外,当出口强度超过10%或更多时,工资反而随出口强度的增加而降低。

表4-8 出口强度和员工工资

出口强度 (%)	样本中所 占比例(%)	员工平均工资 (均值)	出口强度 (%)	样本中所 占比例(%)	员工平均工资 (均值)
2000			2004		
0	65.02	12.847	0	62.02	9.430
(0,10]	5.92	19.306	(0,10]	7.77	13.997
(10,50]	7.67	17.245	(10,50]	8.74	12.189
(50,90]	7.06	15.587	(50,90]	7.59	11.272
(90,100]	14.33	14.043	(90,100]	13.87	8.962
2001			2005		
0	65.10	12.787	0	61.86	9.218
(0,10]	6.11	16.243	(0,10]	8.32	12.154
(10,50]	7.74	13.956	(10,50]	9.22	11.265
(50,90]	7.13	12.388	(50,90]	7.57	10.420
(90,100]	13.92	11.776	(90,100]	12.99	8.535
2002			2006		
0	64.58	9.945	0	62.30	9.097
(0,10]	6.51	14.959	(0,10]	7.86	12.053
(10,50]	7.89	13.006	(10,50]	9.46	11.633
(50,90]	7.45	11.507	(50,90]	7.64	10.350
(90,100]	13.57	10.033	(90,100]	12.75	8.788
2003			2007		
0	64.07	9.423	0	64.46	8.635
(0,10]	6.72	14.605	(0,10]	6.56	12.538

（续表）

出口强度（%）	样本中所占比例（%）	员工平均工资（均值）	出口强度（%）	样本中所占比例（%）	员工平均工资（均值）
(10,50]	8.25	12.106	(10,50]	8.96	11.275
(50,90]	7.62	10.742	(50,90]	7.52	13.055
(90,100]	13.34	9.149	(90,100]	12.50	8.632

注：作者根据500万产值以上工业企业统计年度库整理所得。

笔者采用广义倾向得分法估计了2000—2007年所有企业在给定出口强度下的员工平均工资，即工资对出口强度的结果反应函数。根据 Hirano and Imbens(2004)的做法，第一步估计出口强度的概率即 GPS，笔者借鉴 Papke and Wooldridge(1996)提出的分数对数单位模型(fractional logit model)。决定企业出口强度的外生变量包含了企业规模、全要素生产率、财务状况、资本密度以及 t−1 期的员工平均工资，包含滞后期的员工平均工资可以保证我们控制企业在出口之前工资的异质性。此外，还分别包含了省份虚拟变量来控制地理区位、二位数的行业虚拟变量来吸收企业所在行业差异以及时间虚拟变量来控制宏观经济状况。为节省空间，在表4−9中列出了2000—2007年、2001年、2003年、2005年、2007年分年的企业分数对数模型的估计结果[①]。

表4−9 出口强度的决定因素——分数对数模型回归结果

	(1)	(2)	(3)	(4)	(5)
	2000—2007 年	2001 年	2003 年	2005 年	2007 年
Lsize	0.749*** (0.033)	0.792*** (0.090)	0.707*** (0.080)	0.752*** (0.081)	0.758*** (0.086)
lsize^2	−0.030*** (0.003)	−0.040*** (0.008)	−0.027*** (0.007)	−0.029*** (0.007)	−0.025*** (0.007)
TFP	−0.217*** (0.006)	−0.191*** (0.017)	−0.233*** (0.015)	−0.194*** (0.015)	−0.322*** (0.016)
L. lwage	0.145*** (0.010)	0.184*** (0.023)	0.136*** (0.125)	0.148*** (0.025)	0.186*** (0.027)

---

① 由于分年的回归结果非常相似，因此只列出了2001、2003、2005、2007年的结果。

（续表）

	(1)	(2)	(3)	(4)	(5)
	2000—2007 年	2001 年	2003 年	2005 年	2007 年
Capital	−0.000 37 *** (0.000 05)	−0.000 33 *** (0.000 10)	−0.000 15 (0.000 11)	−0.000 75 *** (0.000 12)	−0.000 32 (0.000 15)
Finance	−0.569 *** (0.021)	−0.522 *** (−0.056)	−0.584 *** (0.048)	−0.570 *** (0.052)	−0.580 *** (0.050)
观测值	237 051	33 839	43 942	37 584	36 882
是否控制地区	是	是	是	是	是
是否控制行业	是	是	是	是	是
是否控制年份	是	否	否	否	否

注：*** 表示在 1% 的水平显著。

表 4-9 中，以回归(1)为例，企业规模对其出口强度的影响呈现倒 U 型，我们可以估计出倒 U 型的拐点是 263 814，样本中企业规模的最大值是 157 156，因此，企业规模对出口密度的影响处于倒 U 型的上升阶段，即是正面的，然而，Wagner(2003)提到本质上并非企业规模使企业有较高的出口强度，我们估计出的系数可能包含了不可观测的与企业规模正相关的其他企业异质性；全要素生产率(TFP)越低的企业，企业的出口强度反而越高，这在中国"生产率悖论"的发现下更进了一步①；滞后期的收入对企业出口密度是正面影响，可以解释前面提到的员工收入高的企业进入出口市场的现象，即企业的自选择效应；资本劳动比越高的企业出口强度反而越低，这可能与中国大量加工贸易企业的存在有关，在中国，加工贸易企业出口强度为 100%，且从事的大多是劳动密集型行业；财务状况与出口强度成反比，说明负债越少、资产越充足的企业其出口额占销售额比例越大。

在分数对数模型回归基础上，我们基于(4-9)式计算企业达到某一出口强度的概率即 GPS；第二步，根据由企业出口强度及其 GPS 的二次方建模的(4-10)式估计出员工工资的条件期望；第三步，我们在细分的出口强度②及其

---

① "生产率悖论"，即出口企业的生产率并没有理论预期的那样要高于非出口企业，而是与非出口企业差异不显著，甚至比非出口企业低。

② 我们将出口强度[0,1]按步长为 1% 划分，即细分的出口强度为 0,0.01,0.02,0.03,……,0.99,1。

对应的 GPS 下由(4-11)式得到员工工资均值即工资在每一出口强度下的剂量响应函数,我们更关注企业出口是否比不出口提高员工工资,或者说不同出口强度对工资的净影响,可以通过比较任一非 0 出口强度与出口强度为 0 的工资均值得到,即对应前文式(4-13)。

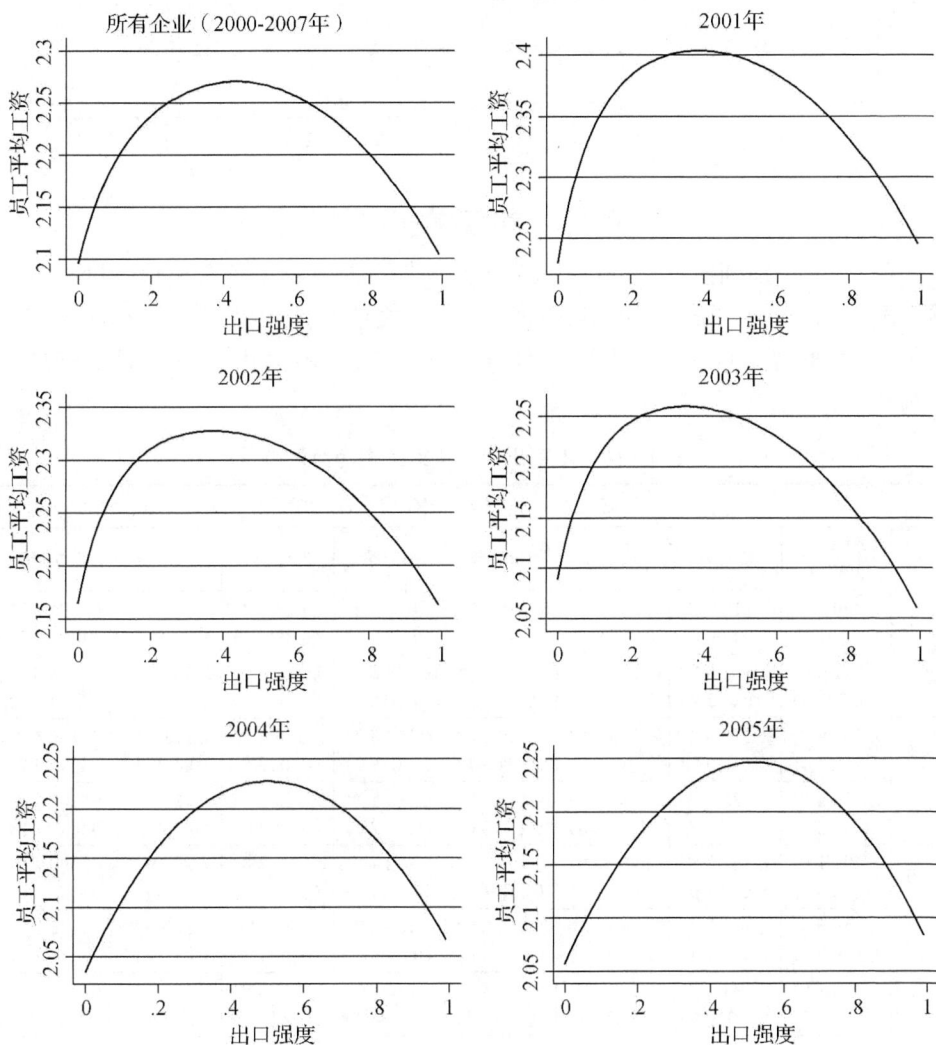

所有企业(2000-2007年)

2001年

2002年

2003年

2004年

2005年

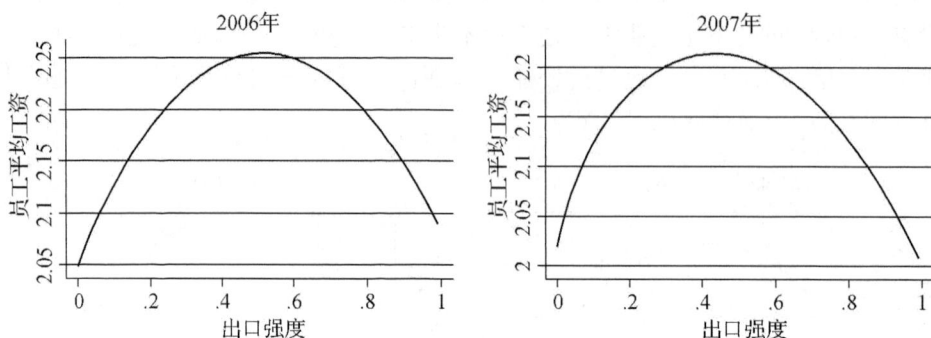

图 4-1　各年剂量响应函数

图 4-1 分别列出了 2000—2007 年共 8 年以及各年工资对出口强度的剂量响应函数(dose-response function)即(4-11)式结果,同时为便于分析,我们在表 4-7 中报告了(4-13)式结果即与不出口相比,不同出口强度对工资的净影响①。

表 4-10　不同出口强度对工资的净影响

d	$E(\Delta d) = E[Y(d) - Y(0)]$　$d \in (0,1)$							
	2000—2007 年	2001 年	2002 年	2003 年	2004 年	2005 年	2006 年	2007 年
0.1	0.096 1*** (0.001 4)	0.112 6*** (0.006 3)	0.107 2*** (0.006 3)	0.115 4*** (0.005 2)	0.072 4*** (0.006 5)	0.068 0*** (0.003 0)	0.078 2*** (0.003 7)	0.104 3*** (0.004 7)
0.2	0.141 0*** (0.001 9)	0.153 6*** (0.009 2)	0.145 6*** (0.009 0)	0.155 6*** (0.007 3)	0.126 3*** (0.012 6)	0.119 3*** (0.005 4)	0.133 2*** (0.005 2)	0.153 6*** (0.007 6)
0.3	0.163 9*** (0.002 4)	0.170 0*** (0.010 9)	0.159 9*** (0.010 9)	0.169 2*** (0.009 1)	0.163 3*** (0.018 0)	0.156 4*** (0.007 8)	0.171 7*** (0.007 0)	0.180 8*** (0.009 7)
0.4	0.173 3*** (0.002 9)	0.173 5*** (0.011 8)	0.162 0*** (0.012 3)	0.169 2*** (0.010 6)	0.185 1*** (0.022 1)	0.179 8*** (0.009 8)	0.195 5*** (0.008 5)	0.192 6*** (0.011 2)
0.5	0.171 7*** (0.003 0)	0.167 7*** (0.012 0)	0.155 2*** (0.013 1)	0.159 3*** (0.011 7)	0.192 4*** (0.024 4)	0.189 2*** (0.011 0)	0.204 9*** (0.009 5)	0.190 7*** (0.011 9)
0.6	0.159 5*** (0.002 9)	0.153 6*** (0.011 4)	0.140 4*** (0.013 4)	0.140 5*** (0.012 3)	0.185 8*** (0.025 0)	0.184 4*** (0.011 5)	0.200 0*** (0.010 2)	0.175 7*** (0.012 0)
0.7	0.136 9*** (0.002 7)	0.131 4*** (0.010 3)	0.117 5*** (0.013 4)	0.112 4*** (0.012 4)	0.165 7*** (0.024 1)	0.165 3*** (0.011 4)	0.180 7*** (0.010 8)	0.147 5*** (0.011 8)

---

① 标准差由自举法(bootstrap)计算得出,8 年和各年样本均自举 500 次,为节省空间,我们以 0.1 为步长列出标准差,实际步长如前面所述是 0.01(1%)。

（续表）

d	2000—2007 年	2001 年	2002 年	2003 年	2004 年	2005 年	2006 年	2007 年
	$E(\Delta d)=E[Y(d)-Y(0)]\quad d\in(0,1]$							
0.8	0.103 6 *** (0.002 7)	0.100 6 *** (0.009 1)	0.085 8 *** (0.013 7)	0.074 5 *** (0.012 2)	0.132 3 *** (0.022 3)	0.131 6 *** (0.011 1)	0.146 7 *** (0.011 7)	0.106 0 *** (0.011 8)
0.9	0.058 9 *** (0.003 3)	0.060 5 *** (0.009 3)	0.044 5 *** (0.014 6)	0.025 8 ** (0.012 0)	0.085 9 *** (0.020 3)	0.083 2 *** (0.011 3)	0.097 9 *** (0.013 2)	0.050 7 *** (0.012 7)
1	0.002 4 (0.004 5)	0.010 3 (0.012 2)	−0.007 3 (0.016 7)	−0.034 7 *** (0.012 5)	0.026 6 (0.020 1)	0.019 7 (0.012 8)	0.034 1 ** (0.015 5)	−0.018 8 (0.015 1)

注：*** 、** 分别是在 1%、5% 的水平上显著，括号内为标准差。此外，用 OP 方法计算全要素生产率时损失 2000 年的数据，因此分年做只有 7 年。

表 4‑11　各年剂量响应函数拐点及拐点处净影响

	2000—2007 年	2001 年	2002 年	2003 年	2004 年	2005 年	2006 年	2007 年
拐点	(0.42, 0.44)	(0.37, 0.39)	(0.36, 0.38)	(0.34, 0.36)	(0.49, 0.51)	(0.51, 0.53)	(0.51, 0.53)	(0.43, 0.45)
净影响 (%)	19.01%	18.92%	17.63%	18.59%	20.33%	17.25%	18.54%	21.17%

注：净影响取拐点区间的中值来计算，如拐点区间为 (0.42,0.44)，则按 0.43 计算，并将其化为百分比。

根据第一部分 GPS 方法的介绍，从图 4‑1 的剂量响应函数可以发现，不管是所有样本（2000—2007 年）还是分年的样本，员工工资和企业出口强度之间始终是倒 U 型关系，并且由表 4‑10 可知当出口强度小于 0.9 时，与内销企业相比，出口对工资的促进作用均是显著的。对于 2000—2007 年样本而言，当出口强度达到 0.43① 时，员工工资达到最高值约为 9.689（$e^{2.271}$），而内销企业的人均工资为 8.142（$e^{2.097}$），二者比较得到处理效应为 1.547，约为 19%，可以理解为在控制企业自我选择后②，一个企业从完全内销转为出口额占总销售额的 0.43，其出口活动会引起员工平均工资提高 19%。当出口强度大于 0.43 时，员工工资开始下降，尽管如此，出口对员工工资的作用仍是显著为正的，直到出口强度大于 0.9，开始变得不显著。

为了检验出口强度和员工工资之间的倒 U 型关系随着时间的推移是否稳

---

① 拐点区间为 (0.42,0.44)，取其中值 0.43。

② 这一点是通过将企业出口强度的倾向得分（GPS）作为解释变量进入决定结果（工资）的方程来体现的。

定,我们分年依次估计了每年的剂量响应函数,如图 4-1 所示①,可以看出,倒U 型的关系是稳定的,只不过各年的拐点有所不同,表 4-11 列出了各年剂量响应函数的拐点,以及各拐点与不出口企业相比对工资的净影响,综合来看拐点处于(0.34,0.51)之间,比不出口企业的员工工资提高 17%—21%,当出口强度低于拐点时,员工工资随出口强度的增加而上升,大于拐点时,员工工资随之下降,直到出口强度大于 0.9,2002 年、2003 年、2007 年的出口对工资净影响变为负值,即出口强度大于 0.9 的企业其员工报酬低于内销企业,其他年份出口净影响仍为正值。然而值得注意的是,当出口强度大于 0.9 时,除 2003 年、2004 年外,净影响均变为不显著,因此大于 0.9 的区间,出口有可能抑制了工资报酬,即使是改善作用也均不显著。出口显著提高了员工工资这一结论仅在出口强度的某一子区间(0,0.9)内成立,这或许是包群等(2011)用二元匹配法得到出口未显著提高员工收入的原因。

工资随出口强度的增加先上升后下降,有些出口强度较高的企业员工工资甚至比内销企业还低,我们猜测可能原因如下:首先,根据倒 U 型的结果反应函数,出口强度越高,工资增长反而越不明显,这一结果可能是由加工贸易导致的,出口强度为 1 的加工贸易在纯出口企业中占了一半左右,并且多为劳动密集型企业,缺乏技术含量,生产率低下(戴觅和余淼杰,2011),出口行为并非因为自身生产率高,更大程度上因国家政策和合同所致,员工工资较低,福利较少甚至没有,从而将高出口强度企业工资拉下。至于这方面的深层次原因,我们认为与从事加工贸易的人员大多是农民工有关,中国城乡二元结构使农民工没有城镇居民的社会保障和福利,此外受教育背景、技能等的限制,他们选择余地较小,只能接受低收入的加工贸易企业或出口强度较高的劳动密集型行业工作。但对于农民工而言,在这个行业所得的收入仍然要高于留在农村的收入水平,因此他们愿意留下,这也进一步促成了加工贸易行业的工资较低。另一方面,出口强度越高,出口引致的成本,包括开拓更多的海外市场带来的协调成本、控制成本等可能会越高,同时出口强度高也会带来生产的规模经济,当出口引致的一系列成本高于规模经济带来的收益时,可能会出现工资报酬的下降。

---

① 用 OP 方法计算生产率时用到滞后一期的固定资产,因此会缺失 2000 年生产率的数据。

第六节　基于不同情况的稳健性检验

本部分主要针对前面的主要结论进行不同角度的论证,以此检验结论是否稳健。首先考虑不同经济性质企业出口活动的影响差异,接着对不同行业要素密集度企业出口影响进行计量检验。

一、不同技术行业的影响

为了体现各行业要素禀赋和劳动需求的不同引起的工资差异,笔者从技术高低的角度对企业进行了划分,按照 OECD2001 年的分类标准(OECD,Science,Technology and Industry Scoreboard,2001)将工业企业分为四类:低技术行业、中低技术行业、中高技术行业、高技术行业①。一般认为低技术行业比高技术行业的劳动资本比例要高,图 4－2 做出了 2000—2007 年四类行业的剂量响应函数图,表 4－12 列出了不同技术行业的企业出口对工资的净影响,表4－13 列出了各类型企业拐点及拐点处净影响。

除低技术行业外,中低技术、中高技术及高技术三类行业中企业的出口强度与员工工资仍然呈现倒 U 型关系,当出口强度大于 0.8 时,出口对工资的影响基本变为不显著,这与之前得出的结论基本一致。中低、中高、高技术三类企业在拐点处对工资的净影响分别为 15.92％、14.10％、10.86％,可见,中低技术产业在拐点处的净影响最大,而高技术行业在拐点处的净影响最小。技术水平越高的行业,劳动资本比越低,需要的劳动力相对越少,而技术水平越低的行业恰好相反。相对于高技术行业的企业,低技术行业的企业在拐点处对工资的促进作用更明显。与其他行业不同的是,而低技术行业的企业对工资的提升作用随出口强度的增大而逐渐增大,低技术行业的纯出口企业中工资增加的最明显②,这一点与其他行业不同。其他三类行业出现拐点的出口强度分别为 0.39、0.27、0.43,都未超过 0.5,说明随着出口强度的增加,出口对工资的提升作用先上升后下降,当达到一定程度时,这种作用不再显著,三类行业的不显著区间大多集中在(0.8,1)之间,因此,当出口强度大于 0.8 时,我们只能得到出口对工资没有影响的结论,这就再一次验证了之前我们的结论,出口对企业工资的促进作

---

① 具体分类标准见附录 A。
② 由于中国"生产率悖论"的存在,这方面缺乏一致的解释。

用是分区间的,有的区间是显著提升的,有的区间是不显著的,综合起来显著提升的区间可能被不显著的区间掩盖,最后导致使用"是否出口"二元变量时,掩盖了企业出口在某些区间显著提升了工资的结论。

表 4-12　不同技术行业的企业出口对工资的净影响

d	$E(\Delta d) = E[Y(d) - Y(0)] \quad d \in (0,1)$			
	低技术行业	中低技术行业	中高技术行业	高技术行业
0.1	0.034 1*** (0.010 9)	0.093 5*** (0.003 0)	0.101 4*** (0.011 4)	0.061 9*** (0.016 3)
0.2	0.046 2*** (0.013 0)	0.131 8*** (0.006 3)	0.128 9*** (0.011 3)	0.083 0*** (0.023 4)
0.3	0.053 7*** (0.015 7)	0.045 1*** (0.010 3)	0.131 2*** (0.014 6)	0.095 4*** (0.028 8)
0.4	0.058 6*** (0.017 7)	0.147 7*** (0.012 8)	0.124 8*** (0.017 4)	0.102 6*** (0.032 7)
0.5	0.062 4*** (0.018 4)	0.144 5*** (0.013 8)	0.115 7*** (0.019 3)	0.101 5*** (0.033 5)
0.6	0.066 2*** (0.018 1)	0.136 6*** (0.013 5)	0.105 4*** (0.019 9)	0.093 1*** (0.031 8)
0.7	0.069 6*** (0.017 2)	0.123 9*** (0.012 5)	0.092 9*** (0.019 5)	0.077 2*** (0.028 5)
0.8	0.063 0*** (0.016 7)	0.105 9*** (0.011 2)	0.076 9*** (0.018 4)	0.053 5** (0.026 0)
0.9	0.076 5*** (0.017 8)	0.012 1 (0.010 3)	0.055 5*** (0.017 7)	0.021 3 (0.028 3)
1	0.079 7*** (0.021 2)	0.051 8*** (0.010 3)	0.010 2 (0.019 0)	0.019 9 (0.038 1)

注:***、**、*分别是在1%、5%、10%的水平上显著,括号内为标准差。

表 4-13　不同技术行业的企业拐点及其拐点处净影响

	低技术行业	中低技术行业	中高技术行业	高技术行业
拐点	—	(0.38,0.40)	(0.26,0.28)	(0.42,0.44)
处理效应(%)	—	15.92	14.10	10.86
不显著区间	—	(0.8,0.9)	(0.9,1)	(0.8,1)

注:净影响取拐点区间的中值来计算,如拐点区间为(0.42,0.44),则按0.43计算,并将其化为百分比。

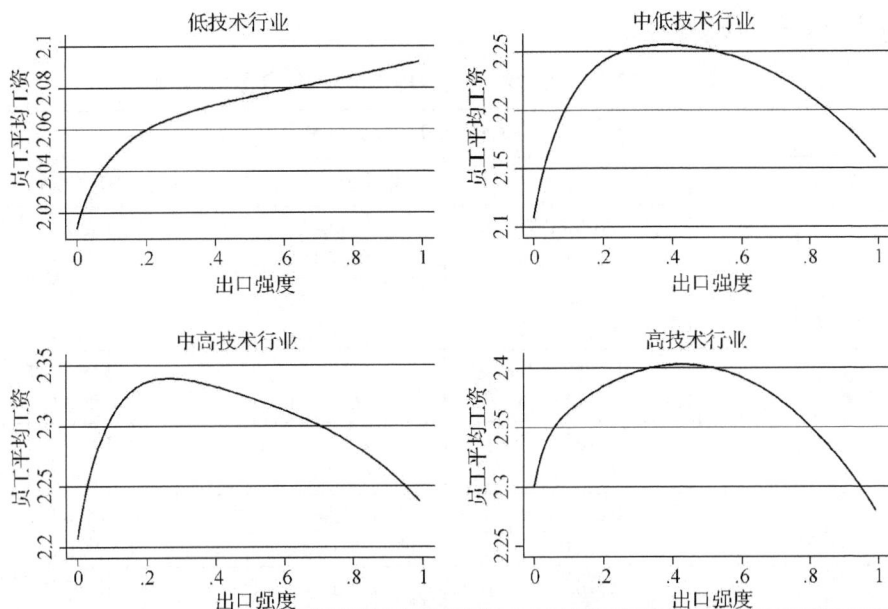

图 4-2　不同技术行业企业出口的剂量响应函数

二、不同要素密集度的影响

尽管本章在研究第一步企业出口强度的广义倾向得分(GPS)时已经控制了行业特征,然而我们还需要对行业要素密集度进行更进一步的关注,根据斯托尔帕萨缪尔森定理,开展国际贸易后,出口产品生产中密集使用的生产要素(也就是本国充裕的生产要素)的报酬会提高,而进口产品生产中密集使用的生产要素(也就是本国稀缺的生产要素)的报酬会下降。中国是劳动力丰富的国家,大量出口劳动密集型产品,因此,按照这一思路,劳动密集型企业出口应提高员工工资,而资本密集型企业出口可能会降低员工工资。首先关注中国出口企业数目比重最高(62.82%)的行业纺织业,按照工业企业数据库二分位细分行业,将纺织服装、鞋、帽制造业归为纺织业;其次按照一般的行业要素密集度划分标准,计算出所有样本企业的人均资本存量均值,当企业人均资本小于该值时为劳动密集型企业,反之则为资本密集型企业。图 4-3 列出了 2000—2007 年的所有企业①、纺织行业、劳动密集型行业、资本密集型行业的剂量响应函数,表 4-14 列出了不同要素密集度企业出口对工资的净影响,表 4-15 列出了各类型企业拐

---

①　之所以列出所有企业,是便于和各要素密集型行业进行比较。

点及拐点处的净影响。

表 4-14 不同要素密集度企业出口强度对工资的净影响

d	$E(\Delta d)=E[Y(d)-Y(0)] \quad d\in(0,1)$		
	纺织行业	劳动密集型行业	资本密集型行业
0.1	0.055 2*** (0.006 1)	0.094 4*** (0.001 6)	0.150 2*** (0.002 4)
0.2	0.100 7*** (0.005 0)	0.130 1*** (0.002 3)	0.251 7*** (0.003 0)
0.3	0.132 4*** (0.005 6)	0.137 5*** (0.002 9)	0.298 7*** (0.003 9)
0.4	0.152 2*** (0.006 5)	0.133 5*** (0.003 4)	0.307 7*** (0.004 8)
0.5	0.161 7*** (0.007 1)	0.124 4*** (0.003 8)	0.289 5*** (0.005 3)
0.6	0.162 2*** (0.007 3)	0.112 3*** (0.004 1)	0.250 5*** (0.005 4)
0.7	0.154 6*** (0.006 9)	0.098 0*** (0.004 3)	0.195 0*** (0.005 3)
0.8	0.139 8*** (0.006 0)	0.081 2*** (0.004 5)	0.125 4*** (0.005 4)
0.9	0.118 6*** (0.004 9)	0.061 3*** (0.004 7)	0.043 6*** (0.006 3)
1	0.091 6*** (0.004 3)	0.037 2*** (0.005 0)	−0.049 1*** (0.008 2)

注:***、**、*分别是在1%、5%、10%的水平上显著,括号内为标准差。

表 4-15 不同要素密集度企业拐点及拐点处净影响

	所有企业	纺织行业	劳动密集型行业	资本密集型行业
拐点	(0.42,0.44)	(0.53,0.55)	(0.28,0.30)	(0.36,0.38)
处理效应(%)	19.01	17.66	14.74	36.12
不显著区间	(0.9,1)	—	—	(0.9,1)为负

注:净影响取拐点区间的中值来计算,如拐点区间为(0.42,0.44),则按0.43计算,并将其化为百分比。

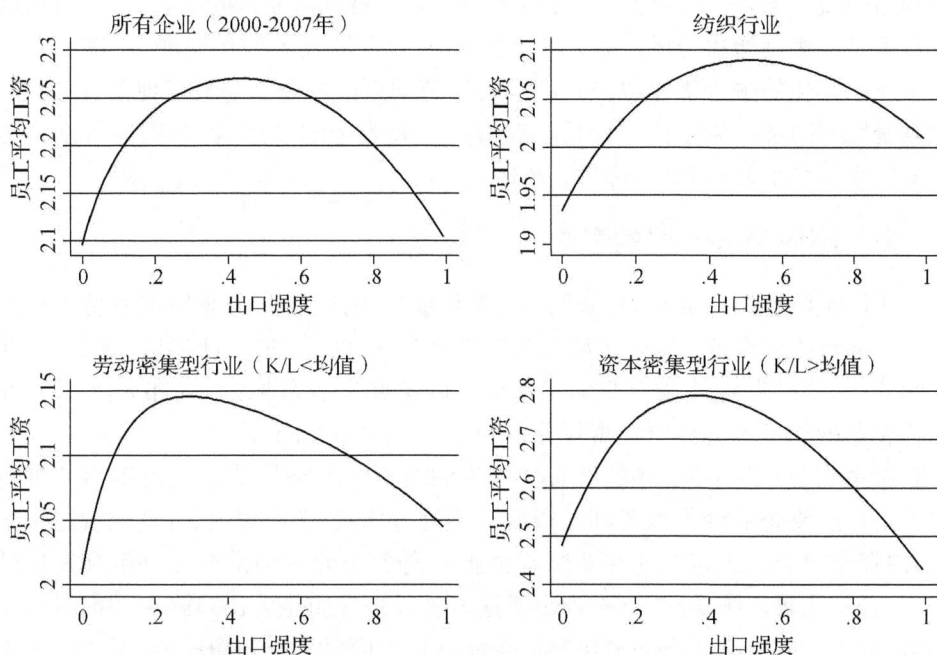

图 4-3 不同要素密集度企业出口的剂量响应函数

和所有企业一样,不管是出口企业比重最多的纺织行业,还是按要素密集度划分的劳动密集型行业和资本密集型行业,出口强度与员工工资都呈现倒 U 型关系,出口确实促进了员工工资的提高,只不过这种提高随出口强度的高低而不同。当出口强度大于 0.9 时,出口对工资的影响变为不显著,这一点仍和前面得出的结论一致。与经典国际贸易理论预测不一致的是,资本密集型企业出口也显著促进员工工资的增加,这一点和包群等(2011)非纺织行业出口对员工收入的影响更为显著是一致的,而且在拐点处对员工报酬的改善大于劳动密集型企业①,这也再一次提醒我们注意定理在现实中的适用性。标准的国际贸易理论在论述出口贸易对劳动力报酬影响时,往往是以劳动力自由流动为前提的,现实中这一前提很难成立,相对于商品市场的改革,中国要素市场的改革极为滞后,主要体现在劳动力流动的部门限制和区域壁垒,由于中国人口众多,劳动力一体化的进程所受阻力众多(Appleton and Song et al. ,2005),国内劳动力市场的

---

① 当然,在拐点处对员工工资的改善高于劳动密集型企业不代表在每一出口强度上都高于劳动密集型企业。

分割与歧视现象,不可避免地导致劳动力要素的报酬扭曲,即劳动力工资收入低于竞争市场机制所决定的工资水平。国内要素市场改革的相对滞后、国内劳动力市场一体化的进程缓慢以及现存的种种劳动力市场分割与歧视现象(体制性、城乡、性别等)都限制了出口贸易在改善员工收入中的作用,对中国等劳动力丰裕的国家更是如此(包群与邵敏,2010)。

三、不同经济性质的影响

不同经济性质企业出口活动存在显著差异,比如外资企业加工贸易出口比重显著高于内资企业,以外贸大省广东省为例,根据《广东统计年鉴》统计,2000年和2006年广东省外资企业加工贸易出口比重分别为91.41%和86.35%,而私营企业的加工贸易出口比重仅分别为6.03%和19.56%。

本章以2000—2007年的所有样本为例对不同经济性质企业出口活动进行检验,首先,将企业分为内资和外资两大类进行比较,然后对内、外资企业进行细分,内资企业分为国有企业和非国有企业[①],外资企业分为港澳台外资和其他外资,并分别比较。图4-4分别列出了这六种经济性质企业出口强度的剂量响应函数,表4-16列出了不同经济性质企业出口强度对工资的净影响,表4-17中列出了各类型企业剂量响应函数的拐点及拐点处出口对工资的净影响。

表4-16 不同经济性质企业出口强度对工资的净影响

	$E(\Delta d) = E[Y(d) - Y(0)]$ $d \in (0,1)$					
d	内资企业	外资企业	国有企业	非国有企业	港澳台企业	其他外企
0.1	0.009 6*** (0.001 3)	0.019 3*** (0.004 4)	0.062 5*** (0.002 8)	0.046 0*** (0.001 8)	0.001 1 (0.008 6)	0.017 9*** (0.008 2)
0.2	0.040 2*** (0.002 7)	0.049 4*** (0.004 4)	0.012 9 (0.027 9)	0.077 8*** (0.002 2)	0.008 5 (0.006 6)	0.048 6*** (0.005 7)
0.3	0.086 6*** (0.002 8)	0.079 6*** (0.005 5)	0.015 4 (0.055 8)	0.096 6*** (0.003 1)	0.023 2*** (0.005 6)	0.080 3*** (0.005 6)
0.4	0.009 7*** (0.003 1)	0.104 3*** (0.006 3)	0.029 6 (0.064 0)	0.104 4*** (0.004 3)	0.038 8*** (0.005 5)	0.106 0*** (0.006 6)
0.5	0.117 7*** (0.003 5)	0.119 4*** (0.006 7)	0.024 3 (0.058 2)	0.103 6*** (0.005 3)	0.052 0*** (0.005 9)	0.120 7*** (0.007 8)

---

① 非国有企业包括集体企业、股份合作企业、联营企业、有限责任企业、股份有限企业、私营企业以及其他内资企业。

（续表）

| d | \multicolumn{6}{c}{$E(\Delta d) = E[Y(d) - Y(0)]\quad d \in (0,1]$} |
	内资企业	外资企业	国有企业	非国有企业	港澳台企业	其他外企
0.6	0.111 0*** (0.003 9)	0.121 6*** (0.006 7)	−0.002 9 (0.047 2)	0.094 5*** (0.005 8)	0.060 3*** (0.006 2)	0.120 2*** (0.008 8)
0.7	0.090 3*** (0.004 4)	0.107 9*** (0.006 1)	−0.052 8 (0.037 1)	0.077 6*** (0.005 9)	0.061 2*** (0.006 2)	0.101 2*** (0.009 3)
0.8	0.056 6*** (0.004 9)	0.075 5*** (0.005 2)	−0.126 3*** (0.032 4)	0.053 0*** (0.005 7)	0.052 1*** (0.005 9)	0.060 6*** (0.009 4))
0.9	0.010 7 (0.006 8)	0.011 8 (0.006 4)	−0.223 6*** (0.034 7)	0.020 7*** (0.005 4)	0.030 4*** (0.005 5)	−0.004 0 (0.009 3)
1	−0.047 0*** (0.007 1)	−0.056 3*** (0.004 7)	−0.345 1*** (0.042 5)	0.019 0*** (0.005 6)	−0.007 0 (0.005 4)	−0.095 4*** (0.009 3)

注：***、**、*分别是在1%、5%、10%的水平上显著，括号内为标准差。此外，用OP方法计算全要素生产率时损失 2000 年的数据，因此分年做只有 7 年。

从图 4-4 中看出，除国有企业外，六种不同经济性质的企业出口强度与员工工资都呈现倒 U 型关系。内外资进行对比发现，内资企业在出口强度约为 0.5 时，出口活动对员工工资的促进作用达到最高，而外资企业的拐点 0.56 大于内资企业，拐点处出口活动对工资的影响差异不大。内资企业国有企业和非国有企业的拐点非常相近，分别在出口强度为 0.41 和 0.43 时达到最高，然而拐点处对工资的影响差别较大，当出口强度为 0.41 时，与完全内销相比，国有企业出口仅能使员工工资提高 3.07%，而在出口强度为 0.43 时，非国有企业员工工资能提高 11.08%。港澳台外资企业的拐点大于其他外资，然而拐点处出口活动对员工工资的提升作用却只有其他形式外资企业的一半。

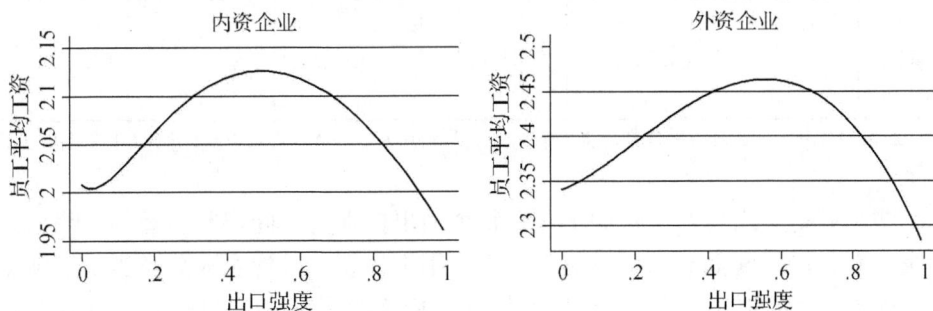

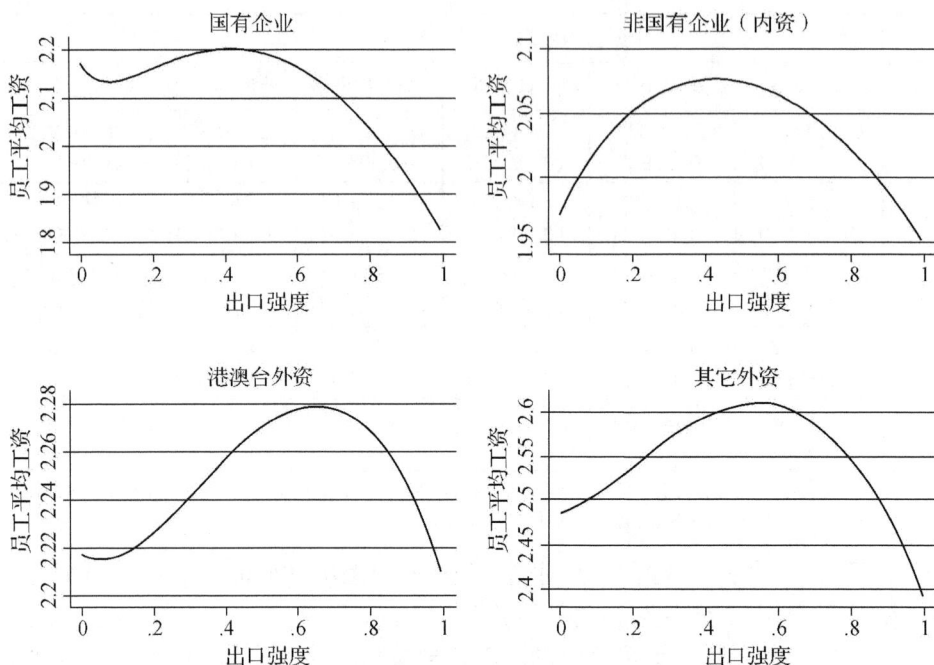

图 4-4　不同经济性质企业出口的剂量响应函数

表 4-17　不同经济性质企业拐点及拐点处净影响

	内资企业	外资企业	国有企业	非国有企业	港澳台外资	其他外资
拐点	(0.49,0.51)	(0.55,0.57)	(0.40,0.42)	(0.42,0.44)	(0.64,0.66)	(0.53,0.55)
处理效应(%)	12.49	13.03	3.07	11.08	6.38	13.03
不显著区间(5%)	(0.8,0.9)	(0.8,0.9)	(0.1,0.7)	—	(0,0.2)(0.9,1.0)	(0.8,0.9)

注:净影响取拐点区间的中值来计算,如拐点区间为(0.42,0.44),则按0.43计算,并将其化为百分比。

　　非国有企业出口对工资的促进在整个当出口强度区间都是显著的,相反,国有企业在出口强度低于0.7时对工资的作用不显著。其他企业分类当出口强度处于(0.8,0.9)或(0.9,1)时,出口的促进作用不再显著,即出口强度较高时,出口反而对工资的提高没有显著作用,和前面的结论基本是一致的。

四、不同经济区位的影响

近几年来,很多沿海地区的私营企业出现了大规模的"民工荒",尤其是珠江三角洲地区的外贸企业。为吸引劳动力,很多地区包括珠江三角地区和长江三角洲地区的企业不同程度地提高了工资;另一方面,企业所处地理位置的不同,当地着重发展的产业不同,享受的国家经济政策也会有所不同。综合以上原因,按照经济区位的不同,将样本中的工业企业分为五大经济区:泛珠江三角洲地区包括福建、江西、湖南、广东、广西、海南、四川、云南、重庆、贵州;长江三角洲地区包括上海、江苏、浙江;东北地区包括辽宁、吉林、黑龙江;西部地区包括内蒙古、山西、西藏、青海、宁夏、甘肃;中部地区包括北京、天津、河北、山东、陕西、安徽、河南、湖北。图 4-5 做出了 2000—2007 年五大经济区企业的剂量响应函数图,表 4-18 列出了不同经济区位行业的企业出口对工资的净影响,表 4-19 列出了各经济区企业拐点及拐点处的净影响。

从图 4-5 看出,整体上五个经济区企业的出口强度与员工工资呈现倒 U 型的关系,与前面得出的结论基本一致。企业的出口强度较小或者较大对工资的提升作用均不明显,在合适的区间才能促进工资提高,通过结果反应函数还能确定出这种作用的拐点即"最佳出口强度"。按照在拐点处出口对工资的净影响由小到大对五类经济区排列,分别是长三角地区 11.70%、泛珠三角地区 12.89%、西部地区 20.28%、东北地区 24.48%、中部地区 34.32%,长三角和珠三角地区虽然出口企业比例较高,而且为应对"民工荒"提高了工资,然而出口对工资的提升作用却不如内陆地区大。在分析过程中,发现有些地区的企业出口竟然降低了工资,如东部地区的企业在出口强度大于 0.9 时,出口对员工工资的作用是负的,而且在 1%水平上显著。五类经济区企业出现拐点的出口强度分别为 0.67、0.63、0.46、0.43、0.54,有三类经济区超过了一半,最高的是泛珠三角地区,可能与密度较高的加工贸易有关。不显著的区间在各个经济区稍有不同,珠三角、长三角和中部地区均为(0.9,1),东北地区和西部地区为分别为(0.8,1)和(0.6,0.9),此外,东北地区和西部地区在出口强度比较小的区间(0,0.1)或(0,0.2)也不显著,因此,只能说在某些出口强度区间出口可以促进工资的提高,而不能笼统地说出口促进工资提高或者出口对工资没有影响,再一次验证了前面得出的结论。

表 4-18 不同经济区位企业出口强度对工资的净影响

d	$E(\Delta d) = E[Y(d) - Y(0)] \quad d \in (0,1)$				
	泛珠三角地区	长三角地区	东北地区	西部地区	中部地区
0.1	0.027 3***	−0.007 1	0.017 8	0.002 7	0.049 5***
	(0.014 7)	(0.008 0)	(0.057 4)	(0.050 0)	(0.016 1)
0.2	0.051 2***	0.020 6**	0.160 1**	0.094 4	0.138 4***
	(0.017 9)	(0.010 5)	(0.073 8)	(0.067 7)	(0.021 0)
0.3	0.073 6***	0.051 3***	0.201 0***	0.157 0**	0.216 1***
	(0.020 9)	(0.012 5)	(0.076 4)	(0.076 6)	(0.024 7)
0.4	0.093 7***	0.079 2***	0.216 4***	0.183 5**	0.268 5***
	(0.024 0)	(0.013 5)	(0.078 2)	(0.075 6)	(0.026 8)
0.5	0.109 5***	0.099 8***	0.218 0***	0.176 2**	0.293 0***
	(0.026 7)	(0.013 6)	(0.080 2)	(0.069 7)	(0.026 6)
0.6	0.119 1***	0.110 0***	0.206 4***	0.139 0**	0.290 5***
	(0.028 9)	(0.013 1)	(0.081 8)	(0.063 7)	(0.024 4)
0.7	0.120 9***	0.107 7***	0.181 6**	0.075 1	0.263 2***
	(0.031 0)	(0.012 4)	(0.082 7)	(0.062 3)	(0.021 1)
0.8	0.113 4***	0.091 8***	0.142 0*	−0.013 4	0.213 1***
	(0.033 7)	(0.012 7)	(0.083 6)	(0.069 9)	(0.019 0)
0.9	0.095 7***	0.061 5***	0.090 1	−0.124 9	0.142 0***
	(0.038 0)	(0.015 2)	(0.086 5)	(0.088 1)	(0.022 3)
1	0.066 6	0.016 5	0.022 1	−0.471 0***	0.051 4
	(0.044 5)	(0.020 2)	(0.094 5)	(0.116 5)	(0.032 2)

注：***、**、*分别是在1%、5%、10%的水平上显著,括号内为标准差。

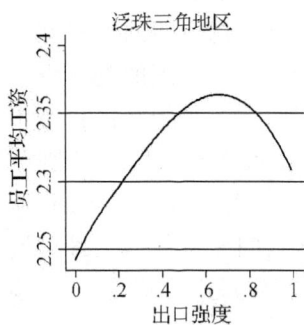

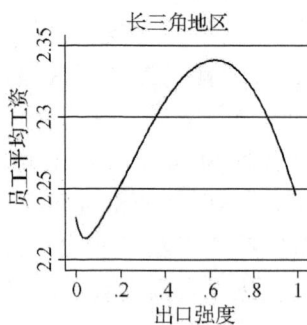

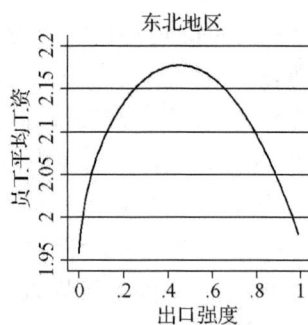

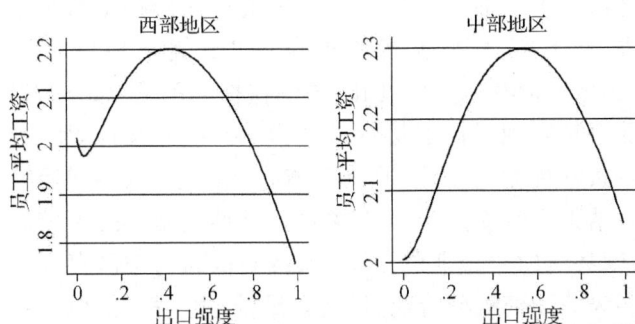

图4-5　不同经济区位企业出口的剂量响应函数

表4-19　不同经济区位的企业拐点及其拐点处净影响

	泛珠三角地区	长三角地区	东北地区	西部地区	中部地区
拐点	(0.66,0.68)	(0.62,0.64)	(0.45,0.47)	(0.42,0.44)	(0.53,0.55)
处理效应	12.89	11.70	24.48	20.28	34.32
不显著区间	(0.9,1)	(0.9,1)	(0,0.1) (0.8,1)	(0,0.2) (0.6,0.9)	(0.9,1)

注:净影响取拐点区间的中值来计算,如拐点区间为(0.42,0.44),则按0.43计算,并将其化为百分比。

第七节　本章小结

出口作为拉动经济增长的"三驾马车"之一,改革开放三十年来备受关注,中国作为劳动密集型产品的出口大国,广大劳动者是否从出口中受益了?在前人研究的基础上,本书基于2000—2007年持续经营的4万多家企业,利用广义倾向得分方法重新对这一问题进行探讨,发现企业出口活动确实能显著提高劳动者的报酬,然而这一关系只在出口强度的某一区间成立。在进一步的稳健性检验包括考察不同经济性质的影响、不同要素密集度的影响、不同技术行业的影响、不同经济区为的影响后,结论仍成立,这或许是之前的研究如包群与邵敏等(2011)仅限于分析工资报酬与企业是否出口而并未发现出口能显著提高员工工资,或邵敏(2011b)得到出口活动对员工收入水平产生显著负向作用的原因之一。

具体来说,出口强度和员工报酬之间呈现倒U型关系,随着出口强度的不

断升高,员工报酬先升高后降低。出口活动改善了员工工资这一命题是与企业出口强度相关的,存在使员工工资达到最高的拐点即"最优出口强度"。2000—2007年各年结果反应函数的形状未发生变化,说明这种关系是稳定的,仅在垂直方向上有平移,可能受每年宏观经济形势变动的影响。我们又针对六种不同经济性质的企业、不同要素密集度的企业、不同技术行业的企业、不同经济区位的企业做了稳健性检验,结论仍然支持倒 U 型关系。具体到出口强度较高的企业工资竟然比低出口强度甚至内销企业的工资低,我们认为与中国存在大量加工贸易有关,加工贸易多为劳动密集型行业,科技含量低,生产率低,因此员工的工资较低。另外,这个行业的从业人员多为外来农民工,受教育背景、技能等的限制,他们只能选择技术含量不高的加工贸易企业,即使这样仍比在乡务农收入高,这也加剧了加工贸易行业的低工资,从而把高出口强度企业的工资拉低,然而由于我们的数据中缺乏企业加工贸易性质的信息,无法进行进一步的验证。此外,出口强度越高,则企业在开拓海外市场时的协调成本、控制成本、渠道成本等也会相应升高,当这一系列成本高于高出口强度带来的规模经济收益时,可能会导致工资报酬的下降。这种倒 U 型关系的成因仍是下一步研究的主要方向。

第五章　中国企业出口对就业的影响

第一节　引　言

　　一直以来,学者们对贸易对就业规模的影响形成了一个共识:出口会扩大就业规模,而进口则因对国内商品和服务的替代造成失业。按照 H—O 定理的推论,中国是劳动力密集型产品的出口大国,因此出口增加会带来就业的扩大。根据第三章的理论分析,H—O 定理在一系列与现实不太相符的假设下才成立,因此考虑到劳动者素质、要素能否自由流动等因素,笔者认为有必要探讨出口对不同技术水平劳动力的就业规模以及就业结构的影响。

　　近年来,围绕国际贸易对就业规模和就业结构的影响,国内外学者进行过一系列的研究。对于就业规模的研究主要涉及从进口、出口以及贸易自由化的角度来考察对就业规模的影响。Hine and Wright(1998)研究了英国的对外贸易对其劳动力市场的影响,发现英国的进口和出口贸易对工人的就业都是负面影响,而 Orbeta(2002)发现进口显著促进了菲律宾国内的就业水平。熊伟(1999)对中国的研究发现,出口促进就业的扩大,进口带来就业的冲击,前者的幅度大于后者,最终带来就业的增长。夏先良(2002)研究了贸易增长率与就业增长率的关系,发现出口增长率与就业增长率正相关,而进口增长与就业增长率呈现负相关。魏浩与张二震(2004)认为不能片面看待进口对就业的负面效应,进口带来的以产业结构升级等结构效率的提升促进了经济增长。

　　国内有关贸易对就业结构的影响多集中在三大产业贸易结构的变化对就业结构的影响,如周申与李春梅(2006)在劳动市场需求方短边均衡的假设下探讨了贸易结构的变动对中国就业的影响,发现 1992—2003 年中国工业制成品贸易结构变化对就业产生了不利的影响;王燕飞与蒲勇健(2009)分析了中国对外贸易结构变动对劳动力就业的影响,发现农产品贸易促进了二、三产业的就业,对外贸易结构的改善促进了农村劳动力向城市转移;阚大学(2010)研究了中国的贸易结构和就业结构的动态关系,发现第三产业贸易结构对就业结构变动的影

响力高于第一产业和第二产业,整体上贸易额增加对就业增加影响不大。

目前,国内有关贸易就业效应的研究大多集中在行业层面,而且并未分别就贸易对技术工人和非技术工人就业规模的影响做过探讨。本章系统探究了企业层面的出口对就业结构、就业总量、技术工人就业数量、非技术工人就业数量的影响。

第二节　理论模型

我们借鉴 Berman and Bound et al. (1994)一文中的劳动力需求的简约式方程(reduced form),将利润最大化的准固定成本函数(quasi — fixed cost function)$C(w,x)$写成超对数形式:

$$\ln C = \alpha_0 + \sum_{i=1}^{2} \alpha_i \ln w_i + \sum_{k=1}^{K} \beta_k \ln x_k + \frac{1}{2}\Big(\sum_{i=1}^{2}\sum_{j=1}^{2} \gamma_{i,j}\ln w_i \ln w_j$$
$$+ \sum_{k=1}^{K}\sum_{l=1}^{K} \delta_{k,l}\ln x_k \ln x_l \Big) + \sum_{i=1}^{2}\sum_{k=1}^{K} \varphi_{i,k}\ln w_i \ln x_k \qquad (5-1)$$

其中 w_i 为可变生产要素价格,指不同技术水平的劳动力报酬,其中 w_1 为技术工人报酬,w_2 为非技术工人报酬,x_k 为不变生产要素(如资本)的投入量、产出水平和其他结构性参数,为了便于分析,可将非技术工人报酬 w_2 单位化为1,我们可以得到:

$$\ln C = \alpha_0 + \alpha_1 \ln w_1 + \sum_{k=1}^{K} \beta_k \ln x_k + \frac{1}{2}\sum_{k=1}^{K}\sum_{l=1}^{K} \delta_{k,l}\ln x_k \ln x_l + \sum_{k=1}^{K} \varphi_k \ln w_1 \ln x_k$$
$$(5-2)$$

将上式对 $\ln w_1$ 求偏导数,

$$\frac{\partial \ln C}{\partial \ln w_1} = \alpha_1 + \sum_{k=1}^{K} \varphi_k \ln x_k \qquad (5-3)$$

因为 $\dfrac{\partial \ln C}{\partial \ln w_1} = \dfrac{\partial C}{\partial w_1}\dfrac{w_1}{C}$,根据谢泼德引理,$\dfrac{\partial C}{\partial w_1}$ 为技术工人的需求 E_1,则 $\dfrac{\partial \ln C}{\partial \ln w_1}$ $= \dfrac{E w_1}{C} = S$,因此$(5-3)$式可以转化为:

$$S = \alpha_1 + \sum_{k=1}^{K} \varphi_k \ln x_k \qquad (5-4)$$

为便于回归分析,我们参照 Brenton and Pinna(2001)、Egger(2001)、Anderton and Brenton et al.(2002)、Strauss-Kahn(2002)等的做法,将左侧隐含的劳动力价格分离出来列在方程右边[①],得到(5-5)式:

$$SH = \alpha_1 + \sum_{k=1}^{K} \varphi_k \ln x_k + \alpha_2 (w_1/w_2) \qquad (5-5)$$

其中 SH 为技术工人所占比例,w_1/w_2 为技术工人与非技术工人的工资之比,即相对工资。结合上述理论,我们采用以下模型(5-6)来估计企业出口对就业结构的影响:

$$SH_{it} = \alpha_0 + \alpha_1 EX_{it} + \alpha_2 TFP_{it} + \alpha_3 \ln q_{it} + \alpha_4 (k/q)_{it} + \alpha_5 (w^S/w^U) + \varepsilon_{it} \qquad (5-6)$$

此外,我们也同时考察了企业出口对就业总量、技术工人就业量、非技术工人就业量的影响,如式(5-7)、(5-8)、(5-9)所示:

$$\ln L_{it} = \beta_0 + \beta_1 EX_{it} + \beta_2 TFP_{it} + \beta_3 \ln q_{it} + \beta_4 (k/q)_{it} + \beta_5 w_{it} + \eta_{it} \qquad (5-7)$$

$$\ln L_{it}^S = \varphi_0 + \varphi_1 EX_{it} + \varphi_2 TFP_{it} + \varphi_3 \ln q_{it} + \varphi_4 (k/q)_{it} + \varphi_5 w_{it}^S + \varphi_6 w_{it}^U + \mu_{it} \qquad (5-8)$$

$$\ln L_{it}^U = \lambda_0 + \lambda_1 EX_{it} + \lambda_2 TFP_{it} + \lambda_3 \ln q_{it} + \lambda_4 (k/q)_{it} + \lambda_5 w_{it}^S + \lambda_6 w_{it}^U + \gamma_{it} \qquad (5-9)$$

其中,SH 为每个企业的技术工人所占比例,反映了就业结构,L、L^S、L^U 分别为每个企业的就业总人数、技术工人数量和非技术工人数量;w、w^S、w^U 分别为企业员工的平均工资、技术工人工资、非技术工人工资;EX 为企业的出口强度,用企业的出口额与企业的总销售额之比来表示;TFP 为全要素生产率,具体估计方法同第四章 TFP 的估计方法相同;q 为企业的产出,k/q 为企业的资本与产出比,ε_{it} η_{it} μ_{it} γ_{it} 分别为误差项。则 α_1、β_1、φ_1、λ_1 分别可以估计出企业出口劳动力就业结构、就业总量、技术工人就业量、非技术工人就业量的影响。

---

① 关键性建设和具体推导过程参见 Haskel and Slaughter(2002)。

第三节　数据处理与变量描述

一、数据来源和处理

同前文的研究一样,本书的数据来源于国家统计局的《500 万产值以上工业企业统计年度库》(2000—2007),具体的处理方法同第四章相同,本章不再具体阐述。

二、各变量描述

至于技术工人和非技术工人的平均工资,数据库中没有明确列出[①]。现有数据中我们只能得到 2000—2007 年每年企业所有员工的平均工资 w,2004 年由于进行了大规模的经济普查,数据较为详细,列出了企业员工的受教育程度,我们参照陈波与贺超群(2012)的做法[②],用企业内受过高中以上教育的工人总数作为技术工人,教育程度为初中及以下的工人作为非技术工人,这样我们得到企业中技术工人所占的比例 k^S 及非技术工人所占的比例 k^U。此外,采用 Anwar and Sun(2012)的假设,以各行业(两位代码)所有企业中的最低平均工资作为该行业非技术工人的工资 w^U。因此,企业内技术工人的工资 w^S 通过下式得出:

$$w^S = \frac{w - k^U w^U}{k^S} \tag{5-10}$$

值得注意的是,由于只有 2004 年有员工教育程度的详细资料,因此我们在探讨就业结构以及技术工人与非技术工人的就业数量时,采用的是横截面数据[③],在探讨总的就业量时,采用 2000—2007 年的面板数据。经过以上处理,本书所使用主要变量的统计特征如表 5-1 和表 5-2 所示:

---

① 除技术工人和非技术工人外的其他变量如全要素生产率与前文的估计方法一致,名义变量平减方法也同第四章的方法相同。

② 陈波、贺超群,2012:《出口与工资差异:基于中国工业企业的理论与实证分析》,工作论文。

③ 这在一定程度上会影响到结果的准确性。

表5-1　各变量定义及描述性统计特征(2000—2007年)

变量	定义	数据形式	度量方法	均值	最小值	最大值
$\ln w$	平均工资报酬	对数	应付工资＋应付福利/从业人员	2.116	1.019	11.076
$\ln L$	员工人数	对数	从业人员	5.412	2.079	11.965
EX	出口强度	比值	出口交货值/工业销售额	0.217	0	1
ER	汇率	比值	人民币/美元	8.073	7.704	8.277
TFP	全要素生产率	对数	OP	5.240	0.300	10.511
$\ln q$	产出	对数	工业产值	10.745	2.303	18.611

表5-2　各变量定义及描述性统计特征(2004年)

变量	定义	数据形式	度量方法	均值	最小值	最大值
$\ln w$	平均工资报酬	对数	应付工资＋应付福利/从业人员	2.039	0.034	1.463
$\ln w^s$	非技术工人平均报酬	对数	行业最低工资	0.331	0.034	1.463
$\ln w^u$	技术工人平均报酬	对数	如(5.22)式所示	2.886	0.034	7.132
$\ln L$	员工人数	对数	从业人员总数	5.557	2.565	11.334
$\ln L^s$	非技术工人	对数	初中及以下从业人员	4.752	1.792	11.025
$\ln L^u$	技术工人	对数	高中及以上从业人员	4.573	1.609	10.512
EX	出口强度	比值	出口交货值/工业销售额	0.203	0	1
TFP	全要素生产率	对数	Olley—Pakes	5.349	0.983	10.365
$\ln q$	产出	对数	工业产值	10.949	2.303	18.059

注:分别去除了技术工人和非技术工人少于5人的企业。

第四节　实证分析的初步结果

利用 2004 年的工业企业数据,根据(5-6)(5-8)(5-9)[①]分别估计出企业出口对就业结构、技术工人就业量和非技术工人就业量的影响,同时利用

---

① 确切地说是去除时间因素的(5-6)(5-8)(5-9)式。

2000—2007 年的工业企业数据,根据(5-7)式估计出企业出口对就业总量的影响。我们将各式回归结果依次列在表5-3的各列中。

从表5-3看出,各式回归系数基本上全部显著。(5-6)式的回归结果显示出口强度对就业结构的影响是不利的,降低了技术工人的比重,出口强度每上升1个单位,企业内技术工人的比重下降0.104个单位。技术工人与非技术工人的工资之比对就业结构也是负面影响,两类工人工资之比每上升1个单位,技术工人在总人数中比重下降0.003个单位,说明劳动力成本与需求量是反向的。资本产出比越高,有利于改善就业结构,带来了技术工人比例的上升。全要素生产率升高,说明技术进步,带来非技术工人就业比例的减少。企业产出的增加也有利于就业结构的改善,每增加一个百分点,技术工人就业比例增加0.028,与我们的预测基本一致。

出口对技术工人和非技术工人的影响即(5-8)(5-9)表明随着出口强度的增加,两类工人的就业数量都在增加,出口强度每增加1个单位,技术工人和非技术工人的需求分别增加0.153和0.563,显然,出口强度上升相同的幅度,非技术工人的需求增加的更多,与(5-6)式的回归结果是一致的,即技术工人的比例下降。技术工人工资的上升带来了技术工人就业降低的同时,带来了非技术工人就业的上升。而非技术工人工资的上升带来技术工人需求增加的同时,也带来非技术工人就业需求的增加,由于中国是劳动力密集型产品的出口大国,对于非技术工人的需求比例较高,有时工资升高,对非技术劳动力的需求还会上升,近年来的"民工荒"就折射了这种现象。资本产出比对两类工人的影响也是不同的,比值越高,技术工人就业数量越多,而非技术工人的就业数量减少。全要素生产率的上升带来两类工人就业量的下降,然而非技术工人下降幅度大于技术工人,因此最终结果会导致就业人员中技术工人的比例上升,这与模型(5-6)中的预测是一致的,全要素生产率的上升最终带来就业结构的改善。企业产量的增多带来技术工人和非技术工人就业量的上升幅度分别为0.984和0.805。

表5-3　企业出口对就业的影响

解释变量	企业出口对就业的影响			
	就业结构 SH (5-6)式	就业总量 $\ln L$ (5-7)式	技术工人就业人数 L^s(5-8)式	非技术工人就业人数 L^U(5-9)式
$\ln L^{-1}$		0.445*** (0.032)		

（续表）

解释变量	企业出口对就业的影响			
	就业结构 SH (5-6)式	就业总量 $\ln L$ (5-7)式	技术工人就业人数 L^S(5-8)式	非技术工人就业人数 L^U(5-9)式
EX	−0.104*** (0.007)	0.043** (0.019)	0.153*** (0.022)	0.563*** (0.028)
TFP	0.017*** (0.004)	−0.137*** (0.006)	−0.515*** (0.016)	−0.687*** (0.020)
$\ln q$	0.028*** (0.003)	0.390*** (0.010)	0.984*** (0.011)	0.805*** (0.014)
k/q	0.012*** (0.002)	0.045*** (0.005)	0.050*** (0.005)	−0.032*** (0.008)
w^S/w^U	−0.003*** (0.000)			
w		−0.283*** (0.007)		
w^S			−0.639*** (0.010)	0.354*** (0.012)
w^U			0.140*** (0.030)	0.145*** (0.020)
观测值个数	11 227	15 870	11 227	11 227

注："***"、"**"分别为在1%、5%的水平显著，括号内为系数标准差。

（5-7）式的回归结果与（5-8）和（5-9）式的结论是一致的，我们最为关注的因素出口显著促进了就业总量的增长。滞后一期的就业量反映了劳动力的调整是需要时间和成本的。平均工资的上升引起就业总量的减少。由（5-8）式和（5-9）式的回归结果可知资本产出比对两类工人的影响相反，并且对技术工人的正面作用大于对非技术工人的负面作用，因此带来了就业总量的增加。其他因素如全要素生产率上升意味着技术进步，从而促使企业雇佣更少的工人，而企业产出的增加需要雇佣更多的工人，与我们的预期是一致的。

第五节　稳健性分析

为全面研究出口对就业结构和就业数量的影响，考虑到企业的经济性质、所属行业、技术水平、经济地理区位可能会对估计结果有所影响，本章在基准回归

模型的基础上,进行了以下稳健性检验:(1)按照国际经合组织 2001 年的分类标准(OECD,Science,Technology and Industry Scoreboard,2001)将工业企业分为四类:低技术行业、中低技术行业、中高技术行业、高技术行业[①]进行检验。(2)按照企业包含生产要素密集度的不同,将其分为劳动密集型行业和资本要素密集型行业两大类进行考察。(3)按照经济性质的不同,将企业分为内资企业和外资企业两大类,内资企业又分为国有企业和非国有企业两类,外资又分为港澳台资企业和其他外资企业两类,分别进行检验。(4)按照地理上企业所属经济区位的不同,将工业企业划分为泛珠江三角洲地区、长江三角洲地区、东北地区、西部地区、中部地区五大经济区进行考察。

本节对(5-6)(5-7)(5-8)(5-9)式分别进行了不同技术行业、不同要素密集度、不同经济性质、不同经济区位的稳健性检验,为便于比较和节省篇幅,并没有列出全部的回归结果,仅将最关注的解释变量出口强度的系数列在表5-4、表5-5、表5-6、表5-7中,第一列分别是被解释变量就业结构 SH、技术工人就业量 L^S、非技术工人就业量 L^U 以及就业总量 L,即第一行列出的是各种情况下出口对就业结构的影响,后面几行依次是出口对技术工人就业量、非技术工人就业量以及就业总量的影响。

表 5-4 的回归结果可以看出,高技术行业的企业出口对技术工人就业比例的负面影响最大,其次为低技术行业,影响最小的为中高技术行业。除高技术行业外,其他三类行业出口强度的增加导致都带来技术工人和非技术工人就业量的上升,然而技术工人的上升幅度均低于非技术工人,中高技术行业不管是对技术工人还是对非技术工人就业的促进效应在三类行业中都是最大的。各类技术行业对就业总量的影响基本上不显著。

表 5-4　不同技术行业的影响

被解释变量	企业出口对就业的影响			
	低技术行业	中低技术行业	中高技术行业	高技术行业
SH (α_1)	−0.085 *** (0.010)	−0.069 *** (0.013)	−0.062 *** (0.014)	−0.135 *** (0.021)
$\ln L^S$ (φ_1)	0.196 *** (0.037)	0.177 *** (0.049)	0.215 *** (0.041)	−0.067 (0.073)

---

① 具体分类情况见附录 A。

（续表）

被解释变量	企业出口对就业的影响			
	低技术行业	中低技术行业	中高技术行业	高技术行业
$\ln L^U(\lambda_1)$	0.412*** (0.044)	0.409*** (0.058)	0.423*** (0.056)	0.569*** (0.118)
观测值	2 972	3 924	3 176	932
$\ln L(\beta_1)$	0.012 (0.036)	0.009 (0.038)	0.047 (0.029)	0.102* (0.059)
观测值	3 903	4 753	5 302	1 660

注："***"、"**"、"*"分别为在1%、5%、10%的水平显著,括号内为系数标准差。

表5-5的结果显示,资本密集型企业出口对于就业结构、技术工人就业量、非技术工人就业量以及总的就业量均无明显作用。劳动密集型企业的出口强度增加导致技术工人的就业比例的降低,同时导致技术工人和非技术工人的就业量上升,然后前者上升的幅度不如后者大,总就业量也呈现上升的趋势。作为劳动力密集度最高的行业纺织业的企业出口带来的技术工人的就业增加幅度高于劳动密集型企业,而对非技术工人的就业增加幅度低于劳动密集型企业。

表5-5 不同要素密集度的影响

被解释变量	企业出口对就业的影响		
	资本密集型企业	劳动密集型企业	纺织业
$SH(\alpha_1)$	0.076 (0.051)	−0.099*** (0.007)	−0.032** (0.014)
$\ln L^S(\varphi_1)$	0.056 (0.129)	0.194*** (0.024)	0.289*** (0.053)
$\ln L^U(\lambda_1)$	−0.263 (0.249)	0.483*** (0.027)	0.295*** (0.058)
观测值	1 174	10 053	1 096
$\ln L(\beta_1)$	−0.018 (0.108)	0.047** (0.019)	−0.002 (0.048)
观测值	1 401	14 469	1 534

注："***"、"**"、"*"分别为在1%、5%、10%的水平显著,括号内为系数标准差。

从表5-6看出,只有非国有企业和除港澳台资外的其他外资企业出口对就业结构有显著的负面影响,其他类型企业出口的影响不显著。内资企业出口带

来的技术工人和非技术工人就业增加的幅度均小于外资企业,内资企业中,国有企业出口并未带来技术工人显著增加,而非国有企业的出口带来的技术工人就业效应大于港澳台和其他外资企业。对于非技术工人而言,情况有所不同,港澳台企业出口强度上升带来的就业增加高于其他外资并高于非国有企业,国有企业出口就业效应仍不显著。我们分析原因可能与中国存在大量的加工贸易现象有关,加工贸易中对技术要求低,非技术工人的比例较高,因此这些企业非技术工人的就业对出口强度可能比内资企业更加敏感。各经济性质企业出口强度对于就业总量的影响均无显著影响。

表5-6 不同经济性质的影响

被解释变量	企业出口对就业的影响					
	内资企业	外资企业	国有企业	非国有企业	港澳台资	其他外资
$SH(\alpha_1)$	−0.097 (0.008)	−0.154 (0.012)	−0.138 (0.060)	−0.075*** (0.008)	−0.171 (0.016)	−0.144*** (0.017)
$\ln L^S(\varphi_1)$	0.108*** (0.028)	0.197*** (0.041)	−0.243 (0.170)	0.222*** (0.030)	0.198*** (0.059)	0.178*** (0.058)
$\ln L^U(\lambda_1)$	0.538*** (0.033)	0.809*** (0.058)	0.438 (0.314)	0.458*** (0.034)	0.929*** (0.081)	0.724*** (0.083)
观测值	8 828	2 399	1 621	7 207	1 177	1 222
$\ln L(\beta_1)$	0.044* (0.025)	0.040 (0.030)	0.138 (0.161)	0.041* (0.025)	0.032 (0.041)	0.033 (0.043)
观测值	11 731	4 139	1 216	10 515	1 803	2 336

注:"***、**、*"分别为在1%、5%、10%的水平显著,括号内为系数标准差。

表5-7表明,除西部地区不显著外,其他几个经济区的企业出口对就业结构的影响都是不利的,其中泛珠江三角洲地区的负面影响最大,其次为东北地区、中部地区,影响最小的为长三角地区。西部地区和中部地区的企业出口对技术工人的就业无显著影响,泛珠江三角洲经济区、长三角地区的企业出口均带来技术工人就业的增加,而东北地区企业出口强度的增加竟然带来技术工人就业的减少,有关这一点,我们并未找到合理的解释。除西部地区不显著外,其他四个经济区的企业出口强度上升带来非技术工人就业的增加,泛珠江三角洲地区的影响最大,其次为东北地区、长江三角洲地区,影响最小的为中部地区,然而与对技术工人的影响相比,对非技术工人的影响幅度还是相对较小,因此造成了各类经济区企业出口强度的上升带来技术工人就业比例的下降,对就业结构产生负面影响。东北地区和西部地区的企业出口对就业总量的影响是显著为正的,

其他经济区均无明显影响。

表 5-7　不同经济区位的影响

被解释变量	企业出口对就业的影响				
	泛珠江三角地区	长三角地区	东北地区	西部地区	中部地区
$SH\ (\alpha_1)$	−0.133*** (0.010)	−0.066*** (0.009)	−0.150*** (0.034)	0.042 (0.074)	−0.075*** (0.015)
$\ln L^S\ (\varphi_1)$	0.234*** (0.037)	0.225*** (0.029)	−0.284** (0.125)	−0.115 (0.194)	−0.017 (0.056)
$\ln L^U\ (\lambda_1)$	0.733*** (0.047)	0.330*** (0.039)	0.448*** (0.122)	0.086 (0.368)	0.257*** (0.066)
观测值	3 012	3 542	560	963	3 150
$\ln L\ (\beta_1)$	0.046 (0.040)	0.039 (0.025)	0.238** (0.098)	0.364** (0.166)	−0.002 (0.046)
观测值	3 853	6 948	654	587	3 828

注："***"、"**"、"*"分别为在 1%、5%、10%的水平显著，括号内为系数标准差。

第六节　本章小结

　　本章利用 2000—2007 年的工业企业数据，首先计算出技术工人、非技术工人的数量与工资，然后探讨了企业出口对劳动力就业结构、技术工人就业数量、非技术工人就业数量以及两类工人就业总量的影响。结果发现，企业出口强度的上升对工人的就业结构是不利的，即造成了技术工人的比例下降；促进了技术工人的就业数量和非技术工人的就业数量，然而前者的增加幅度小于后者，因此会造成技术工人的就业比例下降。企业出口也促进了两类工人就业总量的上升，并不支持新新贸易理论框架下的贸易筛选机制，或许与中国存在"生产率悖论"相关，在中国出口企业的生产率并未高于内销企业，也就不存在产业向生产率高的企业转移现象，因此并不支持贸易对就业的筛选机制。在进行不同技术行业、不同要素密集度、不同经济性质、不同经济区为的稳健性分析后，仍支持上述结论。

第六章　中国企业出口对劳动力
需求弹性的影响

第一节　引　言

　　中国作为人口最多的发展中国家,出口产品多为劳动密集型产品,对外贸易对劳动力市场的影响研究一直是热点,最早可以追溯到经典的赫克歇尔—俄林的要素禀赋理论及推论。近三十年来,人们越来越关注贸易对劳动力市场结构的影响,包括就业结构、工资差距、劳动力需求弹性等,这种影响较为隐蔽。尤其是20世纪90年代中后期以来,贸易影响劳动力自身需求弹性的研究开始兴起,从一个全新的角度推动了对外贸易与劳动力市场关系的发展。由于劳动力需求弹性从某种程度上可以反映劳动力再就业的风险或者说工作稳定程度,因此其重要性不可忽视。

　　贸易可以通过影响劳动力需求弹性这一途径来影响到劳动力市场由Rodrik(1997)首次从理论上提出,Slaughter(1997)继而用美国行业数据首次在实证方面对这一途径进行了检验。Rodrik(1997)还阐述了劳动力需求弹性的重要性:首先,在保证生产率不变的前提下,劳动力需求弹性越大,工人工资和就业在面对劳动力市场的外部冲击时,其波动越剧烈;其次,它还会降低劳动相对于其他要素(如资本)所有者在"租金共享"方面的谈判力量;此外,较高的劳动需求弹性还会导致非工资成本更多是由雇员而非雇主承担。总之,劳动力需求弹性越大意味着劳动者面临的压力越大。

　　自从Rodrik(1997)提出贸易会影响劳动力需求弹性后,一系列学者用不同国家的数据进行验证,得到了不同的结论。如Slaughter(1997)用美国1961—1991年四分位数的行业数据,估计了生产工人和非生产工人的需求弹性,发现生产工人的需求弹性随时间增长,非生产工人的需求弹性没有这种趋势,且只有非生产性劳动力市场支持Rodrik(1997)提出的有关贸易提高劳动力弹性的理论预测;而Krishna,Mitra and Chinoy(2001)用土耳其10个制造行业的企

业数据,发现进口贸易自由化对劳动力需求弹性并无显著作用,与 Rodrik 的预测相反。Hasan,Mitra and Ramaswamy(2007)用印度 1980—1990 年 15 个洲两分位的行业数据进行验证,结果支持进口贸易自由化会提高制造业部门的劳动力需求弹性,且劳动力法规较为灵活的部门其劳动力弹性也较高,贸易自由化改革通过劳动力需求弹性,将生产率和产出的波动转化为工资和就业的波动。

研究贸易和劳动力需求弹性的文献大多讨论进口对本国产品的竞争作用以及进口原材料及中间品带来的替代效应,然而出口强度对劳动力需求弹性的影响同样重要。如果一个企业的产品既内销又出口,则其产品需求弹性是国内市场和国外市场产品需求弹性的加权平均,权重为两个市场的大小。因此,如果企业的出口份额比较大,会改变企业总的产品需求弹性(包括国内和国内),进而导致劳动力需求弹性的变化。与之前文章大多关注进口贸易自由化的影响不同,Fajnzylber and Maloney(2005)首次在进口因素基础上加入了出口因素,用智利、哥伦比亚和墨西哥的企业数据研究贸易自由化对熟练工和非熟练工各自的劳动需求弹性的影响,最终结论并不支持贸易自由化会影响劳动力需求弹性的假说。

在第二章的文献综述中可以看出,国内学者对于贸易与劳动力需求弹性的研究非常有限。综上所述,目前国内对相关问题的研究主要集中在贸易对劳动力自身需求弹性的影响,还没有文章探讨过对外贸易对中国技术工人与非技术工人之间交叉需求弹性的影响;另一方面研究大多集中在行业层面,并未具体到具体企业,企业层面的数据可以给我们提供更多的信息,比如经营性质、所属地、男女比例等,而这些详细信息可能对我们的估计结果会有影响;其次大多集中在进口贸易自由化对劳动力需求弹性的影响,很少有文章专门讨论出口对劳动力需求弹性的影响。本书在总结前人研究的基础上,利用 2000—2007 年持续存活的 3 万多家规模以上工业企业为样本,首先估计了劳动力自身需求弹性、技术工人和非技术工人的交叉需求弹性,然后系统探讨了出口贸易对劳动力自身需求弹性、技术工人与非技术工人的交叉需求弹性的影响。结果发现出口增加了劳动力的自身需求弹性,同时降低了两类工人的交叉需求弹性。这一结论得到了各种稳健性检验的支持,具有重要的政策指导意义。

接下来本书的结构安排如下:第二部分用一个简单的模型来说明出口贸易是如何影响产品市场的竞争程度,从而影响产品需求弹性,最终引起劳动要素需求弹性的变化,经过转化得到估计方程。第三部分介绍了数据处理过程及关键指标的衡量。第四部分利用企业数据详细分析了出口对劳动力自身需求弹性以及两类工人的交叉需求弹性等一系列问题。第五部分从技术行业、要素密集度、

经济性质、经济区位等各个方面对实证结果进行了稳健性检验。第六部分进行总结并提出政策建议。

第二节　理论框架

一、理论模型

我们借鉴了 Krishna and Mitra et al. (2001) 不完全竞争市场理论模型,假定一个行业中有很多企业,代表性企业的生产函数为规模报酬不变的柯布－道格拉斯形式:

$$q_{ij} = \prod_{k=1}^{n} A_{ij} V_{kij}^{\alpha_k} , \quad \sum \alpha_k = 1 \qquad (6-1)$$

其中 j 表示行业,i 表示企业,V_{kij} 为企业投入的第 k 种要素,α_k 为第 k 种投入要素的产出弹性,也可解释为要素之间的替代弹性,A_{ij} 为全要素生产率。根据 Greenaway and Hine et al. (1999) 所提到的,开放经济体中,生产函数中的参数 A 与贸易相关,并且随时间变化而改变:

$$A = e^{\delta_0 T} M^{\delta_1} X^{\delta_2} , \quad \delta_0, \delta_1, \delta_2 > 0 \qquad (6-2)$$

其中 M 表示进口渗透率,X 表示出口强度[①],t 为时间趋势,$\delta_0, \delta_1, \delta_2$ 为参数。

假设产品市场为垄断竞争结构,每个企业面临各自具有弹性的产品需求曲线,企业将行业平均价格视为外生给定,企业决策彼此之间不受影响。因此,行业 j 中代表性企业 i 面临的产品逆需求函数为:

$$P_{ij} = \theta \bar{P}_j q_{ij}^{-1/\eta} \qquad (6-3)$$

其中 $\bar{P}_j$ 为行业平均价格,q_{ij} 为企业 i 的产出,η 为产品的需求价格弹性,θ 为常数。

假定所有要素市场均为完全竞争,要素供给是无穷弹性,即企业将要素价格视为外生给定。企业最大化其利润,通过一阶条件可得到最优的要素投入如

---

① 出口强度同前文定义一致,指出口额与销售额之比,即外销所占比重。

(6-5)式：

$$V_{lij} : \max\Omega(V_{lij}) = \max\Big[p_{ij}q_{ij} - \sum_{k=1}^{n} w_k V_{kij}\Big] \qquad (6-4)$$

$$\theta \bar{P}_j q_{ij}^{1-1/\eta}\Big(1 - \frac{1}{\eta}\Big)\alpha_l V_{lij}^{-1} = w_l \qquad (6-5)$$

w_l 为第 l 种投入的要素价格。结合(6-1)式,将(6-5)式两侧取 ln 后可得到：

$$\ln V_{lij} = \gamma_0 + \gamma_1 \ln\Big[\frac{w_l}{\bar{P}_j}\Big] + \sum_{k \neq l} \gamma_k \ln V_{kij} \qquad (6-6)$$

$\gamma_0, \gamma_1, \gamma_k$ 为 η 的函数,对其他投入要素的一阶条件代入(6-4)式中,得到

$$\ln V_{lij} = \delta_0 + \sum_{k=1}^{n} \delta_k \ln(w_k / \bar{P}_j) \qquad (6-7)$$

(6-7)式将第 l 种要素的需求表示为外生变量要素价格和行业平均价格的函数,要素的自身需求弹性和交叉需求弹性分别为：

$$\delta_l = \frac{\partial \ln V_{lij}}{\partial \ln(w_l / \bar{P}_j)} = \frac{-\Big[1 - (1-1/\eta)\Big(\sum\limits_{k \neq l}\alpha_k\Big)\Big]}{\Big[1 - (1-1/\eta)\Big(\sum\limits_{k=1}^{n}\alpha_k\Big)\Big]} = -\Big[1 + \alpha_l(\eta - 1)\Big]$$

$$(6-8)$$

$$\delta_s = \frac{\partial \ln V_{lij}}{\partial \ln(w_s / \bar{P}_j)} = \frac{-\alpha_s(1-1/\eta)}{\Big[1 - (1-1/\eta)\Big(\sum\limits_{k=1}^{n}\alpha_k\Big)\Big]} = -\alpha_s(\eta - 1) \qquad (6-9)$$

由(6-8)、(6-9)式看出,自身需求弹性 δ_l 和交叉需求弹性 δ_s 为产品需求弹性 η 以及各要素投入产出弹性的函数,其绝对值对 η 求偏导数分别为：

$$\frac{\partial |\delta_l|}{\partial \eta} = \alpha_l > 0 \qquad\qquad \frac{\partial |\delta_s|}{\partial \eta} = \alpha_s > 0 \qquad (6-10)$$

表明要素自身和交叉需求弹性的绝对值会随产品需求弹性的增加而增加,与希克斯法则的预测一致。为简化分析,我们假定投入要素只包括劳动力、资本、原材料,w, r, m 分别代表其价格,则劳动力需求函数变为：

$$\ln L_{ijt} = \delta_0 + \delta_w \ln(w_{ijt} / \bar{P}_j) + \delta_r \ln(r_{ijt} / \bar{P}_j) + \delta_m \ln(m_{ijt} / \bar{P}_j) \quad (6-11)$$

δ_w 为劳动力的自身需求弹性为 $-[1+\alpha_w(\eta-1)]$，当我们考虑企业的产品不仅在国内市场销售，同时销往国外时，δ_w 变为：

$$\delta_w = (1-x)\{-[1+\alpha_w(\eta^H-1)]\} + x\{-[1+\alpha_w(\eta^F-1)]\}$$
$$= -\{1+\alpha_w[(1-x)\eta^H + x\eta^F - 1]\} \tag{6-12}$$

η^H 与 η^F 分别是国内市场和国外市场的产品需求弹性，X 指出口额在销售额中的比重即出口强度，$1-x$ 为国内销售额所占比重。(6-11)是劳动力需求弹性的基准模型，在此基础上，我们可以估计劳动力自身需求弹性，将(6-11)式左侧的劳动力人数换为技术型(非技术型)工人人数，右侧的工资换为非技术型(技术型)工人工资，则(6-11)式可以估计技术工人与非技术工人的交叉需求弹性。

二、计量模型

在基准理论模型的基础上，我们引入贸易指标，分别构建了劳动力自身需求弹性以及技术工人与非技术工人交叉需求弹性的估计方程，如(a)、(b)所示。

$$\ln L_{ijt} = \delta_0 + \delta_1 \ln L_{ij(t-1)} + \delta_2 \ln w_{ijt} + \delta_3 \ln w_{ij(t-1)} + \delta_4 \ln w_{ijt} \times EX_{ijt}$$
$$+ \delta_5 \ln w_{ij(t-1)} \times EX_{ijt} + \delta_6 \ln w_{ijt} \times ER_t + \delta_7 \ln w_{ijt-1} \times ER_t$$
$$+ \delta_8 TFP_{ijt} + \delta_9 \ln q_{ijt} + \mu_i + \mu_j + \mu_t + \varepsilon_{ijt} \tag{a}$$

$$\ln L_{ijt}^U = \beta_0 + \beta_1 \ln w_{ijt}^U + \beta_2 \ln w_{ijt}^S + \beta_3 EX_{ijt} + \beta_4 \ln w_{ijt}^S \times EX_{ijt}$$
$$+ \beta_5 TFP_{ijt} + \beta_6 \ln q_{ijt} + \varepsilon_{ijt} \tag{b}$$

其中，w、w^U、w^S 分别为所有工人、非技术工人、技术工人的实际工资率，系数 δ_2 即为总的劳动力需求弹性的估计参数，系数 β_2 为技术工人与非技术工人的交叉需求弹性。另外，EX 为企业出口强度，ER 为实际有效汇率[①]，TFP 为企业的全要素生产率，q 为企业的产出。至于 $\ln w_{ijt} \times EX_{ijt}$ 的符号，盛斌和牛蕊(2009)认为随着出口强度的增大，企业的国际竞争力增强，所面临的贸易自由化冲击变弱，劳动力自身需求弹性也减弱，因此预期符号应该为正；而我们认为，出口强度变大，说明国外市场份额在企业销售额中占的比例变大，从另一个角度反

---

① 此处采用国际货币基金组织的定义，根据 IMF 的 International Financial Statistics，实际有效汇率是提出通货膨胀对各国货币购买力的影响，一国货币与所有贸易伙伴国货币双边名义汇率的加权平均数，权数为与贸易伙伴国的贸易额占该国总贸易额的比重，一般采用指数形式，实际有效汇率上升意味着本币实际升值。

映出贸易更加自由化,同时企业的国际市场竞争力增强,即企业在产品市场的产品需求弹性增强,根据"希克斯—马歇尔需求法则"——"如果对某种产品的需求富有弹性,则投入生产这种产品的要素需求也富有弹性",因此劳动力自身需求弹性应该越大。而实际有效汇率对贸易流量以及进出口贸易价格影响还存在很多争议,因此对劳动力自身需求弹性的影响也存在不确定性,故 $\ln w_{ijt} \times ER_t$ 的预期符号待定。另外由于要素调整是有成本的,因此加入 $L_{ij(t-1)}$ 滞后一期的劳动力,来度量劳动力调整的成本[①]。此外,由于劳动力需求对工资的反应可能会滞后,因此解释变量中加入滞后一期的工资 $w_{ij(t-1)}$。μ_i 为不可观测的企业个体异质性,μ_j 为所在行业的固定效应,μ_t 为时间固定效应,可以捕捉到不同年份经济的变动,ε_{ijt} 为误差项。

对于贸易变量的选取有几点说明:一方面,有很多文献研究了贸易自由化对劳动力需求弹性的影响,采取了各种不同的贸易衡量指标,有些学者在回归方程中加入"是否进行贸易自由化改革"二元虚拟变量来衡量(Krishna and Mitra et al. , 2001;Haouas and Yagoubi, 2004;Akhter and Ali, 2007;Hasan and Mitra et al.,2007),具体地,将实施贸易自由化改革的年份设为1,其余年份为0,Krishna and Mitra et al.(2001)以及 Hasan and Mitra et al.(2007)还加入进口关税税率进行稳健性分析;周申(2006)采用研究期内年度行业平均进口渗透率来衡量贸易自由化政策,盛斌和牛蕊(2009)采用了进口渗透率、出口渗透率、IMF 的实际有效汇率三个变量详细地刻画了中国的贸易开放程度;Fajnzylber and Maloney(2005)选择了三大类指标来描述智利、墨西哥、哥伦比亚三个拉美国家的贸易改革,可以归结为贸易量指标(进口渗透率和出口强度)、贸易体制指标(非关税壁垒覆盖率、实际有效汇率、关税)以及可观测的市场竞争性指标(产品价格与成本的比例);而最初将贸易与劳动力需求弹性结合起来的 Slaughter (2001)则考虑了非常详细的代表性指标:包括运输成本(用进口值的 CIF 价格与关税价格之比衡量)、产出增加值占全球增加值的比率、生产者价格的变化、生产者价格的变化与全要素生产率变化之和、广义外包(投入的中间品中进口所占比例)、狭义外包(由相同两分位 SIC 行业代码的进口商进口的中间品所占比例)、外国子公司资产在所属跨国总公司中所占比例、外国子公司职工人数在所

---

① Hamermesh and Pfann(1996)详细讨论了要素的调整成本。简单来说,劳动力需求有两种类型的调整成本:净成本和总成本。净成本指由于企业员工数量变动带来的重新安排工人工作的成本。总成本指所有涉及员工流动的成本,比如搜寻成本、培训成本、员工离职金以及保持人事部门招募辞退员工等正常运转的日常开支。

属跨国总公司中所占比例、进口渗透率、净出口占销售额的比重共十种贸易指标。对于中国而言,为加入 WTO,从 20 世纪 90 年代中后期开始采取大规模削减关税、根据择优和适应性原则逐步废除进口许可证制度和配额制度等非关税贸易壁垒,经历了放松进口管制、鼓励出口的贸易自由化过程,同时也进行了积极的汇率改革,2005 年确立了以市场供求为基础的、参考一揽子货币进行调节的、单一的、有管理的浮动汇率制度,这期间,人民币对美元总体处于升值的状态。贸易自由化的改革和汇率升值都会影响到进出口,继而影响到劳动力需求弹性。本书采用的是企业层面的数据,来源是工业企业数据库,我们只能从中获得企业层面的出口额,而企业层面的进口额由于没有海关数据库而无法获得。因此我们选取的贸易指标是企业的出口强度即出口额与销售额的比例,同时考虑了整个国家的年度实际有效汇率。鉴于数据的可得性,我们选取的指标可能并不十分全面和准确。另一方面,许多文献在研究劳动力需求时还考虑了除劳动力以外其他生产要素报酬的影响,包括原材料价格、能源价格、利率(资本价格)等,借鉴周申(2006)、盛斌和牛蕊(2009)的做法,由于中国资本市场发育程度较低,虽然从 2000 年开始推行利率市场化改革,目前尚未实现利率的完全市场化,利率对资源配置的引导作用仍然不明显,仍不能真实反映企业的租金成本,煤、石油、天然气、热力、电力等能源和重要投入品仍然受政府定价的控制,不能充分反映影子价格,同时缺乏公开和准确的企业层面的生产要素价格数据库,因此本书的回归方程也未将利率纳入解释变量中。

由于(a)式的解释变量中包含了劳动力的滞后项 $L_{ij(t-1)}$,因此解释变量尤其是 $L_{ij(t-1)}$ 必然与不可观测的个体异质性 μ_i 相关,我们采用 Arellano and Bond (1991)的广义矩估计方法(GMM,Generalized Method of Moments)来克服这一内生性问题。

第三节 数据处理与变量描述

一、数据来源和处理

同前文的研究一样,本书的数据来源于国家统计局的《500 万产值以上工业企业统计年度库》(2000—2007),具体的数据处理方法同第四章相同,本章不再具体阐述。

二、各变量描述

本章用到的部分变量与第四、五章是相同的,因此全要素生产率的估计、各名义变量指数平减、技术工人与非技术工人就业量与工资等采取与第五章相同的方法来计算。

值得注意的是,由于只有 2004 年有员工教育程度的详细资料,因此我们在探讨技术工人与非技术工人的交叉需求弹性时,采用的是横截面数据①,在探讨总的劳动力自身需求弹性时,采用的 2000—2007 年的面板数据。经过以上处理,本书所使用主要变量的统计特征如表6-1和表6-2所示:

表 6-1　各变量定义及描述性统计特征(2000—2007 年)

变量	定义	数据形式	度量方法	均值	最小值	最大值
$\ln w$	平均工资报酬	对数	应付工资＋应付福利/从业人员	2.116	1.019	11.076
$\ln L$	员工人数	对数	从业人员	5.412	2.079	11.965
EX	出口强度	比值	出口交货值/工业销售额	0.217	0	1
ER	汇率	比值	人民币/美元	8.073	7.704	8.277
TFP	全要素生产率	对数	OP	5.240	0.300	10.511
$\ln q$	产出	对数	工业产值	10.745	2.303	18.611

表 6-2　各变量定义及描述性统计特征(2004 年)

变量	定义	数据形式	度量方法	均值	最小值	最大值
$\ln w$	平均工资报酬	对数	应付工资＋应付福利/从业人员	2.039	0.034	1.463
$\ln w^S$	非技术工人平均报酬	对数	行业最低工资	0.331	0.034	1.463
$\ln w^U$	技术工人平均报酬	对数	如(5.22)式所示	2.886	0.034	7.132
$\ln L$	员工人数	对数	从业人员总数	5.557	2.565	11.334
$\ln L^S$	非技术工人	对数	初中及以下从业人员	4.752	1.792	11.025
$\ln L^U$	技术工人	对数	高中及以上从业人员	4.573	1.609	10.512

---

① 这在一定程度上会影响到结果的准确性。

（续表）

变量	定义	数据形式	度量方法	均值	最小值	最大值
EX	出口强度	比值	出口交货值/工业销售额	0.203	0	1
TFP	全要素生产率	对数	Olley-Pakes	5.349	0.983	10.365
lnq	产出	对数	工业产值	10.949	2.303	18.059

注：分别去除了技术工人和非技术工人少于 5 人的企业。

接下来本书主要采取下列思路：首先根据基准模型（6－11）式，利用 2000—2007 年的中国工业企业面板数据估计出劳动力自身需求弹性，根据 Slaughter(2001)的研究，在估计过程中，我们进一步区分了作用机制中的规模效应和替代效应，劳动力需求弹性的替代效应即不变产出的劳动力需求弹性，是指在产出约束下，贸易通过改变劳动力和其他生产要素之间的替代来影响劳动力需求弹性，因此在回归方程中加入产出项（如表 6－3 中模型 1 所示），实际上估计出的是劳动力需求弹性中的替代弹性，而将产出项去掉后（如表 6－3 中模型 2 所示）估计出的是总的劳动力需求弹性，后者与前者之差是劳动力需求弹性的规模弹性，因此我们在基准模型以及扩展模型中都分为产出可变和产出不变两种情况进行估计。接着利用 2004 年的工业企业截面数据估计出技术工人与非技术工人两种劳动力的交叉需求弹性，最后根据加入了贸易因素的扩展模型(a)(b)[1]两式分别估计出口对劳动力自身需求弹性以及对交叉需求弹性的影响。

为全面研究贸易对劳动力市场的影响，如前文对工资和就业的稳健性分析类似，本章在基准回归模型的基础上，对出口影响劳动力的自身需求弹性和交叉需求弹性的回归分别进行了不同技术行业、不同要素密集度、不同经济性质、不同经济区位的稳健性检验[2]。

第四节　实证分析的初步结果

一、劳动力自身需求弹性

在运用一步系统 GMM 时，我们特别注意了估计细节及适用性。具体到本

---

[1] 确切的说是不含时间因素的(b)，因为只有 2004 年的数据可以考察交叉弹性。

[2] 要素密集度、技术水平、经济性质、经济区位的划分同第四、五章的划分一样。

书的估计,我们模型中的有些变量比如员工工资属于内生变量或前定变量,全要素生产率和企业产出等变量属于弱外生变量,我们将这些变量的滞后值作为工具变量,为防止过多的工具变量使 Hansen 检验不可靠,我们利用 collapse 技术来控制 GMM 类工具变量的数量以克服工具变量较多带来自由度损失的问题;此外,自相关检验和参数标准误的稳健估计要求残差项在个体之间不相关,而我们的模型属于较短时间的动态面板,可能存在严重的横截面相依性问题,为了克服这种相依性对估计结果带来的偏差,在模型中引入年度虚拟变量。

表 6-3 列出了用一步系统 GMM 方法估计出的劳动力自身需求弹性的结果,模型 1 与模型 2 是基准模型,产出可变情况下的模型 1 可以估计出总的自身需求弹性,产出不变情况下的模型 2 估计出的是总弹性中的规模效应部分;模型 3 与模型 4 分别在模型 1 与模型 2 的基础上加入企业出口强度与员工工资(滞后项)的交互项、汇率与员工工资(滞后项)的交互项等贸易因素进行扩展,分别考察出口贸易对劳动力自身需求弹性及对规模效应部分的影响。

表 6-3 得到以下结论:基准模型 1(产出可变)和模型 2(产出不变)中我们较为关注的变量为员工工资 $\ln w$,其系数 δ_1 即劳动力需求弹性通过了显著性检验,且符号与预期相同,分别为 -0.242 与 -0.236[①],前者为劳动力总的需求弹性,后者为需求弹性中的替代效应部分,两者之差为 -0.006 即规模效应,说明工资每上升 1%,劳动力的需求就下降 0.242%,其中工资每上升 1%,企业用其他生产要素来代替劳动力导致劳动力需求下降 0.236%,而因为缩减规模导致的劳动力的减少仅为 0.006%,由此可以看出,替代效应比规模效应大得多,替代效应在劳动力需求弹性中占的比例为 97.5%,这一比例比盛斌和牛蕊(2009)得出的结果高很多。在劳动力需求弹性中,替代效应占主要部分,即对中国而言,工资升高带来的劳动力需求的减少主要是因为企业用其他生产要素来代替劳动力而不是因为成本升高而减少产出规模继而降低劳动力的需求。模型 1 与模型 2 中滞后期的劳动力需求 $\ln L_{-1}$ 的系数 δ_1 显著为正,借鉴 Hamermesh(1996)的做法,劳动力的调整成本可以用半生指数(half-life adjustment index)即 $\log_{0.5}$ 与 $\log_{\delta_1}$ 的比值来表示[②]。我们根据上述指标计算出劳动力调整成本也列在表 5-6 中,劳动力调整成本确实存在,基准模型中模型 1 与模型 2 的调整成本分别为 1.322 与 1.335,加入出口因素后,我们发现劳动力的调整成本

---

①　Hamermesh(1996)用美国的数据对劳动力需求弹性进行过估计,在 -0.75 至 -0.15 之间,我们用总体样本估计的结果基本在这一范围之内。

②　指数越大,说明劳动力调整成本越大,劳动力需要调整的时间越长。

稍有增加,如模型 3 为 1.398,模型 4 为 1.388,这与之前的预期不一致,我们本以为出口企业能提供更多的就业机会,可以吸引和保留更多的劳动力在原单位,因此可能会使企业解雇或招聘工人的调整成本降低,然而实证结果却还稍有上升,这一点目前还未找到合理的解释。全要素生产率的符号显著为负,与我们的预期符号一致,说明随着生产率的提高,同样的工作需要更少的工人来完成,生产率每提高 1%,工人的需求就会降低 0.138%(以模型 2 为例),这与技术升级后需要更少的工人是相同的原理。

表 6-3　劳动自身需求弹性的回归结果

解释变量 lnL	一步系统广义矩估计(包含年度虚拟变量)			
	模型 1 (基准模型)	模型 2 (基准模型)	模型 3 (出口影响)	模型 4 (出口影响)
	产出可变	产出不变	产出可变	产出不变
$\ln L_{t-1}$	0.592*** (0.000)	0.595*** (0.000)	0.609*** (0.000)	0.607*** (0.000)
$\ln w$	−0.242*** (0.000)	−0.236*** (0.000)	−0.701** (0.015)	−0.567*** (0.002)
$\text{L}n w_{t-1}$	0.144 (0.101)	0.151 (0.123)	1.104 (0.078)	0.907 (0.055)
EX			0.211*** (0.001)	0.214*** (0.000)
$\ln w * EX$			−0.127*** (0.000)	−0.120*** (0.000)
$\ln w_{t-1} * EX$			0.045 (0.055)	0.044 (0.062)
$\ln w * ER$			0.046 (0.116)	0.062** (0.027)
$\ln w_{t-1} * ER$			−0.119 (0.056)	−0.096* (0.045)
TFP	−0.030*** (0.000)	−0.138*** (0.000)	−0.029*** (0.000)	−0.138*** (0.000)
$\ln q$		0.349*** (0.000)		0.349*** (0.000)
AR(1)	0.004	0.009	0.007	0.012
AR(2)	0.524	0.627	0.519	0.496

（续表）

解释变量 lnL	一步系统广义矩估计（包含年度虚拟变量）			
	模型 1 （基准模型）	模型 2 （基准模型）	模型 3 （出口影响）	模型 4 （出口影响）
Sargan test	0.482	0.528	0.496	0.324
Difference in Sargan	0.934	0.996	1.000	0.895
是否控制行业	是	是	是	是
是否控制地区	是	是	是	是
劳动力调整成本	1.322	1.335	1.398	1.388
转化方法	一阶差分（first—difference transformation）			

注："***、**、*"分别为在 1%、5%、10%的水平显著，括号内为系数的 P 值。

　　扩展模型 3 和模型 4 中贸易变量与员工工资的交叉项 $\ln w_{ijt} \times EX_{ijt}$ 的系数显著为正，表明出口确实增强了劳动力自身需求弹性，这与我们的预测是一致的，验证了"马歇尔—希克斯法则"：出口比例升高，某种程度上说明贸易更加自由化，企业面临的国外厂商的竞争力更大，产品变得更富有弹性，劳动力市场也变得更富有弹性，即劳动力自身需求弹性变大。我们经过计算[①]，得到产出可变情况下出口对劳动力需求弹性的影响为−0.028，由于劳动力自身需求弹性本来就为负值，上述结果表明出口强度每增加 1%，就会使劳动力需求弹性增加0.028%[②]；而产出不变情况下出口对劳动力需求弹性规模效应的影响为−0.026，表明出口强度每增加 1%，会使劳动力需求弹性的规模效应增加0.026%，与总的劳动力需求弹性−0.028 相比，相差不多，出口之所以会在很大程度上影响劳动力需求弹性的替代效应，我们认为由于中国的一些产业如通信设备、计算机及其他电子设备制造业、纺织服装鞋帽制造业等近年来积极融入全球化，大量采用接包生产和加工贸易方式尤其是进料加工，进口价格相对较为低廉的零部件和半成品、原材料、中间品以及资本品等，这些进口品对国内劳动力的替代作用很显著，加工成最终产品后，又通过出口进入海外市场，出口强度对替代效应的显著影响从一个侧面反映出加工贸易在出口中所占分量之重。全要素生产率仍是在 1%的显著性水平下显著为负，说明生产率的提高会减少劳动

---

① 　计算公式为 $\delta_4 \overline{ER}$，其中 $\overline{ER}$ 为各企业在考察期的均值。

② 　此处的结论与盛斌和牛蕊（2009）相反，他们的实证结果显示出口比例上升对劳动力需求有正向的作用，降低了劳动力需求弹性，使就业的总体风险减少。

力的需求这一结论非常稳健。此外,另一个贸易方面的因素汇率对劳动力需求弹性的影响仅在产出不变的情况下成立,而且仅在5%的显著性水平下通过检验,因此我们不能下结论说汇率会降低劳动力的自身需求弹性,还有待进一步的稳健性检验。滞后一期的员工工资 $\ln w_{t-1}$ 以及含有滞后期工资的交叉项 $\ln w_{t-1} * EX$ 与 $\ln w_{t-1} * ER$ 并不显著。

二、劳动力交叉需求弹性

表6-4列出了技术劳动力和非技术劳动力的交叉需求弹性以及出口对交叉需求弹性的影响。由于我们只能从数据库中计算出2004年的技术劳动力和非技术劳动力的就业与工资状况,因此对于交叉需求弹性的分析采用横截面数据分析,可能对最后的结果有所影响,然而我们希望能从现有的数据中得到一些启示。模型1是探讨劳动力交叉需求弹性的基准模型,模型2加入了贸易因素来检验出口对交叉弹性的影响。表6-4中,被解释变量是非技术工人劳动力人数,我们最为关注的解释变量技术工人的工资 $\ln w^s$ 系数显著为正,模型1中为0.381,说明技术工人的工资每升高1%,会导致非技术工人的需求增加0.381%,隐含着厂商降低了技术工人的需求,而用非技术工人来替代,这种替代程度可能因行业的不同而不同,因此我们在后文中估计出了每个行业的技术工人与非技术工人交叉弹性。其他解释变量的符号也和我们的预期相同,如非技术工人的工资与非技术工人的需求是反向的,非技术工人工资每上升1%,其劳动力需求会下降0.159%,却会引起技术劳动力工资上升0.381%。全要素生产率与员工人数尤其是非技术工人是反向关系,生产率每上升1%,企业雇佣的非技术工人会减少0.717%;而企业产出与员工人数是正向的关系,企业每增加1%的产出,雇佣的非技术工人会增多0.826%[①]。模型2加入出口因素后分析发现,与出口提高劳动力自身需求弹性相反,出口与技术工人工资的交互项显著为正,说明出口降低了技术工人与非技术工人的交叉需求弹性,对于出口企业而言,非技术工人工资每上升1%,出口会使两类工人交叉需求弹性降低0.008%[②]。对于原因,我们作了以下猜测:一方面,企业出口强度变大,面临的国外厂商的竞争力更大,产品变得更富有弹性,因一种类型劳动力价格升高引起的对另一种类型劳动力的需求增加更多,对交叉需求弹性是正向作用;另一方

[①] 此处并不意味着只有非技术工人会增多,实际上我们经过分析,企业雇佣的技术工人也会增多。

[②] 计算公式为 $\beta_4 \overline{EX}$,其中 $\overline{EX}$ 为出口强度在样本中的均值。

面,出口强度的增加,使得本来因为一种类型劳动力工资高涨要用另一种类型劳动力来代替的这种类型工人能够继续参加生产,当第二种作用大于第一种作用时,出口会降低两种不同类型劳动力的交叉需求弹性,当然这也与不同行业的技术工人与非技术工人之间的替代弹性相关,因此,我们在后文列出了每个行业的出口对两种类型劳动力交叉弹性的影响并作了分析。单独的出口解释变量对非技术劳动工人也有显著的正向作用,出口比例每提高 1%,非技术工人的需求就增加 0.465%,说明中国企业的出口极大地促进了非技术工人的就业,尤其是纺织服装、鞋、帽制造业及农副食品加工业、纺织业等低端制造业。

表 6-4　技术工人与非技术工人交叉需求弹性的回归结果

解释变量 $\ln L^U$	2004 年横截面回归结果	
	模型 1(基准模型)	模型 2(出口影响)
$\ln w^U$	−0.159*** (0.000)	−0.081** (0.030)
$\ln w^S$	0.381*** (0.000)	0.346*** (0.000)
EX		0.465*** (0.005)
$\ln w^S * EX$		0.039*** (0.009)
TFP	−0.717*** (0.000)	−0.674*** (0.000)
$\ln q$	0.826*** (0.000)	0.801*** (0.000)
是否控制行业	是	是
是否控制地区	是	是
观测值	11 227	11 227

注:"***、**、*"分别为在 1%、5%、10%的水平显著,括号内为系数的 P 值。

第五节　稳健性分析

本部分主要针对前面的主要结论进行不同角度的论证,以此检验结论是否稳健。根据前文提到的,不同行业的劳动力自身需求弹性及交叉需求弹性可能

不一致,出口对两种弹性的影响可能也不同。我们按不同的角度对企业所在行业进行分类并分别验证。

一、不同技术行业的影响

按照 OECD2001 年的分类标准将工业企业分为:低技术行业、中低技术行业、中高技术行业、高技术行业[①]。从表 6-5 看出,产出可变的情况下,除高技术行业外,我们最关注的解释变量出口强度与员工工资的交互项是显著为负的,说明出口确实增加了劳动力自身需求弹性,在低技术行业中最为明显,其次为中低技术行业和中高技术行业。产出不变的情况下,出口对各行业劳动力自身需求弹性中规模效应的正面影响与总的弹性是一致的,影响由大到小仍然是低技术行业、中低技术行业、高技术行业。高技术行业除外,劳动力调整成本最高的是中低技术行业,最低的是中高技术行业。汇率对劳动力价格需求弹性的影响只在低技术行业是显著为正的,其他行业都不显著;除高技术行业外,企业全要素生产率对劳动力需求的影响都是显著为负的,而四类行业的企业产出对劳动力需求的影响都是显著为正,与之前的结论一致。

表 6-5　不同技术行业的影响(自身需求弹性)

解释变量 lnL	一步系统广义矩估计(包含年度虚拟变量)							
	低技术行业		中低技术行业		中高技术行业		高技术行业	
	产出可变	产出不变	产出可变	产出不变	产出可变	产出不变	产出可变	产出不变
lnL_{-1}	0.578*** (0.000)	0.473*** (0.000)	0.717*** (0.000)	0.831*** (0.000)	0.355*** (0.000)	0.304*** (0.000)	0.092 (0.457)	0.108 (0.520)
lnw	−1.643*** (0.001)	−1.437*** (0.002)	0.238 (0.790)	−0.096 (0.916)	−0.703 (0.207)	−0.484 (0.341)	1.233 (0.080)	0.635 (0.571)
Lnw_{t-1}	1.712*** (0.001)	1.625*** (0.000)	0.254 (0.738)	0.083 (0.917)	2.058*** (0.003)	1.983*** (0.001)	−0.406 (0.554)	−0.717 (0.390)
EX	0.180 (0.108)	0.206** (0.043)	0.134 (0.280)	0.120 (0.343)	0.334** (0.041)	0.324** (0.028)	−0.236 (0.231)	−0.220 (0.355)
$lnw * EX$	−0.127*** (0.000)	−0.125*** (0.000)	−0.053** (0.039)	−0.050* (0.047)	−0.048* (0.049)	−0.042* (0.047)	0.099 (0.109)	0.077 (0.115)
$lnw_{t-1} * EX$	0.032 (0.357)	0.033 (0.297)	−0.005 (0.922)	−0.007 (0.900)	0.044 (0.499)	0.040 (0.501)	0.073 (0.173)	0.071 (0.214)
$lnw * ER$	0.185*** (0.003)	0.159*** (0.006)	−0.057 (0.610)	−0.017 (0.885)	0.067 (0.340)	0.038 (0.554)	−0.195 (0.026)	−0.117 (0.402)

---

① 具体分类标准见附录 A。

（续表）

解释变量 lnL	一步系统广义矩估计（包含年度虚拟变量）							
	低技术行业		中低技术行业		中高技术行业		高技术行业	
	产出可变	产出不变	产出可变	产出不变	产出可变	产出不变	产出可变	产出不变
$\ln w_{t-1} * ER$	−0.194 *** (0.002)	−0.188 *** (0.001)	−0.011 (0.903)	0.013 (0.900)	−0.242 *** (0.005)	−0.235 *** (0.001)	0.048 (0.579)	0.087 (0.403)
TFP	−0.034 *** (0.006)	−0.155 *** (0.000)	−0.028 ** (0.049)	−0.101 *** (0.000)	−0.025 ** (0.046)	−0.142 *** (0.000)	−0.002 (0.926)	−0.163 *** (0.000)
$\ln q$		0.411 *** (0.000)		0.216 *** (0.000)		0.414 *** (0.000)		0.479 *** (0.000)
AR(1)	0.001	0.000	0.011	0.005	0.010	0.000	0.003	0.009
AR(2)	0.321	0.346	0.697	0.476	0.618	0.301	0.432	0.539
Sargan test	0.518	0.541	0.497	0.552	0.324	0.397	0.406	0.681
Difference in Sargan	1.000	9.899	9.697	1.000	9.991	9.986	9.569	1.000
是否控制行业	否	否	否	否	否	否	否	否
是否控制地区	是	是	是	是	是	是	是	是
劳动力调整成本	1.264	—	2.084	—	0.669	—	—	—
转换方法	一阶差分（first difference transformation）							
观测值	5 500	5 500	6 842	6 842	7 493	7 493	2 318	2 318

注："***、**、*"分别为在1%、5%、10%的水平显著，括号内为系数的 P 值。

表6-6的回归结果可以看出，四类不同技术水平的行业中，出口对两类劳动力交叉需求弹性的影响分别为−0.015、0.011、0.018、0.039[①]，低技术行业的系数不显著，因此除低技术行业外，受影响最大的是高技术行业，受影响最小的是中低技术行业，出口对较高技术行业稳定的作用大于较低技术行业的影响，行业技术水平越高，出口对其稳定的作用越大，这是由于与低技术水平的行业相比，高技术水平行业的技术工人与非技术工人的替代性越小，因此较少利用非技术工人来代替技术工人。另外，非技术工人工资的提高导致非技术工人需求的降低，而技术工人工资的提高却导致非技术工人需求的上升；全要素生产率的提高会使企业雇佣更少的非技术劳动力，生产率提高相同的比例，低技术行业的企业减少的非技术劳动力最多（−0.714）；企业要提高产出也会雇佣更多的非技术

---

① 计算方法同上。

劳动力,提高相同的产出,低技术行业的企业增加的非技术劳动力最多(0.927),这与低技术行业的性质有关,低技术行业多为非技术劳动力占比较大的劳动密集型行业,因此对生产率和产出可能会更明显,与之前的预测相同。唯一不同的是出口强度指标对非技术劳动力需求的正面影响只在低技术行业成立,而其他行业无显著影响。

表 6-6 不同技术行业的影响(交叉需求弹性)

解释变量 $\ln L^U$	2004 年横截面回归结果			
	低技术行业	中低技术行业	中高技术行业	高技术行业
$\ln w^U$	−0.673*** (0.000)	−1.007*** (0.000)	−0.287** (0.023)	−1.347** (0.028)
$\ln w^S$	0.376*** (0.000)	0.243*** (0.000)	0.378*** (0.000)	0.459*** (0.000)
EX	0.549*** (0.000)	0.090 (0.673)	0.355 (0.088)	0.092 (0.820)
$\ln w^S * EX$	−0.046 (0.078)	0.104*** (0.006)	0.110** (0.023)	0.158*** (0.010)
TFP	−0.714*** (0.000)	−0.629*** (0.000)	−0.711*** (0.000)	−0.526*** (0.000)
$\ln q$	0.927*** (0.000)	0.781*** (0.000)	0.835*** (0.000)	0.655*** (0.000)
是否控制行业	否	否	否	否
是否控制地区	是	是	是	是
观测值	2 972	3 924	3 176	932

注:"***、**、*"分别为在 1%、5%、10%的水平显著,括号内为系数的 P 值。

二、不同要素密集度的影响

这一部分按照资本劳动比对企业进行划分,将资本劳动比大于其均值的企业划为资本密集型企业,将资本劳动比小于其均值的企业划分为劳动密集型企业,并将劳动密集度最高的纺织业单独列出来作对比分析。表 6-7 告诉我们,出口确实提高了不同要素密集度企业的劳动力自身需求弹性,对资本密集型、劳动密集型、纺织业的影响依次为−0.052、−0.031、−0.089,对规模效应的影响

分别达到−0.050、−0.029、−0.066①,略低于对总弹性的影响。劳动力调整成本最高的为纺织行业企业,其次为劳动密集型企业,最低的为资本密集型企业。企业全要素生产率对劳动力需求的影响都是显著为负的,而企业产出对劳动力需求的影响都是显著为正的,与之前的结论一致。

表 6−7　不同要素密集度的影响(自身需求弹性)

解释变量 lnL	一步系统广义矩估计(包含年度虚拟变量)					
	资本密集型企业		劳动密集型企业		纺织业	
	产出可变	产出不变	产出可变	产出不变	产出可变	产出不变
$\ln L_{t-1}$	0.275*** (0.000)	0.338*** (0.000)	0.585*** (0.000)	0.505*** (0.000)	0.685*** (0.000)	0.534*** (0.000)
$\ln w$	−0.246 (0.462)	−0.270 (0.413)	−0.217 (0.464)	−0.355 (0.189)	−1.852 (0.106)	−1.920** (0.060)
$\text{Ln}w_{t-1}$	1.871*** (0.000)	1.714*** (0.000)	0.956*** (0.001)	0.876*** (0.001)	−0.441 (0.677)	−0.165 (0.861)
EX	0.653*** (0.000)	0.538*** (0.000)	0.198*** (0.004)	0.219*** (0.000)	0.383 (0.076)	0.428** (0.026)
$\ln w * EX$	−0.321*** (0.000)	−0.309*** (0.000)	−0.092*** (0.000)	−0.086*** (0.000)	−0.131*** (0.005)	−0.097* (0.044)
$\ln w_{t-1} * EX$	0.096** (0.014)	0.120*** (0.002)	0.003 (0.867)	0.002 (0.932)	−0.097 (0.190)	−0.081 (0.219)
$\ln w * ER$	0.004 (0.905)	0.007 (0.857)	0.004 (0.912)	0.020 (0.546)	0.214 (0.132)	0.224* (0.077)
$\ln w_{t-1} * ER$	−0.228*** (0.000)	−0.207*** (0.000)	−0.097*** (0.009)	0.091*** (0.008)	0.073 (0.579)	0.033 (0.775)
TFP	−0.042*** (0.000)	−0.123*** (0.000)	−0.019*** (0.005)	−0.143*** (0.000)	−0.024 (0.294)	−0.139*** (0.000)
$\ln q$		0.257*** (0.000)		0.402*** (0.000)		0.379*** (0.000)
AR(1)	0.009	0.001	0.012	0.002	0.003	0.008
AR(2)	0.583	0.321	0.691	0.397	0.482	0.679
Sargan test	0.518	0.328	0.541	0.472	0.496	0.540

---

① 具体计算方法同上文,后文也采用同样的计算方法。

（续表）

解释 变量 1nL	一步系统广义矩估计（包含年度虚拟变量）					
	资本密集型企业		劳动密集型企业		纺织业	
	产出可变	产出不变	产出可变	产出不变	产出可变	产出不变
Difference in Sargan	0.969	1.000	0.919	1.000	0.978	0.891
是否控制行业	否	否	否	否	否	否
是否控制地区	是	是	是	是	是	是
劳动力调整成本	0.537	—	1.293	—	1.832	—
转化方法	一阶差分（first difference transformation）					
观测值	4 523	4 523	11 347	11 347	1 081	1 081

注："***、**、*"分别为在1%、5%、10%的水平显著，括号内为系数的 P 值。

表6-8的回归结果表明，出口对交叉需求弹性的影响在不同要素密集度的企业是不同的，对劳动密集型企业和纺织行业企业的交叉弹性都有显著的负面影响，即增加了这些行业的交叉需求弹性，纺织行业作为劳动力密集度最高的行业，出口对纺织行业的影响高于劳动密集型行业的影响，而出口对资本密集型企业的劳动力交叉需求弹性无显著影响，与之前一样，可能是由劳动密集型企业的技术工人与非技术工人之间的替代性较大决定的。不管是资本密集型企业还是劳动密集型企业，非技术工人工资的上升，竟然显著提高了企业非技术工人的需求。技术工人工资的上升对不同要素密集度企业非技术工人的需求影响不同，降低了资本密集型企业非技术工人的需求，同时增加了劳动密集型企业非技术工人的需求，这与资本密集型企业中两种类型劳动力替代弹性较小，劳动密集型企业中两种类型劳动力替代弹性较大是一致的。全要素生产率对劳动密集型企业的非技术劳动力需求的负面影响显著大于资本密集型企业，对纺织业的影响介于两者之间。企业产出对纺织业的非技术劳动力需求的正面影响最大，产出每增加1%，非技术劳动力的需求增加0.937%，受产出影响最小的是资本密集型企业，非技术劳动力的需求增加仅为0.774%。

表 6-8　不同要素密集度的影响（交叉需求弹性）

解释变量 $\ln L^U$	2004 年横截面回归结果		
	资本密集型企业	劳动密集型企业	纺织业
$\ln w^U$	0.280***	0.394***	0.387***
	(0.026)	(0.000)	(0.013)
$\ln w^S$	−0.441***	0.448***	0.441***
	(0.000)	(0.000)	(0.000)
EX	−1.649	0.643***	0.339
	(0.078)	(0.000)	(0.242)
$\ln w^S * EX$	0.423	−0.039**	−0.060***
	(0.154)	(0.031)	(0.018)
TFP	−0.469***	−0.680***	−0.630***
	(0.000)	(0.000)	(0.000)
$\text{Ln}q$	0.774***	0.860***	0.937***
	(0.000)	(0.000)	(0.000)
是否控制行业	否	否	否
是否控制地区	是	是	是
观测值	1 174	10 053	716

注:"***"、"**"、"*"分别为在 1%、5%、10%的水平显著,括号内为系数的 P 值。

三、不同经济性质的影响

我们以 2004 年的样本为例对不同经济性质企业出口活动进行检验,首先,我们将企业分为内资和外资两大类进行比较,然后对内、外资企业进行细分,内资企业分为国有企业和非国有企业①,外资企业分为港澳台外资和其他外资,并分别比较。从表 6-9 中看出,内资与外资比较后发现,出口对外资企业劳动力自身需求弹性的负面影响大于对内资企业的影响,因此出口强度对外资企业劳动力自身需求弹性的提高幅度大于内资企业。出口对港澳台资企业的劳动力自身需求弹性的影响大于其他外资企业,影响最低的是非国有企业,对国有企业的影响不显著。出口对规模效应的影响由小到大顺序与对总弹性影响的顺序一致。关于劳动力的调整成本,内资高于外资,国有企业稍低于非国有企业,港澳台资则远远低于其他外资。企业全要素生产率对劳动力需求的影响都是显著为负的,而企业产出对劳动力需求的影响都是显著为正的,与之前的结论一致。

---

① 非国有企业包括集体企业、股份合作企业、联营企业、有限责任企业、股份有限企业、私营企业。

表6－9　不同经济性质的影响（自身需求弹性）

一步系统广义矩估计（包含年度虚拟变量）

解释变量	内资企业 可变	内资企业 不变	外资企业 可变	外资企业 不变	国有企业 可变	国有企业 不变	非国企 可变	非国企 不变	港澳台资 可变	港澳台资 不变	其他外资 可变	其他外资 不变
$\ln L_{t-1}$	0.581*** (0.000)	0.622*** (0.000)	0.556*** (0.000)	0.454*** (0.000)	0.494*** (0.000)	0.501*** (0.000)	0.495*** (0.000)	0.521*** (0.000)	0.221** (0.014)	0.203** (0.014)	0.731*** (0.000)	0.609*** (0.000)
$\ln w$	0.291 (0.296)	0.124 (0.647)	-2.311*** (0.000)	-2.292*** (0.000)	-0.067 (0.915)	-0.225 (0.718)	0.417 (0.153)	0.319 (0.252)	1.766*** (0.008)	-2.367*** (0.000)	-2.653*** (0.000)	-2.412*** (0.000)
Lrw_{t-1}	-0.069 (0.804)	-0.261 (0.341)	3.015*** (0.000)	2.462*** (0.000)	-0.084 (0.894)	-0.242 (0.699)	0.147 (0.623)	0.050 (0.862)	1.513** (0.028)	1.237** (0.049)	3.602*** (0.000)	3.122*** (0.000)
EX	0.152* (0.078)	0.117 (0.166)	0.098 (0.335)	0.230** (0.013)	0.038 (0.970)	-0.005 (0.996)	0.195** (0.024)	0.155** (0.050)	0.157 (0.272)	0.299** (0.022)	0.175 (0.223)	0.268** (0.043)
$\ln w * EX$	-0.124*** (0.000)	-0.122*** (0.000)	-0.157*** (0.000)	-0.131*** (0.000)	0.131 (0.615)	0.095 (0.715)	-0.132*** (0.000)	-0.130*** (0.000)	-0.195*** (0.000)	-0.155*** (0.000)	-0.143*** (0.001)	-0.131*** (0.000)
$\ln w_{t-1} * EX$	0.071*** (0.009)	0.083*** (0.002)	0.103*** (0.001)	0.075 (0.006)	-0.107 (0.809)	-0.045 (0.919)	0.057*** (0.038)	0.069*** (0.008)	0.087*** (0.042)	0.074* (0.060)	0.073* (0.074)	0.045 (0.227)
$\ln w * ER$	-0.061 (0.076)	-0.042 (0.214)	0.263*** (0.000)	0.263*** (0.000)	-0.023 (0.773)	-0.003 (0.964)	-0.076** (0.036)	-0.065* (0.081)	0.198** (0.017)	0.272** (0.017)	0.307*** (0.000)	0.280*** (0.000)
$\ln w_{t-1} * ER$	0.029 (0.409)	0.052 (0.127)	-0.367*** (0.000)	-0.299 (0.000)	0.025 (0.750)	0.045 (0.566)	0.001 (0.991)	0.011 (0.754)	-0.187** (0.026)	-0.153* (0.048)	-0.434*** (0.000)	-0.376*** (0.000)
TFP	-0.022*** (0.001)	-0.133*** (0.000)	-0.029*** (0.006)	-0.134 (0.000)	-0.070*** (0.000)	-0.102*** (0.000)	-0.015** (0.030)	-0.142*** (0.000)	-0.014 (0.347)	-0.152*** (0.000)	-0.042** (0.006)	-0.116*** (0.000)
$\ln q$		0.338*** (0.000)		0.382 (0.000)	0.093*** (0.000)	0.093*** (0.000)		0.394*** (0.000)		0.443*** (0.000)		0.306*** (0.000)
AR(1)	0.003	0.004	0.010	0.009	0.004	0.005	0.001	0.002	0.008	0.011	0.000	0.010
AR(2)	0.518	0.528	0.688	0.659	0.496	0.531	0.324	0.345	0.601	0.662	0.325	0.645
Sargan test	0.596	0.348	0.576	0.559	0.401	0.495	0.570	0.328	0.431	0.540	0.393	

（续表）

解释变量	内资企业		外资企业		一步系统广义矩估计（包含年度虚拟变量）							
					国有企业		非国企		港澳合资		其他外资	
	可变	不变	可变	不变	可变	不变	可变	不变	可变	不变	可变	不变
Difference in Sargan	1.000	1.000	0.936	0.934	0.989	0.970	0.991	1.000	0.881	0.901	0.974	0.908
是否控制地区	是	是	是	是	是	是	是	是	是	是	是	是
是否控制行业	是	是	是	是	是	是	是	是	是	是	是	是
劳动力调整成本	1.277	—	1.181	—	0.983	—	0.986	—	0.459	—	2.212	—
转化方法	一阶差分转换（first difference transformation）											
观测值	11 731	11 731	4 139	4 139	1 216	1 216	10 515	10 515	1 803	1 803	2 336	2 336

注："***、**、*"分别为在1%、5%、10%的水平显著，括号内为系数的 P 值。

表6-10 的回归结果可以看出,内资与外资相比,出口对两种类型劳动力交叉需求弹性的影响对于外资而言稍大,更细致地划分后发现,对国有企业的影响不显著,对港澳台资的影响最大,为 0.114,其次为对其他外资来源的影响,为0.057。出口比例上升引起非技术劳动力需求的增加仅在非国有企业和港澳台资企业成立,除国有企业外,技术工人工资的增加导致其他类型非技术工人需求的显著增加,只有其他外资类型企业的非技术工人工资的提高降低了其非技术工人的需求,全要素生产率对不同经济性质企业的非技术劳动力需求仍然显著为负,对非国有企业的负面影响大于国有企业,对港澳台资的负面影响大于其他外资。与生产率相反,企业产出对不同经济性质企业的非技术劳动力需求显著为正,对非国有企业的正面影响大于国有企业,对港澳台资的正面影响大于其他外资。

表6-10 不同经济性质的影响(交叉需求弹性)

解释变量 $\ln L^U$	2004 年横截面回归结果					
	内资企业	外资企业	国有企业	非国企	港澳台资	其他外资
$\ln w^U$	−0.253 (0.252)	−0.930 (0.287)	0.280 (0.396)	−0.115 (0.480)	−0.048 (0.956)	−2.093*** (0.000)
$\ln w^S$	0.290*** (0.000)	0.406*** (0.000)	−0.246*** (0.000)	0.402*** (0.000)	0.521*** (0.000)	0.282*** (0.000)
EX	0.172 (0.154)	0.788*** (0.000)	−0.728 (0.429)	0.514*** (0.000)	1.352*** (0.000)	0.172 (0.552)
$\ln w^S * EX$	0.060*** (0.011)	0.075*** (0.010)	0.469 (0.074)	0.048*** (0.009)	0.219*** (0.005)	0.118*** (0.017)
TFP	−0.680 (0.000)	−0.504*** (0.000)	−0.322*** (0.000)	−0.706*** (0.000)	−0.525*** (0.000)	−0.481*** (0.000)
$\ln q$	0.872 (0.000)	0.714*** (0.000)	0.731*** (0.000)	0.896*** (0.000)	0.756*** (0.000)	0.701*** (0.000)
是否控制行业	是	是	是	是	是	是
是否控制地区	是	是	是	是	是	是
观测值	8 828	2 399	1 626	7 202	1 177	1 222

注:"***、**、*"分别为在 1%、5%、10% 的水平显著,括号内为系数的 P 值。

四、不同经济区位的影响

如前文一样,我们按照经济区位的不同,将样本中的工业企业分为五大经济区:泛珠江三角洲地区、长江三角洲地区、东北地区、西部地区、中部地区。由表6-11可知,出口对劳动力自身需求弹性的影响仅在长三角地区、东北地区、中部地区成立,受影响最大的是东北地区为-0.059,受影响最小的是中部地区为0.008,出口对各地区规模效应的影响稍低于出口对总弹性的影响,按受影响的程度由大到小排列依次是东北地区、长三角地区、中部地区。关于劳动力的调整成本,西部地区由于不显著排除在外,最高的为中部地区,可能与中部地区劳动力市场机制不够健全、劳动力流动性不够灵活有关。与之前一样,企业全要素生产率对劳动力需求的影响都是显著为负的,而企业产出对劳动力需求的影响都是显著为正的。

表6-12的回归结果可以看出,除泛珠江三角洲地区不显著外,出口对其他四类经济区企业两类劳动力交叉需求弹性的影响分别为0.009、0.007、0.024、0.008,受影响最大的是中部地区,受影响最小的是东北地区,即出口对中部经济区就业的稳定作用最大。另外,技术工人工资的提高却导致非技术工人需求的上升,而非技术工人工资的提高对于各个经济区企业非技术工人的需求有不同的影响,在泛珠三角和长三角地区显著降低了非技术工人的需求,而在东北地区、中部地区和西部地区则显著增加了非技术工人的需求;全要素生产率的提高会使企业雇佣更少的非技术劳动力,生产率提高相同的比例,中部地区的企业减少的非技术劳动力最多(-0.702);企业要提高产出也会雇佣更多的非技术劳动力,提高相同的产出,中部地区的企业增加的非技术劳动力最多(0.912)。出口提高了当地非技术工人的需求这一结论仅在泛珠三角地区和西部地区成立,这与之前的预测是不一致的。

表6-11 不同经济区位的影响(自身需求弹性)

一步系统广义矩估计(包含年度虚拟变量)

解释变量 lnL	泛珠三角地区		长三角地区		东北地区		中部地区		西部地区	
	产出可变	产出不变	产出可变	产出不变	产出可变	产出不变	产出可变	产出不变	产出可变	产出不变
$\ln L_{t-1}$	0.596*** (0.000)	0.508*** (0.000)	0.509*** (0.000)	0.492*** (0.000)	0.487*** (0.011)	0.518*** (0.006)	0.648*** (0.000)	0.627*** (0.000)	0.090 (0.549)	0.091 (0.513)
$\ln w$	−1.825*** (0.000)	−1.806*** (0.000)	−0.953* (0.093)	−0.640*** (0.008)	1.485 (0.158)	1.538 (0.139)	0.254 (0.575)	0.153 (0.725)	0.935 (0.361)	−0.250 (0.793)
Lnw_{t-1}	2.101*** (0.000)	1.657*** (0.000)	0.875** (0.019)	0.487 (0.165)	2.009* (0.055)	1.956* (0.059)	−0.130 (0.783)	−0.169 (0.710)	−0.591 (0.576)	−0.224 (0.819)
EX	0.048 (0.691)	0.120 (0.274)	0.282*** (0.002)	0.266*** (0.002)	0.616*** (0.016)	0.634*** (0.012)	0.144 (0.272)	0.134 (0.288)	0.321 (0.595)	0.050 (0.929)
$\ln w*EX$	0.014 (0.685)	−0.007 (0.837)	−0.186*** (0.000)	−0.185*** (0.000)	−0.348*** (0.000)	−0.340*** (0.000)	−0.136*** (0.001)	−0.127*** (0.001)	−0.064 (0.785)	0.041 (0.852)
$\ln w_{t-1}*EX$	−0.021 (0.537)	−0.027 (0.368)	0.077*** (0.005)	0.076*** (0.003)	0.172* (0.084)	0.188** (0.056)	0.057 (0.189)	0.059 (0.157)	0.133 (0.609)	0.135 (0.574)
$\ln w*ER$	0.201*** (0.000)	0.203*** (0.000)	0.052 (0.275)	0.090** (0.044)	−0.212 (0.103)	−0.221* (0.085)	−0.053 (0.351)	−0.041 (0.456)	−0.142 (0.263)	0.001 (0.997)
$\ln w_{t-1}*ER$	−0.244*** (0.000)	−0.191*** (0.000)	−0.092** (0.049)	−0.045 (0.306)	−0.226* (0.078)	−0.219* (0.083)	0.032 (0.583)	0.035 (0.532)	0.081 (0.538)	0.033 (0.782)
TFP	−0.020* (0.076)	−0.147*** (0.000)	−0.015 (0.103)	−0.129*** (0.000)	−0.053* (0.011)	−0.114*** (0.000)	−0.044*** (0.000)	−0.131*** (0.000)	0.038 (0.096)	−0.111*** (0.000)
$\ln q$	0.393*** (0.000)		0.388*** (0.000)		0.252*** (0.000)		0.275*** (0.000)		0.348*** (0.000)	
AR(1)	0.000	0.001	0.005	0.004	0.000	0.002	0.003	0.009	0.012	0.010
AR(2)	0.316	0.329	0.514	0.497	0.299	0.367	0.423	0.578	0.606	0.588
Sargan test	0.551	0.549	0.398	0.491	0.321	0.543	0.400	0.505	0.583	0.616

（续表）

一步系统广义矩估计（包含年度虚拟变量）

解释变量 lnL	泛珠三角地区		长三角地区		东北地区		中部地区		西部地区	
	产出可变	产出不变	产出可变	产出不变	产出可变	产出不变	产出可变	产出不变	产出可变	产出不变
Difference in Sargan	1.000	0.981	0.977	0.962	0.997	1.000	1.000	0.900	0.891	0.902
是否控制行业	是	是	是	是	是	是	是	是	是	是
是否控制地区	否	否	否	否	否	否	否	否	否	否
劳动力调整成本	1.339	—	1.026	—	0.963	—	1.598	—	—	—
转化方法	一阶差分（first difference transformation）									
观测值	3 853	3 853	6 948	6 948	654	654	587	587		

注："****、***、*"分别为在1%、5%、10%的水平显著,括号内为为系数的 P 值。

表 6－12　不同经济区位的影响（交叉需求弹性）

解释变量 $\ln L^U$	2004 年横截面回归结果				
	泛珠三角地区	长三角地区	东北地区	西部地区	中部地区
$\ln w^U$	−0.985*** (0.000)	−2.586*** (0.000)	0.973*** (0.000)	1.179** (0.020)	0.417* (0.069)
$\ln w^S$	0.339*** (0.000)	0.372*** (0.000)	0.331*** (0.000)	0.248*** (0.000)	0.215*** (0.000)
EX	0.647*** (0.000)	0.094 (0.558)	0.173 (0.707)	−2.281** (0.043)	−0.107 (0.559)
$\ln w^S * EX$	−0.014 (0.119)	0.031*** (0.004)	0.060*** (0.007)	1.072*** (0.002)	0.066*** (0.018)
TFP	−0.618*** (0.000)	−0.659*** (0.000)	−0.468*** (0.000)	−0.503*** (0.000)	−0.702*** (0.000)
$\ln q$	0.768*** (0.000)	0.813*** (0.000)	0.722*** (0.000)	0.847*** (0.000)	0.912*** (0.000)
是否控制行业	是	是	是	是	是
是否控制地区	否	否	否	否	否
观测值	3 012	3 542	560	963	3 150

注:"***、**、*"分别为在 1%、5%、10%的水平显著,括号内为系数的 P 值。

五、关于 GMM 模型的深入探讨

为防止 GMM 估计量不一致,依据 Bond(2002)判断估计是否发生较大程度偏倚的方法[①],本书分别对表 6－3、表 6－6、表 6－8、表 6－10、表 6－12 中所有的模型进行混合 OLS 和静态固定效应模型估计,以表 6.3 中的模型 1 为例,得到 $\ln L-1$ 的混合 OLS 估计值为 0.863,固定效应模型的估计值为 0.509,一步系统 GMM 的估计值确实处于二者中间,说明估计方法没有发生较大偏倚。

Arellano-Bond AR(1)和 AR(2)检验表明,各估计残差序列均存在显著的

---

① GMM 估计量具有一致性,但当样本量较小或者使用的工具较弱时,动态面板 GMM 容易产生较大偏倚。Bond(2002)提出,将模型的 GMM 估计量和 OLS 估计量、静态固定效应模型估计量对比,看因变量滞后项的 GMM 估计量是否介于滞后项的其他两个估计量之间。用 OLS 估计时,由于因变量的滞后项和不可观测的地区效应 μ_i 正相关,OLS 应该是向上偏倚的(biased upwards);用静态固定效应模型估计时,由于因变量的滞后项和随机扰动项负相关,固定效应模型估计量应该是向下偏倚的(biased downwards)。因此,因变量滞后项的 GMM 估计量应处于 OLS 和固定效应模型估计量之间,参见李文星与徐长生等(2008)。

一阶自相关,不存在显著的二阶自相关,因此不能拒绝原模型中残差无自相关性的假设;另外,Sargan 检验的结果不能拒绝工具变量联合有效的原假设。因此,模型的构造总体上是有效的。

动态面板 GMM 估计方法有其局限性:以表 6-3 中的模型 1 为例,首先,差分转换会损失掉一部分样本信息,这对于小样本而言是很关键的,而我们的样本有几万个,应该影响不大;其次,我们的模型数据时期(T=8)和截面数(3218),与动态面板 GMM 所适合的具有较短时期(T)和较宽截面(N)的面板数据也是基本符合的;另外,我们通过引入年度虚拟变量来控制模型的横截面相依性,相当于假定各种导致横截面相依性的因素对各截面有相同的影响,如果放松这个约束,考虑引起相依性的因素对横截面的不同影响,会更加合理。

第六节　本章小结

本章从劳动力需求弹性的角度强调了国际贸易对劳动力市场的冲击不仅可以通过影响传统意义上的工资与就业水平,还会通过影响具有隐蔽性和易被忽视的就业与收入风险问题,包括工作稳定性、非工资费用的发生、劳动雇佣关系等。尽管理论上有很多对贸易与劳动力需求弹性的论证,然而有关国别的经验研究并未得到一致的结论。

针对国内相关文献存在的问题,本章首先利用 2000—2007 年中国工业企业数据库中持续存活的企业,估计出中国工业企业的劳动力自身需求弹性,并从规模效应和替代效应两个方面进行了细致分析,随后探讨了出口贸易对劳动力自身需求弹性的影响,发现出口对劳动力自身需求弹性的影响是显著为负的,即出口贸易显著提高了劳动力自身需求弹性,支持 Slaughter(2001)的结论,却与盛斌和牛蕊(2009)得出的结论相反[①]。根据本章得出的结论,出口增大了就业风险、增加了就业的不稳定,我们又从四个角度包括企业所属的不同技术行业、不同要素密集度、不同经济性质、不同经济区位分别进行稳健性检验,回归结果支持出口增加劳动力自身需求弹性的结论。

此外,本章还利用 2004 年的中国工业企业数据库中的企业资料,测算出技术工人与非技术工人的工资与雇佣人数等信息,估计了中国工业企业技术工人与非技术工人之间的交叉需求弹性,并探讨了出口贸易对交叉需求弹性的影响。

---

① 盛斌和牛蕊(2009)认为出口显著降低了劳动力需求弹性。

发现两种类型工人的交叉需求弹性显著为正,即技术工人工资的提高会增加企业对非技术工人的需求,而加入全球化后,出口强度的提高则会降低两类工人的交叉需求弹性,从这个角度,出口又能减少不同类型劳动力之间的替代,稳定就业。同样的,我们也从四个角度包括企业所属的不同技术行业、不同要素密集度、不同经济性质、不同经济区位对此分别进行了稳健性检验,回归结果支持出口降低技术工人与非技术工人的交叉需求弹性。

根据本章得出的结论,出口对中国的劳动力市场有显著影响①,因此非常有必要构建与出口贸易相关的急救措施及相关的就业与收入保障,以减少出口对劳动力市场的负面冲击,具体的政策措施如下:建立稳定出口的机制、提供与贸易有关的培训、完善社会保障体系以及与贸易有关的再就业援助计划、强化贸易保障机制、深化汇率制度改革、合理分摊非工资费用等,将出口与劳动力市场的制度改革有机结合起来,有效解决贸易自由化进程中的就业、收入与风险问题。

最后,局限于数据的可得性,本书无法获得企业层面进口以及加工贸易企业的数据,因此无法进一步考察进口对劳动力与其他生产要素的替代作用,也无法单独研究加工贸易企业中劳动力自身需求弹性和交叉需求弹性的特殊性,致使本章的研究不够深入,这也是本书下一步探讨的方向。

---

① 尤其是针对出口提高劳动力自身需求弹性增大了就业风险这一结论。

第七章　中国制造业企业外包对劳动力需求弹性的影响

第一节　引　言

随着技术进步带来的交通成本和监管成本的显著降低,以垂直一体化等典型形式为代表的全球一体化愈演愈烈。尽管全球化过程中商品和资本的流动性要高于劳动力(Rodrik,1997),然而全球化对劳动力市场的影响仍不容忽视。外包作为全球化的重要形式之一①,近年来获得了飞速发展,其特征是企业将生产分割成不同技术密集度的生产阶段,面对国内非技术工人相对高昂的劳动力成本,将劳动密集型的生产阶段转移到国外(Feenstra 和 Hanson,1996),本国只负责技术或资本密集型的生产阶段。因此,外包活动对制造业工人尤其是生产性工人造成了极大冲击。

Rodrik(1997)首次在理论上提出日益增长的国际贸易可以通过影响劳动力需求弹性进而影响劳动力市场,贸易自由化带来激烈的产品市场竞争会使劳动力需求变得更有弹性,用国外劳动力替代国内劳动力的外包形式让劳动力需求变得更加敏感。

研究这一问题有重要的经济学意义,如果 Rodrik(1997)的假说被实证支持,可以解释目前争论比较多的议题,比如:第一,在劳动力市场遭到外界冲击时,工资和就业变动由于提高的劳动力需求弹性而被加剧,可以解释为什么工人会觉得安全感降低(OECD,1997);第二,更富弹性的劳动力需求往往会降低雇员相对于雇主的谈判能力,从而解释工资份额的下降(IMF,2007);第三,劳动力

---

① "外包"指企业将部分生产过程转移到海外的子公司或者与自己无关的供应商,第一种模式由于生产过程始终在同一个跨国公司内部,称为"跨国公司内部的转移";第二种模式通过契约的方式将生产活动转移给公司之外的其他公司,称为"国际外包"。产业组织和国际贸易文献中提到的"外包"是广义的,通常包含以上两种模式,本书也采取相同的定义。

需求弹性的提高会缩小工人和企业之间"风险共担"（risk－sharing）范围，比如企业仅向长期工人提供稳定的工资（Bertrand，2004）；最后，劳动力需求弹性的提高会使非工资成本比如培训费用等对工资和就业的影响更加明显（Senses，2010）。

很多学者对这一假说进行了验证，实证结论并不一致：Slaughter（2001）利用美国 1980 年制造行业数据发现仅部分证据支持贸易自由化对日益增长的劳动力需求弹性；Bruno 等（2004）估计了 1976－1996 年 7 个 OECD 国家的动态劳动力需求，发现进口渗透增加了英国的劳动力需求弹性，其他国家的影响并不显著；Molnar 等（2007）对 OECD 国家作了同样的估计，发现外商直接投资使得制造业部门的劳动力需求变得更有弹性，而服务业部门的劳动力需求则变得缺乏弹性；Hijzen 和 Swaim（2010）对 OECD 国家的研究发现外包和劳动力需求弹性的正相关在有严格劳动法保护的国家较弱。对发展中国家的研究结果也表明贸易自由化对劳动力需求弹性的影响不一致（Fajnzylber 和 Maloney，2005；Krishna 等，2001；Hasan 等，2007）。

除了行业层面的研究，学者们还在微观企业层面进行了研究：Fabbri 等（2003）比较了英美两国制造业国内企业和跨国公司工厂倒闭的概率，发现跨国公司有更高的劳动力需求弹性；Görg 等（2009）对爱尔兰的研究发现跨国公司的劳动力需求弹性更高，然而随着跨国公司和当地企业通过供应商联系变得更加紧密，这种差异在不断缩小；而 Navaretti（2003）与 Hakkala 等（2010）的研究结论恰好相反，并未发现跨国公司的劳动力需求更富有弹性；Senses（2010）对美国制造业的研究表明，外包和生产性劳动力需求弹性呈现正相关。总体来看，经济全球化会增大国内工人和国外要素的替代，但这种劳动力需求弹性和全球化的关系是复杂的，具体依赖于不同国家劳动力市场的不同背景。

国内有关全球化尤其是外包影响劳动力需求弹性的研究并不多见。外包影响劳动力需求弹性的渠道可以归纳为替代效应和规模效应：前者是指产出给定时，外包促使企业用国外较为便宜的劳动力替代本国较为昂贵的劳动力；后者是指由于劳动力价格升高导致产品价格升高销售减少进而减少产量最终导致劳动力需求下降，二者都会使本国的劳动力需求更有弹性①。周申等（2010）基于中国 15 个制造业行业研究得出外包通过规模效应和替代效应提高劳动力需求弹性；周申等（2014）基于行业数据进一步发现外包提高熟练工的劳动力需求弹性，

---

① 即使目前的外包水平比较低，如果预期未来外包水平较高，企业仍会选择用国外较为便宜的劳动力替代。

降低非熟练工需求弹性。

　　中国作为劳动力丰裕的经济大国,自加入WTO以来,参与全球化的深度和广度不断增加,本书利用中国企业数据从微观层面重新验证Rodrik(1997)有关外包增大劳动力需求弹性的假说,并尝试在此基础上进行深化和拓展,与已有文献的不同主要体现在以下三个方面:第一,目前有关中国外包影响劳动力需求弹性的文献均采用的是行业数据(周申等,2010,2014),本书采用企业数据,与行业数据相比,首先微观数据更加符合劳动力供给完全弹性的假设(Hamermesh,1993)[①];其次可区分出劳动力需求弹性中企业内部变化以及企业进入退出市场带来的变化;此外,还可控制不可观测的企业异质性,因此微观数据使得估计结果更加准确。第二,劳动力需求弹性包含劳动力自身需求弹性以及不同类型工人的交叉需求弹性,前者指劳动力需求对其工资变化的敏感程度,后者指一类工人的需求对另一类工人工资变化的敏感程度,二者均反映劳动力面临的就业压力和工作稳定性。国内此类研究主要集中在第一类弹性,从而忽视了不同类型工人之间相互影响带来的劳动力雇佣关系的改变,不能全面系统反映外包对劳动力就业风险的影响。第三,鉴于中国加入WTO以来服务外包的迅速发展,本书首次关注到制造业外包中的服务外包部分,并比较了制造发包和服务发包对两类弹性的不同影响。

　　在已有文献基础上,我们分别从发包和接包两个角度,探讨不同类型的制造业外包对劳动力需求弹性的影响,并进一步比较了制造外包和服务外包[②]。研究表明:制造业外包水平的提升显著增加了两类弹性,增大了就业风险,验证了Rodrik(1997)假说,其中接包影响更大;进一步发现,制造发包和服务发包均提高了劳动力自身需求弹性,后者影响更大,而两者对交叉弹性的影响恰好相反,制造发包增大了劳动力交叉需求弹性,增大了不同类型工人替代带来的就业波动,服务发包则为反向影响;劳动力自身调节可以减缓对全球化对劳动力市场的冲击,劳动密集型企业、加工贸易企业所受冲击更大。

　　后文的安排如下:第二部分是模型设定,在外包影响劳动力需求弹性的理论

---

　　①　相关研究中一般将实际雇佣劳动数量作为劳动力需求来估算劳动力需求弹性,隐含的假设是劳动力供给是完全弹性的,Hamermesh(1986)指出单个企业面临的劳动力供给弹性可认为是无穷大,因此企业层面微观数据更加符合供给完全弹性的假设。

　　②　值得注意的是,由于制造业外包是和劳动力市场联系最为紧密的,因此确切地讲,本书探讨的是制造业外包对就业风险的影响,在此基础上,比较了制造业外包中的制造外包部分和服务外包部分对两类弹性的影响大小。

模型基础上构建对应的计量模型;第三部分是外包指标的测算和数据处理,包括以离岸外包为依据的 FH 指标和以垂直专业化为依据的 VS 指标;第四部分是实证结果的初步分析;第五部分为进一步稳健性分析;第六部分总结全文。

第二节　模型设定

本书借鉴 Krishna(2001)垄断竞争的产品市场理论模型,并在此基础上进行改进。假定一个行业中有很多企业,每个企业生产一种产品,面临各自具有弹性的产品需求曲线,企业将行业平均价格视为外生给定,企业决策彼此之间不受影响。所有要素市场均为完全竞争要素,供给是无穷弹性,即企业将要素价格视为外生给定。假设行业 j 中企业 i 的生产函数为 Cobb－Douglas 形式,$q_{ij} = A \prod_{k=1}^{n} V_{kij}^{\alpha_k}$,企业最大化其利润如(7-1)式,通过一阶条件并经过转化可得到最优的要素投入(7-2)式:

$$V_{lij} : \max \Omega(V_{Lij}) = \max \left[p_{ij} q_{ij} - \sum_{k=1}^{n} w_k V_{kij} \right] \tag{7-1}$$

$$\ln V_{lij} = \delta_0 + \sum_{k=1}^{n} \delta_k \ln(w_k / \bar{P}_j) + \lambda \ln A_{ij} \tag{7-2}$$

其中,V_{lij} 为行业 j 中企业 i 的劳动要素投入,$\bar{P}_j$ 为产品的行业平均价格,W_k 为第 k 种投入的要素价格,δ_k 和 λ 为常数,则劳动力自身需求弹性可由(7-3)式表示:

$$\delta_l = \frac{\partial \ln V_{lij}}{\partial \ln(W_k / \bar{P}_j)} = - \frac{\eta - (\eta - 1) \sum_{k \neq l} \alpha_k}{\eta - (\eta - 1) \sum_{k=1}^{n} \alpha_k} \tag{7-3}$$

(7-2)式是估计劳动力自身需求弹性的基准模型,将(7-2)式左侧的劳动力人数换为技术型(非技术型)工人人数,右侧的工资换为非技术型(技术型)工人工资,即可估计技术工人与非技术工人的交叉需求弹性。

进一步假设要素投入为劳动力 L 和资本 K,α_1,α_2 分别为劳动和资本在产出中份额,W_1,W_2 分别为劳动和资本的价格,在基准模型(7-2)式的基础上,引入外包指标,分别构建了外包影响劳动力自身需求弹性以及交叉需求弹性的估

计方程,如(7-4)(7-5)式:

$$\ln L_{ijt} = \beta_0 + \beta_1 \ln W_{1ijt} + \beta_2 \ln W_{1ijt} * outsourcing_{jt}$$
$$+ \beta_3 outsourcing_{jt} + \beta_4 \ln k_{ijt} + \beta_5 \ln W_{2ijt} + \beta_6 \ln tfp_{ijt}$$
$$+ \beta_7 \ln q_{ijt} + \mu_i + \mu_j + \mu_t + \varepsilon_{ijt} \tag{7-4}$$

$$\ln L_{ij}^U = \lambda_0 + \lambda_1 \ln W_{1ij}^U + \lambda_2 \ln W_{1ij}^S + \lambda_3 \ln W_{1ij}^S * outsourcing_j$$
$$+ \lambda_4 outsourcing_j + \lambda_5 \ln k_{ij} + \lambda_6 \ln W_{2ij} + \lambda_7 \ln tfp_{ij} + \varepsilon_{ij} \tag{7-5}$$

其中,$W_1 W_1^U W_1^S$ 分别为劳动力、非技术劳动力、技术劳动力的实际工资,W_2 为资本实际价格,系数 β_1 和 λ_2 分别为劳动力自身需求弹性和交叉需求弹性。$outsourcing$ 为行业外包水平,tfp 为企业全要素生产率,K 为企业资本存量,q 为企业的产出,$\mu_i \mu_j \mu_t$ 分别为不可观测的企业个体异质性、行业固定效应、捕捉不同年份经济变动的时间效应,ε 为误差项。β_2 和 λ_3 即分别为外包对自身需求弹性与交叉需求弹性的影响。由于目前尚未实现利率的完全市场化,利率不能真实反映企业的租金成本(盛斌和牛蕊,2009),因此本书选用剔除通胀后的工业增加值/固定资产净值年平均余额来衡量资本实际价格。我们对全球化的关注主要集中在外包水平上,并选用不同的指标对外包进行测算和比较。技术进步毫无疑问会影响企业对劳动力的雇佣,本书用全要素生产率来衡量企业的技术水平。

第三节　外包指标测算及数据描述

一、外包指标测算

投入产出(I—O)表基于产品的使用对中间品和最终品进行分类,比较容易计算进口中间品的价值。同时,允许量化的部门分解,可以进行产业间的比较分析。投入产出表的上述优点,使得其成为外包量化中常用的数据来源。本书将投入产出表与国际贸易数据相结合,采用两种典型的指标对中国外包水平进行测算。具体如下:

(1) 以离岸外移为依据的 FH 指标。根据 Feenstra 和 Hanson(1996)提出的离岸外移指标(简称为 FH 指标),我们将国际外包界定为某产业中间品进口量在总的中间投入中所占的份额,即:

$$FH_i = \sum_{j=1}^{n} \left(\frac{X_{ij}}{IP_i}\right) \cdot \left(\frac{M_j}{C_j}\right) = \frac{IOS_i}{IP_i} \qquad (7-6)$$

其中，X_{ij}表示i产业所使用的j产业的中间投入；IP_i表示i产业所使用的总的中间投入；M_j表示j产业的进口；C_j表示j产品的消费；IOS_i表示i产业的国际外包量，那么整体反映的是i产业的国际外包水平。此外，根据中间品进口的部门来源不同，将国际外包分为农业外包、制造外包和服务外包。农业外包考虑的是某产业从农业部门进口中间品的投入份额，制造外包考虑的是某产业从制造部门进口中间品的投入份额，而服务外包考虑的是某产业从服务部门进口中间品的投入份额。

（2）以垂直专业化为依据的 VS 指标。根据 Hummels 等（2001），部门的垂直专业化（Vertical Specialization，VS）活动可以定义为部门的出口品中进口投入品的贡献程度，即：

$$VS_i = \frac{IMOS_i}{X_i} = \left(IOS_i * \frac{X_i}{Y_i}\right) / X_i = \frac{IOS_i}{Y_i}$$

$$= \sum_{j=1}^{n} \left(\frac{X_{ij}}{Y_i}\right) \cdot \left(\frac{M_j}{C_j}\right) = \sum_{j=1}^{n} a_{ij}^M \quad i,j = 1,2,\cdots,n \qquad (7-7)$$

其中，X_i为i部门的出口；$IMOS_i$为i部门出口中吸收的所有进口中间产品；Y_i为i部门的总产出；其余变量含义与前面相同。由于(7-7)式中仅仅考虑进口投入品的直接消耗量，故称其为直接消耗 VS 指标，据此可以测算整个国家的外包水平，即：

$$VSS = \frac{1}{X} u A^M X^V \qquad (7-8)$$

其中，$u=(1,1,\cdots,1)$；$A^M=(a_{ij})_{n \times n}$是进口系数矩阵，且$a_{ij}=\frac{M_{ij}^I}{Y_i}$，表示$i$行业单位产品的生产中所使用的$j$部门进口中间品的比重；$X^V=(X_1 \cdots X_n)^T$为出口向量。

考虑到国民经济各部门之间的内在联系，进口投入品可能经过多个部门的重复投入和使用，间接贡献于最终品出口，因此应当使用进口投入品的完全消耗量来计算垂直专业化指标下的外包水平，即：

$$VSS = \frac{1}{X} u A^M (I - A^D)^{-1} X^V \qquad (7-9)$$

其中，$A^D = (b_{ij})_{n \times n}$ 是国内消耗系数矩阵，且 $b_{ij} = \dfrac{D_{ij}^I}{Y_i}$，表示 i 行业单位产品的生产中所使用的 j 部门的国内生产的中间品。

需要说明的是，FH 指标和 VS 指标同时作为国际外包水平的度量指标，二者既有联系也有区别。联系是都考虑中间品进口与国际生产分工之间的联系，并且都是基于产业之间的投入产出关系利用 I-O 表来度量外包。区别有两点：一是 FH 指标只考虑进口中间品的直接使用情况，而 VS 指标还考虑到了进口中间品的间接贡献；二是 FH 指标是从自身产品生产角度出发，考察进口投入品在生产总投入中的贡献，而 VS 指标则从国际分工的角度出发，考察进口投入品在出口品产出中的贡献。此外，FH 指标侧重考虑的是国内生产中所涉及的国外部分，强调的是离岸外移，而 VS 指标侧重考虑的是出口品中所使用的国外部分，强调的是垂直专业化分工，因此前者对外包的测算更反映发包水平，而后者则反映接包水平。

本部分利用 1997、2002、2007、2012 年的投入产出表，基于 FH 指标和 VS 指标对 1998—2011 年间中国分行业的外包水平进行测度[①]。考虑到年度之间部门分类的调整，为保证年度之间的可比性，本书将各年度的投入产出流量表进行部门集结计算，重新构建了包括农业、服务业、建筑业以及 35 个制造业部门在内的投入产出表。由于中国的投入产出表是进口竞争型的，不能区分国内中间品和进口中间品，而进口中间品消耗是外包测度的重要因素，因此本书假设所有的进口品均为中间品，并且按照投入产出表中各部门中间品使用在该中间品总投入中的比例在各部门之间进行分配，由此构造进口品的消耗矩阵。外包测算所需要的各行业产出数据来自中国统计年鉴，行业的进出口原始数据来源于联合国的 Comtrade 数据库按照国际贸易标准分类（SITC）统计的商品贸易额。本书通过国际标准产业分类（ISIC）以及 SITC 的转换关系[②]，将 SITC 的进出口贸易数据归类集结成 35 个制造业行业，完成了投入产出表与贸易数据的对接。

根据两种指标测算中国外包水平，图 7-1 可以发现：中国制造业整体的发包和接包水平在 1998—2005 年间稳步上升，分别达到 17.1% 和 28.6%，之后有

---

① 对于投入产出表缺失的年份，本书假设技术在短期内未发生明显变化，即各部门的中间投入占总中间投入的比例是 5 年内不变（如，给定 2002 年投入产出表，有两种做法：一是假定 2002—2006 年间的技术关系都与 2002 年的投入产出关系保持一致；二是假定 2000—2004 年间的技术关系都与 2002 年的投入产出关系一致），变化的是进口额、总产出。

② 参考宋泓和柴瑜（1999）总结的 ISIC 和 SITC 对照表进行数据转换处理。

缓慢下降趋势。同时制造业整体发包水平明显低于接包水平,且从 6.22% 的差距增加到 11.31%。这主要取决于中国在全球价值链分工中的地位,多是从事加工、组装等低技术含量的生产环节,附加值不高,分工中的谈判力偏弱,以致中国更多的是处于被动接包方。进行更细的划分后发现,制造业外包中,制造外包所占比重达 80% 以上,远高于服务外包比重。

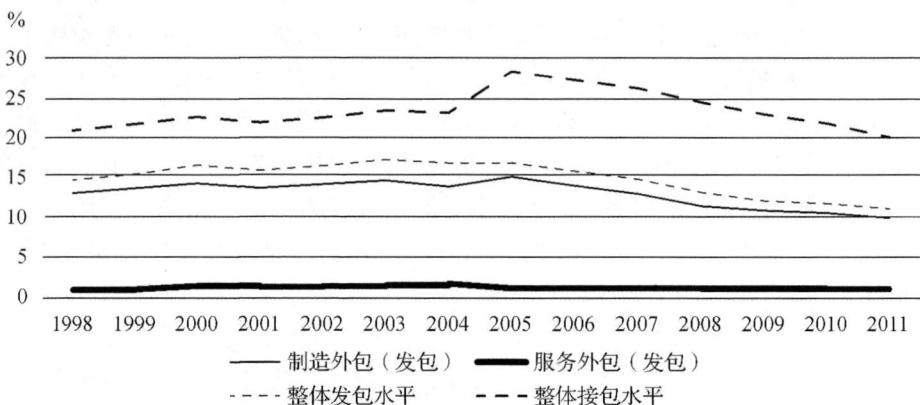

图 7-1　1998—2011 年间中国制造业不同类型外包水平的变化

二、各变量描述

本书数据主要来源于国家统计局的"500 万产值以上工业企业统计年度库(2000 年—2011 年)"①,并将工业企业数据库的行业数据和外包指标的 35 个行业统一匹配起来。

本书采用 Olley 和 Pakes(1996)的 OP 方法来估计企业的全要素生产率,以避免传统 OLS 方法估计带来的选择偏差和同步偏差,利用永续盘存法算出企业投资②,并结合了 OP 方法的一些最新进展:考虑到企业的出口状况可能会影响TFP,参照 Amiti 和 Konings(2007),包含了企业是否出口的虚拟变量;参照Feenstra 等(2014)以及余淼杰(2011)加入 WTO 虚拟变量以控制加入 WTO 带来的影响。

---

① 数据处理过程参照史青(2013),为区分金融危机前后的影响,本书分为两个时段来考察:2000—2007 年与 2008—2011 年。

② 企业投资=本期资本存量-上期资本存量+本期折旧,由于我们采用的是 8 年连续经营的企业,因此计算的投资值缺省不多,而戴觅和余淼杰(2012),鲁晓东和连玉君(2012)包含已倒闭的企业,缺省值会很多,因此我们估计出的 TFP 稍高。

　　考察技术工人和非技术工人的交叉需求弹性,必然会涉及技术工人和非技术工人的工资。2004年由于进行了大规模的经济普查数据较为详细列出了企业员工的受教育程度,本书参照陈波和贺超群(2013),用受过高中以上教育的工人总数作为技术工人,教育程度为初中及以下的工人作为非技术工人,得到技术工人所占比例 θ^S 及非技术工人所占比例 θ^U。此外,采用 Anwar 和 Sun(2012)的假设,以各行业两位代码所有企业中的最低平均工资作为该行业非技术工人的工资 W^U。因此,企业内技术工人的工资 W^S 通过(10)式得出:

$$W^S = \frac{W - \theta^U W^U}{\theta^S} \tag{7-10}$$

　　值得注意的是,由于只有2004年有员工教育程度的详细资料,因此在探讨交叉需求弹性时采用2004年横截面数据,在探讨金融危机前的劳动力需求弹性时,采用2000—2007年的面板数据。经过以上处理,本书将所使用主要变量列于表7-1。

表7-1　各变量定义及度量方法

变　量	定　义	度量方法
$\ln W_1$	劳动力实际工资	(应付工资＋应付福利)/从业人员
$\ln W_2$	资本实际价格	工业增加值/固定资产净值年平均余额
$\ln W_1^U$	非技术工人实际工资	行业最低工资
$\ln W_1^S$	技术工人实际工资	如(10)式所示
$\ln L$	就业总人数	从业人数总数
$\ln L^U$	非技术工人就业人数	初中及以下从业人员
$\ln L^S$	技术工人就业人数	高中及以上从业人员
outsourcing	发包水平	FH
	接包水平	VS
	制造外包水平(发包)	Manuf
	服务外包水平(发包)	Serv
tfp	全要素生产率	OP
		LP
$\ln K$	资本存量	实际固定资产净值年平均余额
$\ln q$	产出	工业总产值

第四节　实证分析

一、劳动力自身需求弹性

根据外包影响劳动力需求弹性的模型(7-4),本部分从发包和接包两个角度讨论,在估计过程中参考 Slaughter(2001),进一步区分了规模效应和替代效应,替代效应是指在产出约束下,全球化通过改变劳动力和其他生产要素的替代来影响劳动力需求弹性,因此包含企业产出的回归模型实际上估计出的是替代效应部分,而不含产出的回归方程估计的是总的劳动力需求弹性,后者与前者之差为规模弹性,即全球化通过增大企业最终产品的需求弹性进而使劳动力要素需求更富有弹性。我们利用 2000—2007 年企业面板数据估计出的结果列在表7-2中,回归①③可以反映劳动力自身需求弹性,回归②④反映劳动力自身需求弹性的替代效应部分。

表7-2　制造业外包对劳动力自身需求弹性的影响

被解释变量 $\ln L$	发包(固定效应 FE)		接包(固定效应 FE)	
	① 产出可变	② 产出不变	③ 产出可变	④ 产出不变
$\ln W_1$	−0.147*** (−32.65)	−0.073*** (−23.57)	−0.251*** (−41.67)	−0.155*** (−37.53)
$\ln W_1 * FH$	−0.213*** (−11.24)	−0.122*** (−7.32)		
$\ln W_1 * VS$			−0.273*** (−10.19)	−0.126*** (−12.82)
$outsourcing(FH)$	1.182*** (18.50)	0.849*** (19.39)		
$outsourcing(VS)$			0.078** (2.24)	0.166*** (3.82)
$\ln K$	3.544*** (201.72)	1.057*** (67.21)	3.544*** (201.57)	1.056*** (67.13)
$\ln W_2$	1.985*** (160.66)	0.117*** (12.14)	1.983*** (160.45)	0.118*** (12.20)
tfp	−0.187*** (−97.94)	−1.332*** (−469.94)	−0.186 (−97.66)	−1.332*** (−469.59)

（续表）

被解释变量 lnL	发包（固定效应 FE）		接包（固定效应 FE）	
	① 产出可变	② 产出不变	③ 产出可变	④ 产出不变
lnq		12.197*** (455.45)		12.199 (455.27)
边际工资效应	−0.183	−0.093	−0.326	−0.189
行业效应	是	是	是	是
时间效应	是	是	是	是

注：*** p<0.01，** p<0.05，* p<0.1，括号内为回归系数的 T 检验统计量，且经过企业层面的聚类标准误差修正。

回归①③中，W_1 的系数显著为负，说明总的劳动力自身需求弹性是负值，与预期相同。以发包为例，工资每上升 10%，劳动力总的需求下降 1.47%，其中企业用其他要素来替代劳动力导致劳动力需求下降幅度为 0.73%，即替代效应占总效应的 1/2 左右；从接包的角度看，替代效应占总效应的 60%（0.155/0.251），相比之下，规模效应略小于替代效应，这或许与中国近年来大量接包生产和采用加工贸易方式尤其是进料加工密切相关，进口价格相对较为低廉的零部件和半成品、原材料、中间品以及资本品来替代国内劳动力，加工成最终产品后，又通过出口进入海外市场，因此替代效应相对更显著。

不管是从发包角度还是接包角度，我们关注的 lnW_1 与 outsourcing 的交互项系数显著为负，由于劳动力自身需求弹性本身为负值，这意味着外包提高了劳动力自身需求弹性，增大了就业风险。从发包角度，外包对劳动力自身需求弹性的影响为 −0.213，其中对替代效应的影响系数为 −0.122，从接包角度，外包对劳动力自身需求弹性的影响为 −0.273，其中对替代效应的影响系数为 −0.126。上述结果意味着发包水平每提高 10%，就会使劳动力需求弹性增加 0.021；而接包水平每提高 10%，会使劳动力自身需求弹性增加 0.027。不论是发包还是接包，都提高了劳动力自身需求弹性，增大了就业风险。与发包相比，接包对劳动力自身需求弹性的影响更大，可能的原因是中国在国际市场分工中多处于被动接包方，企业多从事加工、组装等低附加值环节，处于全球价值链底端，更容易受劳动力成本变动的影响。

发包水平增加了劳动力自身需求弹性，这一结论与周申等（2014）恰好相反，同时低于周申等（2010）中发包对需求弹性的提升幅度。我们猜测原因有两点：第一，外包指标的衡量方法不同，本书采用 FH 指标来衡量发包，周申等（2014）采用 Hijzen 等（2005）的指标来衡量外包；第二，本书采用的是企业数据，而周申

等(2010/2014)均采用行业数据,企业数据可以捕捉到行业中企业内部调整、存活企业的资源重组以及企业进入退出市场带来的变化。

不同类型外包水平对就业需求的影响是一致的,接包水平越高,企业对劳动力的需求越大;而发包水平越高,企业对劳动力的需求越大,这一点有悖于常理。从发包(FH 指标)角度看,外包水平的提高意味着生产中进口的中间投入增加,若是进口中间投入的生产环节是技术密集型,说明发包方集中劳动密集型环节的生产,那么就会增加劳动力的投入,提高就业水平;相反若是进口中间投入的生产环节是劳动密集型,说明发包方集中技术密集型环节的生产,就会对劳动要素投入的需求减少,那么会减少就业。当然,这里存在短期内技术未发生变化和要素密集度未逆转的假设。从微观层面来看,一方面,企业外包通常是将非核心技术的生产性环节转移到企业外部,同时发包与否还取决于企业双方的谈判实力和地位,那么用进口中间投入来反映国际外包水平只能在一定程度上解释产业层面的外包程度;另一方面,反映出中国在全球化分工中将高技术密集的部分外包到发达国家,自身从事技术含量较低的加工贸易活动,导致生产中技术和资本所占比重下降,劳动占比上升。从接包(VS 指标)角度看,外包水平的提高意味着参与全球价值链分工的程度加深,通常接包方所从事的分工属于劳动密集型,那么接包程度的提高会在短时间内增加就业。

劳动力需求的工资边际效应也列在表 7-2 中,计算过程中外包水平取均值,以发包为例,产出可变时工资的边际效应为$-0.183(-0.147-0.213*0.168)$,产出不变时的工资效应为$-0.093(-0.073-0.122*0.168)$,前者明显高于后者,后文各表中的工资边际效应也采取同样取外包均值的计算方法。

二、两类工人交叉需求弹性

表 7-3 用 2004 年截面数据估计出了接包和发包对技术工人与非技术工人交叉需求弹性的影响。被解释变量是非技术工人的就业数量,解释变量 W_1^s 的系数显著为正,说明两类工人的交叉替代弹性为正值,以① 为例,技术工人工资每上升 10%,企业对非技术工人的需求会增加 0.94%,意味着技术工人工资上升时,企业会不同程度地用非技术工人来替代技术工人。

各回归模型中,我们关注的 lnW_1 与 outsourcing 交互项系数显著为正,由于劳动力交叉弹性本身为正值,说明不论是从发包角度还是接包角度,外包都提高了劳动力交叉需求弹性,增大了就业风险。具体的,发包对劳动力交叉需求弹性的影响系数为 1.263,接包对劳动力自身需求弹性的影响为 1.392,意味着发包水平每提高 10%,就会使劳动力交叉需求弹性增加 0.126;而接包水平每提

10％,会使劳动力交叉需求弹性增加 0.139。外包水平上升意味着国际化程度提高,企业产品变得更富有弹性,因一种类型劳动力价格升高引起的对另一种类型劳动力的需求更多,对交叉需求弹性是正向影响;同时作为发包方,发包水平的增加使得本来因为一种类型劳动力工资高涨要用另一种类型劳动力来代替的可能性减小,对交叉弹性是负面影响,而作为接包方,接包水平的增加使得本来因为一种类型劳动力工资高涨要用另一种类型劳动力来代替的可能性增大,对交叉需求弹性是正面影响,因此两种作用综合来看,接包对劳动力交叉弹性的影响更大。总体来看不管是从劳动力整体的角度,还是从劳动力内部细分的角度,外包确实增大了劳动力的就业风险;相对于发包,接包对两类弹性的影响均更大。

表 7－3　制造业外包对劳动力交叉需求弹性的影响

被解释变量 $\ln L^U$	① 发包	② 接包
$\ln W_1^S$	0.094*** (3.33)	0.038** (2.05)
$\ln W_1^S * FH$	1.263*** (8.29)	
$\ln W_1^S * VS$		1.392*** (10.21)
$\ln W_1^U$	−0.527*** (−4.16)	−0.709*** (−5.77)
$\ln K$	13.563*** (23.40)	13.552*** (23.45)
$\ln W_2$	14.009*** (14.92)	13.981*** (14.93)
tfp	−1.609*** (−16.02)	−1.603*** (−15.99)
边际工资效应	0.311	0.383
行业效应	是	是
时间效应	否	否

注:*** p<0.01,** p<0.05,* p<0.1,括号内为回归系数的 T 检验统计量。

第五节　进一步分析

一、比较制造外包和服务外包

与制造外包不同,服务外包是指企业将价值链中原本由自身提供的具有基础性的、共性的、非核心的 IT 业务和基于 IT 的业务流程剥离出来后,外包给企业外部专业服务提供商来完成的经济活动。一般是基于信息网络技术的,服务性工作(包括业务和业务流程)通过计算机操作完成,并采用现代通信手段进行交付,使企业通过重组价值链、优化资源配置,降低成本并增强企业核心竞争力。根据第三部分测算出的制造业外包中制造外包指标和服务外包指标,发现服务发包水平明显低于制造发包水平。表 7-4 和表 7-5 分别从发包角度比较了制造业的制造外包和服务外包对劳动力自身需求弹性和交叉需求弹性的影响①。

表 7-4 的结果显示,工资与外包交互项的系数显著为负,说明制造外包和服务外包均提高了劳动力自身需求弹性,增大了就业风险。具体的,制造发包水平增加 10%,劳动力自身需求弹性增加 0.023,其中通过替代效应影响的部分占 0.4(0.094/0.235),服务发包水平每增加 10%,劳动力自身需求弹性增加 0.6,其中通过替代效应影响的部分占 0.87(5.237/6.002),意味着尽管制造发包水平远高于服务发包水平,但是前者对劳动力自身需求弹性的影响远低于后者,我们猜测可能的原因是:由于中国生产制造处于全球价值链的底端,制造业中的制造发包和服务发包均处于微笑曲线的上端,制造发包大多是将资本技术密集型、国内难以完成的生产环节发包出去,服务发包是将原本由自身提供的具有共性的、非核心的 IT 业务和基于 IT 的业务流程剥离发包出去,相比之下,服务发包的环节或内容替代性更强,因此服务外包对劳动力自身需求弹性的影响更大。

---

① 囿于数据可得性,本书仅从发包角度衡量了制造外包和服务外包。

表 7－4　制造外包 VS 服务外包（劳动力自身需求弹性）

被解释变量 lnL	制造外包（发包）		服务外包（发包）	
	① 产出可变	② 产出不变	③ 产出可变	④ 产出不变
$\ln W_1$	−0.159*** (−44.39)	−0.080*** (−32.38)	−0.117*** (−22.27)	−0.027*** (−7.58)
$outsourcing(manuf)$	1.035*** (17.76)	0.694*** (17.36)		
$outsourcing(serv)$			16.044*** (16.71)	16.518*** (25.09)
$\ln W_1^* manuf$	−0.235*** (−11.14)	−0.094*** (−6.51)		
$\ln W_1^* serv$			−6.002*** (−15.47)	−5.237*** (−19.69)
$\ln K$	3.545*** (201.80)	1.055*** (67.08)	3.545*** (201.75)	1.060*** (67.41)
$\ln W_2$	1.985*** (160.71)	0.116*** (12.07)	1.986*** (160.74)	0.117*** (12.18)
tfp	−0.187*** (−98.00)	−1.332*** (−469.81)	−0.187*** (−97.89)	−1.333*** (−470.38)
$\ln q$		12.197*** (455.27)		12.205*** (455.94)
边际工资效应	−0.193	−0.094	−0.195	−0.095
行业效应	是	是	是	是
时间效应	是	是	是	是

注：*** p＜0.01，** p＜0.05，* p＜0.1，括号内为回归系数的 T 检验统计量，且经过企业层面的聚类标准误差修正。

表 7－5 的结果显示，制造外包显著提高了劳动力交叉需求弹性，增大了就业风险，发包水平每提高 10%，两类工人的交叉需求弹性增加 0.075；相反，服务外包降低了劳动力交叉需求弹性，服务外包每提高 10%，交叉需求弹性降低 1.65。服务外包比重虽然较小，却减弱了因两种类型劳动力替代带来的就业市场波动，这或许是由服务外包内部不同类型工人的替代性更小导致的。

表 7－5　制造外包 VS 服务外包（劳动力交叉需求弹性）

被解释变量 $\ln L^U$	制造外包（发包）	服务外包（发包）
$\ln W_1^S$	0.195 *** (10.74)	0.595 *** (16.80)
$\ln W_1^* {}^S manuf$	0.747 *** (6.73)	
$\ln W_1^* {}^S serv$		−16.524 *** (−8.09)
$\ln W_1^U$	−0.286 *** (−2.92)	−0.599 *** (−4.79)
$\ln K$	4.084 *** (5.84)	13.558 *** (23.42)
$\ln W_2$	1.149 * (1.78)	13.995 *** (14.92)
tfp	−2.092 *** (−87.37)	−1.606 *** (−15.99)
边际工资效应	0.302	0.876
行业效应	是	是

注：*** $p<0.01$，** $p<0.05$，* $p<0.1$，括号内为回归系数的 T 检验统计量。

二、长期劳动力需求弹性

近年来，很多 OECD 国家实施了结构性改革措施，如放松劳动力保护立法、鼓励更加严格的产品市场竞争等，这些改革会改变劳动力对经济冲击的反应速度，因此，估计出的劳动力需求弹性应该能捕捉到劳动力和工资的这种长期关系。本书借鉴 Hijzen 和 Swaim(2010)的做法，在回归方程中加入了劳动力需求的滞后期，衡量劳动力的调整速度。表 7－6 列出了劳动力需求滞后期的系数、短期劳动力需求弹性以及长期劳动力需求弹性，由于存在劳动力需求的滞后期，我们采用了一步系统 GMM 的估计方法。L_{-1} 的系数反映了劳动力的调整速度，其与劳动力调整速度成反比，系数越大，说明劳动力调整越慢，以①为例，短期劳动力需求弹性由 W 的系数得到−0.208，考虑劳动力调整后，得到长期劳动力需求弹性为−0.293①，高于短期劳动力需求弹性，说明劳动力加快调整以应对外部经济环境的变化。

———————————

①　具体计算为−0.208/(1−0.289)。

考虑劳动力调整时滞后,与表7-2相比,不论是发包还是接包对劳动力自身需求弹性的影响有减弱趋势,说明劳动力的自身调节在一定程度上可以减缓全球化对劳动力市场的冲击。

表7-6 考虑劳动力调整成本下的劳动力自身需求弹性

被解释变量 lnL	One Step SYS—GMM			
	发包		接包	
	① 产出可变	② 产出不变	③ 产出可变	④ 产出不变
lnL_{-1}	0.289 *** (13.37)	0.162 *** (11.57)	0.287 (13.24)	0.165 *** (11.70)
lnW_1	−0.208 *** (−29.86)	−0.091 *** (−19.09)	−0.192 (−19.86)	−0.083 *** (−12.54)
lnW_1^* FH	−0.196 *** (−5.48)	−0.082 *** (−3.31)		
lnW_1^* VS			−0.177 *** (−5.48)	−0.077 *** (−3.45)
边际工资效应	−0.183	−0.093	−0.326	−0.189
长期需求弹性	−0.293	−0.109	−0.266	−0.099

注: *** $p<0.01$, ** $p<0.05$, * $p<0.1$,括号内为回归系数的T检验统计量,且经过企业层面的聚类标准误差修正。为节省篇幅,仅列出了关键解释变量的系数,下表同。

三、不同要素密集度的影响

尽管本书在基准回归中已经控制了行业特征,由于不同要素密集度的企业受全球化程度影响不同,我们还需对要素密集度进行更进一步的关注。按照资本劳动比对企业进行划分,将资本劳动比大于其均值的企业划为资本密集型企业,将资本劳动比小于其均值的企业划分为劳动密集型企业,对两类弹性的影响列于表7-7和表7-8中。

表7-7 不同要素密集度的影响(劳动力自身需求弹性)

被解释变量 lnL	资本密集型				劳动密集型			
	发包		接包		发包		接包	
	① 产出可变	② 产出不变	③ 产出可变	④ 产出不变	① 产出可变	② 产出不变	③ 产出可变	① 产出可变
lnW_1	−0.097 *** (−15.00)	−0.078 *** (−12.87)	−0.169 *** (−19.00)	−0.150 *** (−18.02)	−0.118 *** (−22.71)	−0.054 *** (−15.66)	−0.195 *** (−27.89)	−0.114 *** (−24.32)

（续表）

被解释变量 $\ln L$	资本密集型				劳动密集型			
	发包		接包		发包		接包	
	①产出可变	②产出不变	③产出可变	④产出不变	①产出可变	②产出不变	③产出可变	①产出可变
$\ln W_1^* FH$	−0.045** (−2.43)	−0.036** (−2.54)			−0.263*** (−9.53)	−0.119*** (−6.46)		
$\ln W_1^* VS$			−0.252*** (−7.77)	−0.258*** (−8.52)			−0.316*** (−4.84)	−0.281*** (−8.79)
边际工资效应	−0.104	−0.084	−0.234	−0.216	−0.163	−0.074	−0.283	−0.192

注：*** p＜0.01，** p＜0.05，* p＜0.1，括号内为回归系数的T检验统计量，且经过企业层面的聚类标准误差修正。

表 7-8　不同要素密集度的回归结果（劳动力交叉需求弹性）

被解释变量 $\ln L^U$	资本密集型		劳动力密集型	
	发包	接包	发包	接包
$\ln W_1^S$	−0.876*** (−7.46)	−1.078*** (−10.72)	0.241*** (9.04)	0.225*** (6.63)
$\ln W_1^S * FH$	3.570*** (4.39)		0.771*** (5.29)	
$\ln W_1^S * VS$		3.778*** (7.40)		0.585*** (4.60)
边际工资效应	−0.369	−0.379	0.376	0.375

注：*** p＜0.01，** p＜0.05，* p＜0.1。括号内为回归系数的T检验统计量。

　　结果发现，外包确实提高了不同要素密集度的劳动力自身需求弹性，相对于发包，接包的影响程度仍然更大；不论是发包还是接包，对劳动力密集型企业的影响明显高于资本密集型企业，这符合我们的预期，与中国多从事加工、组装等低技术含量、劳动密集度高的生产环节相关。值得注意的是，由于资本密集型企业的交叉需求弹性本来就为负数，而外包对其交叉弹性的影响为正面，因此不论发包还是接包均降低了资本密集型企业工人的就业风险，稳定了就业，我们猜测是由资本密集型企业内部技术工人与非技术工人之间很难替代引起的。资本密集型行业性质决定了其对从业人员要求较高，员工一般具备一定的技术专长，即"技术工人"，而非技术工人很难能胜任，非技术工人对技术工人的替代性较小，外包对交叉弹性的负向作用大于正向作用，因此最终资本密集型企业的外包稳定了内部工人的就业。

四、剔除纯出口企业

与发达国家的贸易方式不同,加工贸易是中国对外贸易的重要形式之一,与一般贸易企业相比,加工贸易企业多为出口导向型企业,享受不同的贸易政策,面临不同的生产和贸易成本。加工贸易中又以进料加工为主,这些进口对国内劳动力的替代显著,加工贸易的特点使其劳动力的就业更容易受全球化影响,因此剔除加工贸易企业,对一般贸易进行分析,得出的结论更具普遍意义。我们利用加工贸易基本上全部出口的特点,在数据中将出口强度为1的企业去掉,近似剔除了加工贸易企业[①],将回归结果列在表7-9和表7-10中。

剔除纯出口企业后,接包和发包均提高了劳动力自身需求弹性和交叉需求弹性,而且仍然呈现出接包的影响更大,与总样本相比,剔除纯出口企业后外包对两类弹性的提升幅度明显降低,以①③为例,劳动力自身需求弹性由表7-2中-0.213和-0.273分别变化为表7-9中的-0.107和-0.134,劳动力交叉弹性分别由表7-3中1.263和1.392变为表7-10中的0.347和0.456,从侧面反映出加工贸易企业受经济全球化的影响更大。

表7-9　剔除纯出口企业的回归结果(劳动力自身需求弹性)

被解释变量 $\ln L$	发包		接包	
	① 产出可变	② 产出不变	③ 产出可变	④ 产出不变
$\ln W_1$	-0.144*** (-30.70)	-0.072*** (-22.09)	-0.253*** (-40.78)	-0.158*** (-36.76)
$\ln W_1^* FH$	-0.107*** (15.89)	-0.013*** (-7.16)		
$\ln W_1^* VS$			-0.134*** (10.87)	-0.024*** (16.01)
边际工资效应	-0.162	-0.074	-0.289	-0.165

注:*** p<0.01,** p<0.05,* p<0.1。括号内为回归系数的T检验统计量,且经过企业层面的聚类标准误差修正。

表7-10　剔除纯出口企业的回归结果(劳动力交叉需求弹性)

被解释变量 $\ln L^U$	发包	接包
$\ln W_1^S$	0.072** (2.32)	0.059*** (3.26)

———————

①　这种近似可能对结果有所影响。

（续表）

被解释变量 $\ln L^U$	发包	接包
$\ln W_1^{*\,s} FH$	0.347*** (8.04)	
$\ln W_1^{*\,s} VS$		0.456*** (10.02)
边际工资效应	0.131	0.171

注：*** p＜0.01，** p＜0.05，* p＜0.1，括号内为回归系数的 T 检验统计量。

五、金融危机之后的劳动力需求弹性

2008 年全球金融危机爆发，后危机时代中国制造业外包对劳动力需求弹性的影响有何变化？囿于 2008 年之后企业库存在指标不全、重复观测等质量问题，如 2008 年数据缺乏固定资产原价、当期折旧等指标，2009、2010 年企业数据缺乏工资、当期折旧、累积折旧等重要指标，且 2010 年重复观测值极多，致使很多研究无法开展。因此本书利用 2008 年和 2011 年两年持续存活的企业探讨了金融危机之后制造业外包对劳动力就业弹性的影响，具体结果列于表 7-11 中①。

表 7-11　金融危机后制造业外包对劳动力需求弹性的影响

被解释变量 $\ln L$	FH	
	产出可变	产出不变
$\ln W_1$	−0.160***	−0.079***
$\ln W_1 * FH$	−0.163***	−0.078**
$outsourcing(FH)$	1.160**	0.699***
$\ln K$	1.264***	0.798***
$\ln W_2$	1.906***	0.121***
tfp	−1.925***	−2.310***
$\ln q$		2.312***
行业效应	是	是
时间效应	是	是

注：*** p＜0.01，** p＜0.05，* p＜0.1，括号内为回归系数的 T 检验统计量，且经过企业层面的聚类标准误差修正。

---

① 为节省篇幅，仅列出各系数的显著性；根据 2012 年投入产出表计算出 2011 年 FH 水平。

可以看出,金融危机之后劳动力自身需求弹性(绝对值)略有上升,由表7-3中的0.147上升到表7-11中的0.160,外包对劳动力需求弹性的影响由0.213下降为0.163,替代效应变化不明显。金融危机后,经济受到较大冲击,企业的劳动力需求对价格变得更加敏感,同时由于全球经济不同程度受影响,外包活动减少,外包活动对劳动力需求弹性的增加幅度略有下降,但降幅并不明显。

第六节　结论与启示

本章试图从劳动力需求弹性的角度强调外包不仅可以通过影响传统意义上的工资和就业冲击劳动力市场,还会通过影响较为隐蔽的就业风险来引起就业市场波动。我们根据1997年、2002年、2007年、2012年各年的投入产出表并结合 Comtrade 数据估计出行业层面的制造业外包水平,并利用2000—2011年工业企业数据,从发包和接包两个角度分别研究了制造业外包对劳动力需求弹性的影响。研究发现:首先,发包和接包水平的提高均会增大劳动力自身需求弹性和交叉需求弹性,即不管是从劳动力整体的角度,还是从劳动力内部细分的角度,外包确实对劳动力市场形成了负面冲击,而相对于发包,制造业接包对两类弹性的影响更大。其次,制造业外包中服务发包和制造发包,均提高了劳动力自身需求弹性,其中服务发包影响程度更大;然而二者对劳动力交叉需求弹性的影响并不一致,制造发包对其为正面影响,服务发包却为负面影响,能不同程度地减缓劳动力内部因不同类型工人替代带来的就业风险。此外,进一步研究发现,劳动力自身调节降低了外包对劳动力自身需求弹性的影响,即在一定程度上可以减缓全球化对劳动力市场的冲击;外包对劳动密集型企业中劳动力自身需求弹性的正面影响明显高于资本密集型企业,同时由于资本密集型企业内部不同类型工人很难替代,因此外包降低了这类企业工人的交叉需求弹性;剔除纯出口企业后,外包对两类弹性的影响明显减弱,反映出加工贸易企业的劳动力在全球化进程中所受冲击更为明显;金融危机爆发之后,受全球经济下行影响,发包对劳动力自身需求弹性的影响略有下降。

本章的结论验证了 Rodrik(1997)有关外包增大劳动力需求弹性这一假说,却与国内的研究不尽相同,如周申等(2010/2014),除外包指标采用不同方法来衡量外,我们猜测更重要的原因在于本书采用了微观数据,区别于前人使用的行业数据:行业层面的结果由企业层面因素共同作用而成,包括企业内部调整、进入退出市场、企业间资源重组等一系列微观行为,假设外包水平提高使得单个企

业的劳动力需求弹性增加,但是原来需求弹性低的企业扩大了其市场份额,最终行业层面体现为行业劳动力需求弹性的降低。鉴于总体上外包对劳动力就业产生巨大隐形压力,其中接包的负面影响更大,应着力提升中国全球价值链分工地位、扭转中国被动接包的局面,同时建立相关的就业与收入保障体系,完善劳动法规并保证执法力度,减少外包对劳动力市场的负面冲击,有效解决全球化过程中的就业、收入与风险问题。

第八章　劳动力市场波动对企业出口的影响

第一节　引　言

与美国、德国等经济发达的出口大国不同,中国具有典型的二元经济结构。大量农业人口逐步转移至工业部门是中国制造业出口贸易得以持续扩张的重要动力。然而,随着农业转移人口逐步减少,中国经济会接近和经历"刘易斯拐点",要素市场上劳动力的完全弹性供给状态将不再存在。随着企业对劳动力需求的增加,劳动力的工资可能会逐渐提高,进而影响到出口企业的生产成本和市场行为。这时,劳动力工资变化与劳动力数量变化之间相互关系就会变得重要。一方面,如果某一行业劳动力平均工资的微小变化将引起行业平均劳动力数量的大幅变化,那么给定其他条件不变的情形下,该行业劳动力市场的波动就越明显,企业和劳动力之间匹配关系就不稳定,这有可能影响到整个行业的平均生产率和出口贸易。另一方面,如果某一行业劳动力平均工资的大幅变化只引起行业平均劳动力数量的微小变化,那么给定其他条件不变的情形下,该行业中企业的用工总成本势必增加,这也有可能影响到整个行业平均效率。因此,现阶段对劳动力市场稳定性与出口贸易关系的研究十分必要。

令人遗憾的是,主流国际贸易理论由于一方面以发达国家的经济事实为基础,另一方面专注于解释生产率、要素禀赋等因素对贸易模式的影响,一般都简化了要素市场供求关系,往往对劳动力的供给弹性进行了较为极端的假定。传统的李嘉图模型强调国家之间行业生产率的差异对贸易模式的影响,而经典的赫克歇尔—俄林模型则专注于分析要素禀赋差异如何影响两国之间的贸易模式,并未考虑劳动力市场在国家层面或行业层面的差异。基于垄断竞争模型的新贸易理论与新新贸易理论主要分析了规模经济与企业的生产率异质性如何对贸易模式产生影响。在这类模型中,劳动力的供给弹性要么被假定为完全无弹性(Melitz,2003),要么被假定为完全弹性(Melitz and Ottaviano,2008),继而忽视了劳动力市场的行业异质性。因此,如何在主流贸易模型的分析框架下分

析劳动力市场的稳定性对一国的贸易模式的影响,是一个亟待研究的问题。

本章在现代国际贸易模型的逻辑基础上,剖析一国要素市场中劳动力供求关系稳定性对企业出口贸易行为的影响机理,进而提出相关可以进行检验的理论假说,并利用企业层面的微观数据对理论假说进行经验验证。研究结果表明,劳动力供求关系稳定性对企业出口贸易行为存在显著影响。给定其他条件不变,在劳动力供求关系越稳定的行业中,企业出口的密集度更高。进一步分析还发现,劳动力供求关系的稳定性与企业出口行为之间的关系受到企业资本结构、生产率以及规模大小的影响。

本章主要与两类文献直接相关。第一类文献专注于从基于异质性企业贸易理论上分析了劳动力市场的异质性特征对贸易模式的影响。在 Yeaple(2005)的模型里,企业通过选择不同技能的员工进而异质化,额外的固定成本使出口企业选择高技能员工,从而具有更高的生产率。Bustos(2011)建立了一个包含异质性员工的企业分类模型,分析贸易自由化对技能升级的影响。此外,一些文献将劳动力市场的不完全性引入异质性企业模型,它们或强调公平或效率工资的作用(Egger and Kreickemeier,2009;Amiti and Davis,2012),或专注于劳动力市场的搜寻成本(Helpman and Itskhoki,2010;Helpman et al.,2010)。第二类文献则基于相关数据验证劳动力市场的不稳定性与贸易模式的关联,如 Cuñat and Melitz(2012)将劳动力市场规则的差异纳入比较优势的来源,指出劳动力市场灵活的国家出口偏向于就业波动更大的部门;还有学者考察了不同形式的全球化对本国劳动力市场稳定性的影响,如贸易自由化角度(Slaughter,2001;Bruno et al.,2004;Hasan et al.,2007)、外商直接投资角度(Molnar et al.,2007;Gorg et al.,2009;Hakkala et al.,2010)、外包角度(Hijzen and Swaim,2008;Senses,2010)等,涉及发展中国家和发达国家,得出劳动力市场稳定性和全球化的关系是复杂的,具体依赖于不同国家劳动力市场的不同背景。

与上述两类文献相比,本书的主要特点体现在两个方面。第一,本书理论分析的逻辑基于主流的国际贸易模型。这类贸易模型主要基于垄断竞争市场结构模型和完全竞争分析框架,因而分析框架更接近现实且更清晰简洁。同时,该类模型将企业的微观特征与行业的总特征联系起来,能够很好地揭示经济体中行业特征异质性的微观基础。随着企业层面等微观贸易数据的可得,这类模型揭示的理论关系又可以直接得到数据的经验检验。第二,在经验分析上,本书试图探讨劳动力市场稳定性对企业出口的影响,将行业的劳动力市场特征与企业的出口行为相结合,一方面缓解了回归中可能存在的部分内生性问题,另一方面也对分析行业异质性与企业出口异质性之间关系的研究文献有一定贡献。

后文的安排如下：第二部分提出劳动力市场稳定性影响企业出口行为的理论假说；第三部分是研究设计，包括劳动力市场稳定性的衡量以及计量模型的设定；第四部分是实证结果的初步讨论；第五部分是稳健性检验和进一步分析；最后一部分总结全文并提出相应的政策建议。

第二节　理论假说

作为一个发展中国家，中国具有典型的二元经济结构特征。根据 Lewis (1954)的经典理论，许多发展中国家存在大量的剩余劳动力，这可能引致劳动力供给的完全弹性，即在给定的工资水平下，要素市场存在劳动的无限供给。给定劳动力供给完全弹性，劳动力需求的变化不会直接影响到劳动力的价格。然而，随着中国城市化进程的加快，农业剩余劳动力加速转移，要素市场上劳动的无限供给现象必然将逐步消失，此时劳动力市场的需求因素就变得重要起来。下文将基于现代贸易理论分析劳动力需求价格对出口贸易模式的影响。

一、比较优势效应

Heckscher－Ohlin 理论(1919，1933)认为，要素禀赋是国际贸易发生的一个原因。由于国家之间存在要素禀赋的差异，一国用充裕要素密集生产产品的国内均衡价格水平应该低于国际市场价格水平，因而贸易开放时，每个国家将能出口用其充裕要素密集生产的产品，进口用其稀缺要素密集生产的产品。经典 Heckscher－Ohlin 模型假定存在两种可以相互替代的生产要素，即随着一种要素价格的提高，生产者会更少地使用该种要素生产，而更多地使用另一种要素进行生产。在一系列传统假定之下，要素价格与产品价格之间存在对应关系，即给定要素价格，便能求得产品价格。

中国是一个劳动力相对资本充裕的国家，劳动力价格相对低廉。因此根据 HO 模型，中国的出口行业主要集中在劳动密集型行业。然而，随着劳动力供给的减少，劳动力价格的上升，劳动密集型行业的比较优势将被削弱，行业内劳动密集型企业的出口也将随之下降。特别地，对于劳动需求价格弹性较大的行业来说，当劳动力价格稍微上升时，劳动力需求将大幅度减少，由劳动力价格相对低廉引致的比较优势将减弱得更快，行业内企业出口的能力也将下降得更为明显。

二、规模经济效应

Krugman(1979,1980)认为,规模经济是产业内贸易发生的重要原因。当产品存在水平差异时,企业在各自产品上都具有垄断力量,规模经济的特征以及范围经济的缺乏使得企业不会去生产其他产品,因此每个企业独立生产自己的产品。由于贸易可以使每个企业提供的产品市场范围得以扩大,企业产品的成本和价格都有所下降。消费者在"多样化偏好"的驱使下,还会从别国购买更多种类的产品。由于产品价格下降,且产品种类增多,社会福利水平得以改善。

然而,当行业中劳动力市场的供给不再是完全弹性时,随着劳动力供给的不足,劳动力的价格会逐渐上升。劳动力需求价格弹性较高的行业,对劳动力的需求下降得更明显,因此行业中企业的规模会变得更小。在规模经济规律的作用下,企业的生产成本被迫上升,出口价格提高,出口贸易量随之减小。

三、自我选择效应

Melitz(2003)认为,由于企业之间存在初始生产率的差异,只有高效率的企业才愿意支付出口固定成本,进而参与出口贸易。随着贸易的开放,出口企业由于可以进行国际销售,将获得更多的市场资源,而非出口企业由于生产率较低,获得的资源将变少,部分非出口企业将不得不退出市场。在Melitz(2003)的经典模型中,国内出口企业与非出口企业之间相互竞争,抬高了要素市场中的实际工资。低效率的企业因为无法支付更高的实际工资,所以不得不退出国内市场。随着高效率的企业获得更多的行业资源,而部分低效率的企业退出国内市场,行业的平均劳动生产率将提升。

当行业之间的劳动力需求价格弹性存在异质性时,即实际工资的提高引致的劳动力需求的降低在行业之间存在差异时,劳动力需求价格弹性更大的行业将面临要素市场上更大的竞争效应,继而使低效率的企业退出市场。根据相关实证研究文献(余淼杰等,2012;刘晴等,2014),中国部分高出口强度企业,特别是加工贸易企业的效率较低,因此我们应该观察到,随着工资的提升,劳动力需求价格弹性更大的行业,企业出口的概率越低,出口强度也越小,且这种效应对于生产率低的企业更为明显。此外,外国企业在中国投资建厂多是想利用中国相对廉价的劳动力资源进行产品生产,加工贸易企业中外资占比处于绝对优势,因此行业中相对于非外资企业,外资企业出口受到劳动力市场波动的影响应更为显著。

基于上述分析,本书提出以下理论假说:

理论假说：给定其他不变，劳动力需求弹性越大的行业，企业的出口概率和出口密集度越小；且这种关系对于劳动密集度较高、规模较小、生产率较低的企业以及外资企业更加明显。

第三节　研究设计

一、劳动力市场稳定性的衡量

Rodrik(1997)曾指出，较高的劳动力需求弹性导致劳动力市场不稳定。如果劳动力需求富有弹性，会降低雇员相对于雇主的谈判能力、提高非工资成本对工资和就业的影响、缩小工人和企业之间"风险共担"的范围，意味着工资和就业在面对劳动力需求的外在冲击（比如劳动生产率的变化带来的对劳动力需求的冲击）时变得更加不稳定。Slaughter(2001)在总结前人的基础上对劳动力需求弹性进行了进一步阐述，并对劳动力需求弹性进行了估计。劳动力需求弹性成为衡量劳动力市场波动以及就业市场稳定性的有效指标，劳动力需求弹性提高意味着外生冲击引致工资变化时会导致就业的剧烈波动，劳动者会承担更多的非劳动成本，影响劳动雇佣关系及就业稳定性，是一种隐蔽的就业风险。

参照已有文献，本书选用劳动力需求弹性来衡量劳动力的就业稳定性。劳动力需求弹性包含劳动力自身需求弹性以及劳动力内部不同类型工人之间的交叉需求弹性，前者指劳动力需求对于其工资变化的敏感程度，后者指劳动力内部一类工人的需求对于另一类工人工资变化的敏感程度，两类弹性大小都会反映劳动力面临的就业压力和工作稳定性。

本书借鉴 Krishna(2001)垄断竞争的产品市场理论模型，并在此基础上进行改进。假定一个行业中有很多企业每个企业面临各自具有弹性的产品需求曲线，企业将行业平均价格视为外生给定，企业决策彼此之间不受影响。所有要素市场均为完全竞争要素，供给是无穷弹性，即企业将要素价格视为外生给定。假设行业 j 中企业 i 的生产函数为 Cobb-Douglas 形式，$q_{ij} = A \prod_{k=1}^{n} V_{kij}^{a_k}$，企业最大化其利润如（8.1）式，通过一阶条件并经过转化可得到最优的要素投入（8-2）式：

$$V_{lij} : \max \Omega(V_{Lij}) = \max \left[p_{ij} q_{ij} - \sum_{k=1}^{n} w_k V_{kij} \right] \qquad (8-1)$$

$$\ln V_{lij} = \delta_0 + \sum_{k=1}^{n} \delta_k \ln(w_k/\overline{P_j}) + \lambda \ln A_{ij} \tag{8-2}$$

其中，V_{lij} 为行业 j 中企业 i 的劳动要素投入，$\overline{P_j}$ 为产品的行业平均价格，W_k 为第 k 种投入的要素价格，δ_k 和 λ 为常数，则劳动力自身需求弹性可由 (8-3)式得出：

$$\delta_l = \frac{\partial \ln V_{lij}}{\partial \ln(W_k/\overline{P_j})} = -\frac{\eta - (\eta-1)\sum_{k\neq l}\alpha_k}{\eta - (\eta-1)\sum_{k=1}^{n}\alpha_k} \tag{8-3}$$

（8-2）式是估计劳动力自身需求弹性的基准模型，将（8-2）式左侧的劳动力人数换为技术型（非技术型）工人人数，右侧的工资换为非技术型（技术型）工人工资即可估计技术工人与非技术工人的交叉需求弹性。

进一步假设要素投入为劳动力 L 和资本 K，α_1，α_2 分别为劳动和资本在产出中份额，W_1，W_2 分别为劳动和资本的价格，在基准模型（8-2）式的基础上，分别得到估计劳动力自身需求弹性和交叉需求弹性的估计方程，如（8-4）（8-5）所示

$$\ln L_{ijt} = \beta_0 + \beta_1 \ln W_{1ijt} + \beta_2 \ln W_{2ijt} + \beta_3 \ln tfp_{ijt} + \varepsilon_{ijt} \tag{8-4}$$

$$\ln L_{ij}^{U} = \lambda_0 + \lambda_1 \ln W_{1ij}^{U} + \lambda_2 \ln W_{1ij}^{S} + \lambda_3 \ln W_{2ij} + \lambda_4 \ln tfp_{ij} + \varepsilon_{ij} \tag{8-5}$$

其中，L 为企业的员工数量，W_1 为企业人均工资（（应付广义工资/员工数量），W_2 为企业的资本价格（剔除通胀后的工业增加值/固定资产净值年平均余额），L^{U} 为非技术工人数量，W_1^{U} 为非技术工人工资，W_1^{S} 为技术工人工资，tfp 为全要素生产率，ε 为误差项，则 β_1，λ_2 分别为劳动力自身需求弹性和两类工人的交叉需求弹性。

在估计交叉需求弹性时，必然会涉及技术工人和非技术工人的工资。现有数据中只能得到 2000—2007 年每年企业所有员工的平均工资 W_1，2004 年由于进行了大规模的经济普查数据较为详细地列出了企业员工的受教育程度，本书参照陈波和贺超群（2013）的做法，用企业内受过高中以上教育的工人总数作为技术工人，教育程度为初中及以下的工人作为非技术工人这样得到企业中技术工人所占比例 θ^{S} 及非技术工人所占比例 θ^{U}。此外，采用 Anwar and Sun（2012）的假设，以各行业两位代码所有企业中的最低平均工资作为该行业非技术工人的工资 W_1^{U}。因此，企业内技术工人的工资 W_1^{S} 通过（8-6）式得出：

$$W_1^S = \frac{W_1 - \theta^U W_1^U}{\theta^S} \qquad (8-6)$$

值得注意的是,由于只有 2004 年有员工教育程度的详细资料,因此在估计交叉需求弹性时采用横截面数据,在估计劳动力自身需求弹性时,采用 2000—2007 年的面板数据。

我们利用 2000—2007 年的面板数据和 2004 年的截面数据,依次估计出分年分行业的劳动力自身需求弹性以及交叉需求弹性。与行业数据相比,企业层面数据的优势在于:首先更加符合劳动力供给完全弹性的假设(Hamermesh,1986)[1];其次可以区分出劳动力需求弹性中企业内部的变化以及企业进入退出市场带来的变化;此外还可以控制不可观测的企业异质性,因此微观数据估计出的劳动力需求弹性更加稳健。根据理论机制,劳动力自身需求弹性本身为负值,劳动力交叉需求弹性为正值。我们在估计过程中,首先去掉企业个数比较少的行业(5 个),然后参照 Senses(2010)的做法,在分年分行业的估计结果中,删掉了自身需求弹性为正的行业(6 个),最终得到了 29 个行业的劳动力自身需求弹性和 35 个行业的劳动力交叉需求弹性。[2]

表 8-1 列出了各行业的劳动力自身需求弹性 2000—2007 年的均值以及在 2004 年的劳动力交叉需求弹性。可以看出,自身需求弹性绝对值在 0.132—0.298之间,处于 Hamermesh(1993)提出的"劳动力需求弹性绝对值在 0.15—0.75之间"的合理范围。劳动力需求弹性反映劳动力市场的波动程度,其绝对值越大,说明就业波动越剧烈。由于中国是发展中国家,很多劳动法规制度不健全,受户籍因素影响,劳动力不能自由流动,即劳动力不能迅速对工资变化做出反应,与发达国家相比,发展中国家的需求弹性均值更小,因此我们估计出来的值更靠近 0.15—0.75 的左区间。不同类型工人的交叉需求弹性明显小于劳动力自身需求弹性绝对值,说明劳动力系统内部稳定性要高于劳动力作为整个系统的稳定性。

---

① 相关研究中一般将实际雇佣劳动数量作为劳动力需求来估算劳动力需求弹性,隐含的假设是劳动力供给是完全弹性的,Hamermesh(1986)指出单个企业面临的劳动力供给弹性可认为是无穷大,因此企业层面的微观数据更加符合供给完全弹性的假设。

② 在估算劳动力自身需求弹性过程中,个别行业在某些年份弹性绝对值小于 0.15,考虑到 2000—2007 期间的均值仍处于合理范围内,我们并未剔除这部分行业。

表 8 - 1　各行业劳动力需求弹性

行　业	自　身	交　叉	行　业	自　身	交　叉
6 煤炭开采和洗选业	−0.245	0.004	28 化学纤维制造业	—	0.007
9 有色金属矿采选业	—	0.004	29 橡胶制品业	−0.173	0.0002
10 非金属矿采选业	−0.246	0.003	30 塑料制品业	−0.186	0.0003
13 农副食品加工业	−0.159	0.006	31 非金属矿物制品业	−0.132	0.004
14 食品制造业	−0.247	0.007	32 黑色金属冶炼及压延加工业	−0.187	0.005
15 饮料制造业	−0.298	0.009	33 有色金属冶炼及压延加工业	—	0.006
16 烟草制品业	−0.174	0.002	34 金属制品业	−0.166	0.003
17 纺织业	−0.233	0.005	35 通用设备制造业	—	0.007
18 纺织服装、鞋、帽制造业	−0.288	0.004	36 专用设备制造业	−0.238	0.003
19 皮革、毛皮、羽毛及制品业	−0.184	0.002	37 交通运输设备制造业	−0.167	0.004
20 木、竹、藤、棕、草制品	−0.157	0.004	40 通信及其他电子设备制造业	−0.192	0.003
21 家具制造业	−0.144	0.002	41 仪器、文化及办公制造业	−0.189	0.003
22 造纸及纸制品业	−0.171	0.003	42 工艺品及其他制造业	−0.212	0.003
23 印刷业和记录媒介的复制	—	0.008	43 废弃资源、材料回收加工业	—	0.004
24 文教体育用品制造业	−0.224	0.005	44 电力、热力的生产和供应业	−0.259	0.003
25 石油、炼焦及核燃料加工业	−0.186	0.004	45 燃气生产和供应业	−0.234	0.007
26 化学原料及其制品制造业	−0.159	0.003	46 水的生产和供应业	−0.202	0.007
27 医药制造业	−0.190	0.006			

注:"—"表示在 2000—2007 期间任意一年因自身需求弹性为正而删除的行业。

二、模型设定和数据处理

为了检验本书的理论假说及其相应的经济逻辑,我们构建了劳动力市场波动影响企业出口的基准计量模型,如(8-7)(8-8)式,

$$export_{ijt} = \phi_0 + \phi_1 flexibility_{jt} + \phi_2 tfp_{ijt-1} + \phi_3 \ln size_{ijt}$$
$$+ \phi_5 \ln capital_{ijt} + \phi_4 \ln finance_{ijt} + \phi_5 fdi_{ijt} + \mu_{ijt} \quad (8-7)$$

$$export_{ij} = \varphi_0 + \varphi_1 flexibility_j + \varphi_2 tfp_{ij\,2003} + \varphi_3 \ln size_{ij}$$
$$+ \varphi_4 \ln finance_{ij} + \varphi_5 \ln capital_{ij} + \varphi_6 fdi_{ij} + \mu_{ij} \quad (8-8)$$

其中,$export$ 为企业出口强度,(8-7)式和(8-8)式中的 $flexibility$ 分别代表行业劳动力自身需求弹性与交叉需求弹性,tfp 为企业全要素生产率,$size$ 为企业规模,$finance$ 为企业财务状况,$capital$ 为企业资本密集度,fdi 为虚拟

变量,外资企业取1,非外资取0。ϕ_1和φ_1是本书关注的系数,分别衡量劳动力自身需求弹性和交叉需求弹性对企业出口的影响,从弹性角度全面考察了劳动力市场波动对企业出口的影响。

本书数据主要来源于国家统计局的"500万产值以上工业企业统计年度库(2000—2007)",此数据库存在样本匹配混乱、指标缺失与异常,测度误差明显及变量定义模糊等缺陷(聂辉华,2012),因此在数据处理上,本书首先根据 Brandt et al.(2012)的序贯识别法,依次按照企业代码、企业名称、邮政编码识别出每年持续存活的企业,以避免受到企业关闭改制重组原因带来的进入退出影响;产业匹配上,将2002年之前的GB/T4754—1994与GB/T4754—1994标准进行统一;根据工业增加值=工业总产值(现价)-中间投入+应交增值税,将2001年和2004年缺失的工业增加值补齐;并参照 Cai 和 Liu(2009)剔除异常指标的观测值,如总资产、从业人数、工业总产值、销售额等关键指标缺失的观测值、总资产小于流动资产、总资产小于固定资产净值、累计折旧小于当期折旧的观测值、从业人数小于8的观测值、关键指标小于0的观测值。

本书采用 Olley 和 Pakes(1996)的 OP 方法来估计企业的全要素生产率,以避免传统 OLS 方法估计带来的选择偏差和同步偏差,利用永续盘存法算出企业投资[①],并结合了 OP 方法的一些最新进展:考虑到企业的出口状况可能会影响 TFP,参照 Amiti 和 Konings(2007),包含了企业是否出口的虚拟变量;参照 Feenstra et al.(2012)以及余淼杰(2011)加入 WTO 虚拟变量以控制加入 WTO 带来的影响。

样本中的所有名义变量都以2000年为基期进行了调整,其中工业增加值使用企业所在地区工业品出厂价格指数平减,实际资本、固定资本存量使用固定资产投资价格指数平减,工资报酬使用消费品价格指数,平减指数均取自"中经网统计数据库"。表8-2为主要变量的描述性统计。

表8-2 各变量的描述性统计

变量	定义	度量方法	均值	最小值	最大值
export	出口强度	出口交货值/工业销售额	0.221	0	1
flexibility	整体	劳动力自身需求弹性	0.185	0.010	0.625
	内部	劳动力交叉需求弹性	0.004	0.0002	0.009

① 企业投资=本期资本存量-上期资本存量+本期折旧,由于我们采用的是8年连续经营的企业,因此计算的投资值缺省不多,而戴觅、余淼杰(2012),鲁晓东、连立君(2012)包含已倒闭的企业,缺省值会很多,因此我们估计出的 TFP 较高。

（续表）

变 量	定 义	度量方法	均 值	最小值	最大值
tfp	全要素生产率	OP	5.028	0.086	10.164
size	企业规模	员工人数（对数）	5.413	2.079	11.965
finance	财务状况	负债总额/资产总计	0.580	0	10.962
capital	资本密度	固定资产/从业人员（对数）	4.083	0.002	12.649
fdi	外资企业虚拟变量	外资企业为1,否则为0	0.304	0	1

注:为节省篇幅,除劳动力交叉需求弹性的描述性统计是2004年外,其余各变量均为2000—2007年。

第四节　实证分析

一、基准检验:劳动力需求弹性与出口强度

根据本书的理论分析,给定其他条件相同,在劳动力需求弹性越大的行业中企业出口强度应该越低,并且这种效应随着企业的资本密集度、企业规模和生产率变化而变化。对该理论假说检验的初步结果如表8-3所示。

表8-3　理论假说的基准检验

被解释变量 export	回归1 （FE）	回归2 （FE）	回归3 （FE）	回归4 （FE）	回归5 （2SLS）
flexibility	−0.002 （−0.06）	−0.362*** （−2.81）	−0.817*** （−3.87）	−0.843*** （−3.99）	−19.662*** （−5.01）
flexibility* lncapital		0.082*** （3.14）	0.056* （1.94）	0.055* （1.91）	1.601*** （3.69）
flexibility* lnsize			0.051** （2.51）	0.078** （2.32）	18.575*** （4.94）
flexibility* L.tfp				0.051** （2.03）	4.283*** （3.53）
lncapital	−0.098*** （−45.70）	−0.083*** （−14.96）	−0.088*** （−14.39）	−0.088*** （−14.38）	−0.146* （−1.94）
lnsize	0.074*** （29.48）	0.074*** （29.39）	0.084*** （17.69）	0.089*** （12.61）	3.575*** （5.05）

被解释变量 export	回归 1 （FE）	回归 2 （FE）	回归 3 （FE）	回归 4 （FE）	回归 5 （2SLS）
L. tfp	−0.101*** （−25.93）	−0.101*** （−25.87）	−0.100*** （−25.78）	−0.110*** （−10.40）	−0.803*** （−3.81）
finance	0.015 （0.52）	0.016 （1.55）	0.016 （1.53）	0.016 （0.54）	0.032 （0.44）
fdi	0.361*** （60.17）	0.360*** （60.11）	0.360*** （60.12）	0.360*** （60.11）	0.326*** （11.12）
行业效应	是	是	是	是	是
时间效应	是	是	是	是	是

注：*** p<0.01，** p<0.05，* p<0.1。圆括号内为回归系数的 T 检验统计量，且经过企业层面的聚类标准误差修正。

从表 8-3 的回归结果可以看出，除回归（1）外，其他回归中解释变量 flexibility 的系数在统计上显著为负，且其与资本密集度、企业规模、生产率的交互项系数显著为正。这一结果说明，给定其他条件相同，行业层面的劳动力市场波动越大，该行业中企业的出口强度平均上越低。（2）—（4）回归中的交互项系数显著为正，则说明这种负相关关系随着企业资本密集度的提高、企业规模的扩大以及企业生产率的提升而减弱。

有趣的是，对于一些资本密集度、规模和生产率取值极端的样本企业，劳动力市场的波动性对企业出口的影响将是正向的。举例来说，回归（4）中解释变量 flexibility 系数为−0.843，而波动性与企业规模的交互项系数为 0.078。当企业规模取均值 5.413 时，波动性对企业出口的负面影响为−0.412，不利影响减弱；当企业规模扩大到最大值 11.965 时，波动性对企业出口的系数变为 0.090，影响变为正，即当企业规模足够大时，就业波动性对企业出口的影响可能是正向的。对这一现象可能的解释是：本书所关注的劳动力就业波动是行业层面的（用行业的劳动力需求弹性来衡量），这会忽略行业内企业层面异质性引致的劳动力需求弹性差异。对于生产率高、规模大或者资本密集程度高的企业其抵御行业层面劳动力市场不稳定性带来的冲击能力相对较强。因此，给定某一高需求价格弹性的行业劳动力平均价格上升时，尽管其他企业对劳动力需求迅速减弱，这些企业却能因其较好的表现吸引这些来自其他企业的经济资源，扩大对劳动力的需求。

Capital 的系数为负，说明资本密集度越大，企业的出口强度越小，可能与中国出口的产品多为劳动密集型产品有关；滞后一期 tfp 的系数为负，意味着生产率低的企业反而进入出口市场，与 Melitz（2003）认为的生产率高的企业"自我选择"出口的基本

观点相反,符合中国特有的"生产率悖论"现象;size 系数为正,说明规模越大的企业,出口强度越大,与前人的结论一致(Bernard and Jensen,1997,1999);财务状况对企业出口强度的影响并不显著;外资企业的出口强度相对于非外资企业更大,这或许是由中国加工贸易在外资企业所占比重远高于在内资企业的比重造成的。

二、考虑劳动力异质性

劳动力市场既有技术工人又有非技术工人,存在明显的异质性。一种劳动力价格的提高,可能影响到企业对另一种劳动力的需求,因而劳动力系统内部技术工人和非技术工人的替代关系也可以被视为劳动力市场稳定性的一种重要体现。表 8-4 的回归分析了这种劳动力系统内部技术工人和非技术工人的替代关系对企业出口的影响。

表 8-4 内部稳定性对企业出口的影响

被解释变量 export	回归 1 (OLS)	回归 2 (OLS)	回归 3 (OLS)	回归 4 (OLS)
flexibility1	−13.608*** (−9.07)	−29.528*** (−4.12)	−16.762*** (−2.94)	−19.92** (2.00)
flexibility1* L.tfp		3.173** (2.27)	6.339*** (4.41)	5.933*** (4.11)
flexibility1* lnsize			11.591*** (8.88)	11.478*** (8.86)
flexibility1* lncapital				1.899** (2.46)
tfp	−0.029*** (−10.49)	−0.043*** (−6.20)	−0.057*** (−7.99)	−0.055*** (−7.62)
lnsize	0.041*** (17.14)	0.042*** (17.25)	0.091*** (14.89)	0.090*** (14.89)
lncapital	−0.065*** (−29.91)	−0.064*** (−29.32)	−0.064*** (−29.19)	−0.071*** (−12.92)
finance	−0.013 (−1.23)	−0.012 (−1.16)	−0.011 (−1.00)	−0.010 (−0.94)
fdi	0.347*** (41.58)	0.346*** (41.46)	0.343*** (41.03)	0.342*** (40.83)
行业效应	是	是	是	是
时间效应	否	否	否	否

注:***,**,*分别表示在1%,5%,10%的显著性水平下显著,圆括号内为回归系数的 T 检验统计量。

表 8-4 的解释变量 flexibility1 * 表示不同劳动力之间的替代弹性。与前文相同,第一列回归为基准模型(8.7)式,后三列回归在此基础上分别加入了弹性与企业资本密集度、企业规模、企业生产率的交互项。可以看出,flexibility1 的系数为显著为负,说明劳动力内部不同工人替代带来的波动同样会给企业出口带来负面影响。与表 8-3 类似,这种负面效应随着资本密集度的提高、企业规模的扩大以及企业生产率的增长被减弱,甚至变为正面影响。同样,我们认为产生这种结果的原因可能是行业内企业层面的异质性带来的影响。

三、内生性的讨论

Rodrik(1997)首次从理论上提出,贸易自由化会通过影响劳动力需求弹性以不易察觉的方式冲击劳动力市场。国内学者们分别从行业层面(周申,2006;盛斌,2009;魏浩等,2013)和企业层面(史青,2014;梁中华和余淼杰,2014)针对中国的贸易(自由化)对劳动力需求弹性的影响展开过讨论。因此,用劳动力需求弹性衡量市场稳定性可能会有内生性的可能,由于本书关注的解释变量是行业劳动力就业波动,关注的被解释变量是企业层面的出口,行业层面的变量对企业层面的影响较小,在某种程度上可以减弱内生性。

为保证结果的准确性,本书估算出 1998 年劳动力需求弹性作为工具变量。由于行业劳动力需求弹性有一定的延续性,因此历史的劳动需求弹性与当今的劳动需求弹性有较强的相关性,而与当前的出口贸易相关性较低,能较好地满足外生性条件。本书利用两阶段最小二乘法对回归(4)进行了重新估计,估计结果列在表 8-3 的回归(5)中,发现和回归(4)相比,波动性的系数减小为 -19.662,说明行业波动性对企业出口的影响增大,忽略内生性会低估就业波动对出口强度的影响,内生性确实存在,但是并没有影响系数的符号。

第五节　稳健性检验

一、不同的度量指标

除劳动力需求弹性外,本书借鉴 Melitz(2012)的做法,采用历年企业就业人数增长率(企业就业人数取自然对数后相减)的标准差 flexibility2 来度量劳动

力市场稳定性,这种方法更加直观。① 回归结果列在表 8－5 中②。

表 8－5　就业波动对企业出口的影响

被解释变量: export	就业波动
flexibility2	−0.184*** (−2.58)
flexibility2* lncapital	0.055*** (5.52)
flexibility* lnsize	0.008* (1.83)
flexibility2* L. tfp	0.046*** (3.58)
lncapital	−0.094*** (−30.97)
lnsize	0.054*** (18.23)
L. tfp	−0.036*** (−8.90)
finance	0.025** (2.46)
fdi	0.359*** (64.41)
行业效应	是
时间效应	是

注:*** $p<0.01$,** $p<0.05$,* $p<0.1$。圆括号内为回归系数的 T 检验统计量,且经过企业层面的聚类标准误差修正。

如表 8－5 所示,可以看出,本书关心的被解释变量 flexibility2 具有一个统计上显著为负的系数,而其分别与企业规模、生产率和资本密集度的交叉项则都具有一个统计上显著为正的系数。这一结果与上一节的检验结果保持一致。

在前文的分析中,全要素生产率的测量一直采用修正后的 OP 方法,然而有学者提出,OP 方法使用企业投资作为代理,虽然较好地解决了同步偏差,却自动将投资为零或者缺省的企业样本排除在外,不可避免地带来了断尾偏差

————————

① 由于劳动力交叉弹性需要的数据只有 2004 年能提供,所以企业就业人数的标准差只能度量劳动力自身需求弹性。

② 囿于数据可得性,表 5 仅考虑了劳动力系统稳定性。

(Truncation Bias)。Levinsohn 和 Petrin(2003)提出的 LP 方法使用中间投入品作为代理,有效地矫正 OLS 方法因遗漏变量而带来的内生性问题,因此我们进一步采用 LP 方法来测算全要素生产率。由于篇幅限制,我们仅列出了两类波动性在回归(5)的结果,得出的结论与前文保持一致。

表 8-6　就业波动性对出口的影响

被解释变量:export	劳动力整体稳定性(2SLS)	劳动力内部稳定性(OLS)
flexibility	−25.86*** (−6.23)	−9.921*** (−2.59)
flexibility* lncapital	3.991*** (6.28)	1.599** (2.25)
flexibility* lnsize	3.001** (5.50)	13.325*** (9.01)
flexibility* L. tfp	9.777*** (6.02)	5.933*** (4.11)
lnsize	0.248*** (6.96)	0.107*** (15.30)
lncapital	−0.745*** (−5.60)	−0.068*** (−12.21)
L. tfp	−2.331*** (−5.98)	−0.055*** (−7.62)
finance	0.165** (2.54)	−0.014* (−1.93)
fdi	0.387*** (17.56)	0.324*** (16.08)
行业效应	是	是
时间效应	是	否

注:*** p<0.01,** p<0.05,* p<0.1。圆括号内为回归系数的 T 检验统计量,且经过企业层面的聚类标准误差修正。

二、区分不同的样本

1. 不同的技术行业

为了体现各行业要素禀赋和劳动需求的不同,本书还从技术高低的角度对企业进行了划分。按照 OECD2001 年的分类标准(OECD, Science, Technology and Industry Scoreboard,2001)将工业企业分为四类:低技术行业、中低技术行业、中高技术行业、高技术行业。一般而言,低技术行业比高技术行业的劳动资

本比例要高。因此,根据第二节的理论分析,我们应该观察到行业劳动力市场波动对低技术行业中的企业影响更大。

本书在表 8-7 中分别列出了低技术行业和高技术行业的就业波动对企业出口的影响。不管是劳动力自身需求弹性还是交叉弹性,其对低技术行业企业出口强度的负面影响均高于对高技术行业企业的影响,这与本书的理论假说在逻辑上保持一致。

表 8-7 不同技术行业的影响

被解释变量 export	低技术行业		高技术行业	
	整体	内部	整体	内部
flexibility	−75.194*** (−3.45)	−49.961** (−2.41)	−18.784*** (−5.39)	−44.256* (−1.73)
flexibility* lncapital	9.556** (1.99)	6.177** (2.18)	5.654*** (5.32)	21.709*** (2.62)
flexibility* lnsize	13.585*** (2.82)	14.314*** (5.07)	2.039*** (4.12)	35.934*** (5.58)
flexibility* L.tfp	13.707*** (3.98)	13.927*** (4.22)	8.599*** (5.51)	19.425*** (3.10)
lnsize	1.749** (2.31)	0.115*** (7.51)	0.344*** (5.41)	0.217*** (7.32)
lncapital	−2.571* (−1.77)	−0.105*** (−6.86)	1.048*** (5.15)	0.134*** (3.60)
L.tfp	−4.807** (2.26)	−0.108*** (−5.66)	1.741*** (5.19)	0.142 (1.50)
finance	0.522 (1.52)	0.055** (2.27)	0.172** (2.40)	−0.033 (−1.11)
fdi	0.524*** (3.56)	0.328*** (20.92)	0.357*** (12.69)	0.303*** (15.79)
行业效应	是	是	是	是
时间效应	是	否	是	否

注:*** $p<0.01$,** $p<0.05$,* $p<0.1$。圆括号内为回归系数的 T 检验统计量,且经过企业层面的聚类标准误差修正。

2. 不同的经济区位

新经济地理学认为贸易与地理的联系密切。中国幅员辽阔,但出于贸易成本的考虑,出口企业多集中在东部沿海地区。同时,中国具有典型的二元经济结构,中西部地区农业占比较大,劳动力相对充裕,因而中西部农业剩余人

口转移到东部地区的现象大量存在。由于出口企业集中在沿海地区,且对来自中西部地区的劳动力有较大依赖,我们可以预期,在沿海地区,劳动力需求弹性对企业出口行为的影响更大。为了简化分析,我们重点关注三个经济集聚区,珠江三角洲地区、长江三角洲地区、中部三角地区。其中珠三角为广东9个地级市:广州、深圳、佛山、东莞、中山、珠海、江门、肇庆、惠州共9个城市;长三角为江苏、浙江、上海两省一市;中三角为:武汉、长沙、合肥和南昌[①]。回归结果如表8-8所示。

表8-8 不同经济区位的影响

被解释变量 export	珠三角		长三角		中三角	
	系统	内部	系统	内部	系统	内部
flexibility	−88.299* (−1.75)	−44.728** (−2.22)	−64.417 (−5.66)	−22.448** (−2.12)	−13.037*** (−2.79)	−16.835** (−2.02)
flexibility* lncapital	4.377** (1.99)	1.983* (1.69)	1.143*** (3.59)	0.893** (2.31)	6.940* (1.77)	0.089 (0.02)
flexibility* lnsize	2.663** (2.16)	10.279** (2.17)	2.687*** (4.72)	11.835*** (3.45)	4.817*** (2.81)	9.329*** (3.43)
flexibility* L.tfp	6.359* (1.79)	−1.902 (−0.03)	7.139*** (5.84)	11.189** (2.39)	6.262** (2.19)	6.358* (1.97)
lncapital	0.820 (1.60)	−0.073*** (−4.25)	0.267*** (3.47)	−0.088*** (−6.53)	0.269 (2.04)	−0.047** (−2.14)
lnsize	0.403** (2.05)	0.125*** (6.72)	0.399*** (5.88)	0.119*** (8.05)	0.633*** (3.09)	0.069*** (6.63)
L.tfp	−1.569* (−1.70)	−0.057** (−2.38)	−1.710*** (−5.52)	−0.107*** (−5.42)	−1.736*** (−2.63)	−0.043* (−1.99)
finance	−0.234 (−1.53)	−0.124 (−1.03)	0.348*** (4.93)	0.018 (0.69)	0.061*** (2.88)	−0.049* (−1.97)
fdi	0.481*** (5.09)	0.349*** (15.29)	0.281*** (13.24)	0.255*** (17.31)	0.250*** (5.90)	0.103** (2.73)
行业效应	是	是	是	是	是	是
时间效应	是	否	是	否	是	否

注:*** p<0.01,** p<0.05,* p<0.1。圆括号内为回归系数的 T 检验统计量,且经过企业层面的聚类标准误差修正。

---

① 2013年2月,四省会城市领导首聚武汉,并签署《武汉共识》,提出了"打造中三角、挺进第四极"战略目标,希望通过科技创新驱动力,扩大区域聚合力,提升区域影响力,为打造"中国经济第四极"提供科技支撑。

通过观察表8-8的回归结果,我们可以发现,劳动力需求弹性对企业出口行为的影响方向在三个区域保持一致,也与前文的发现保持一致。比较三个区域样本的回归结果,我们可以发现劳动力需求弹性在沿海地区(珠三角和长三角)对企业出口行为的影响明显大于其在中部地区产生的影响。

3. 剔除纯出口企业

与发达国家的贸易方式不同,加工贸易一直是中国对外贸易的重要形式之一,一直占据半壁江山。与一般贸易企业相比,加工贸易企业多为出口导向型企业,具有不同的生产组织形式,享受不同的贸易政策,从而面临不同的生产和贸易成本。加工贸易的特点使其更容易受劳动力市场稳定性影响。剔除掉加工贸易企业,对一般贸易进行分析,得出的结论更有普遍意义。我们利用加工贸易基本上全部出口的特点,在数据中将出口强度为1的企业去掉,近似剔除了加工贸易企业,①将回归结果列在表8-9中。

表8-9 剔除加工贸易后的影响

被解释变量 export	劳动力系统稳定性 (自身需求弹性)	劳动力内部稳定性 (交叉需求弹性)
flexibility	−9.463*** (−5.31)	−3.685*** (−2.68)
flexibility* lncapital	0.409*** (5.51)	0.767** (1.98)
flexibility* lnsize	0.336*** (4.96)	9.004*** (7.98)
flexibility* L. tfp	0.674*** (5.13)	3.094** (2.52)
lnsize	0.451*** (5.55)	0.074*** (13.59)
lncapital	0.833*** (5.09)	0.041*** (8.58)
L. tfp	1.819*** (0.355)	0.029*** (4.61)
finance	0.197*** (3.04)	0.007 (0.76)
fdi	0.329*** (16.20)	0.254*** (30.21)

① 这种近似可能对结果有所影响。

（续表）

被解释变量 export	劳动力系统稳定性 （自身需求弹性）	劳动力内部稳定性 （交叉需求弹性）
行业效应	是	是
时间效应	是	否

注：*** p＜0.01，** p＜0.05，* p＜0.1。圆括号内为回归系数的 T 检验统计量，且经过企业层面的聚类标准误差修正。

表 8-9 的结果可以看出，剔除掉加工贸易企业以后，系统波动的系数由 -19.662 变为 -9.463，而内部稳定性的系数由 -19.92 变为 -3.685，两者的绝对值均变小，说明一般贸易企业的出口受就业波动性的影响小于加工贸易企业。这与加工贸易行业大多涉及劳动力密集型行业相关，与一般贸易企业相比，不管是来料加工企业还是进料加工企业，更容易受到劳动力市场波动的影响。

第六节 结论和政策含义

劳动力市场的稳定性对出口贸易有重要影响。本书基于国际贸易理论，利用中国工业企业层面数据，验证了行业层面劳动力市场需求弹性对企业出口行为的影响，结果发现较大的行业劳动力需求价格弹性平均上会抑制企业的出口强度。这种抑制作用对于规模较小、劳动密集型程度较大和生产率较低的企业更为显著。这一结论对于不同的指标衡量方法、不同的样本以及在控制了可能反向因果关系后仍然保持显著。

本章结论所蕴含的政策含义较为直观：

首先，改革户籍制度，完善劳动力的流动机制。中国特有的城乡"二元"户籍制度限制了农业转移人口的流动效率，阻碍了劳动力资源在农业和工业之间的有效再配置。同时，劳动力流动速度和效率的降低会直接增大劳动力市场的波动性，进而降低企业的出口强度，减少贸易带来的利益。因此，破除城乡"二元"的户籍制度限制，各级政府制定落实相关配套政策，保障在城市务工的农民工享有高水准的教育、就业、医疗、养老、住房保障等社会福利，进一步完善劳动力的流动机制，增强劳动力市场的稳定性，可有效促进中国企业出口增长。

其次，鼓励企业升级，转型贸易模式。中国的加工贸易占据对外贸易的半壁江山，而加工贸易企业一般多为劳动力密集型企业，且规模不大、生产率较低。根据本书的理论和实证分析结果，这些企业受劳动力市场波动的影响较大。因

此,政府可以在保证劳动力市场运行效率的同时,创造条件让企业更愿意选择一般贸易而不是加工贸易。一方面,这会将更多的贸易增加值留在国内;另一方面,这会降低劳动力市场波动对企业出口行为的影响。具体来说,政府可以在供给侧进行政策的调整和制度的完善,比如,可以逐步取消对加工贸易的特殊优惠政策,对一般贸易和加工贸易实行统一的海关监管制度,等等。

再次,优化产业布局,支持技术密集型产业发展。中国经济正在进入和经历"刘易斯拐点",劳工成本逐渐上升,原有的廉价劳动力比较优势逐渐褪去。根据本书的理论和实证分析,劳动力市场波动对于出口的负向影响,在低技术行业更加显著。因此,政府可以支持研发创新,调整行业的技术含量,优化产业布局,发展资本技术密集型产业,着重支持高技术行业发展。具体而言,政府可以采取加大研发投入奖励,兴建高新技术园区,加大知识产权保护力度等措施。

最后,完善外资引进政策,强化本土企业的消化吸收能力。外资企业对中国进行 FDI 的主要目的之一就是使用中国相对廉价的劳动力从事产品生产,以谋取更大利润。本书的实证分析明确指出外资企业相对本国企业更容易受到劳动力市场波动的冲击。因此,中国在进行外资引进时,要注重高技术外资的引入,增大国内企业"学习效应"的学习空间,加强国内企业消化吸收再创新能力的建设,进一步推动中国企业贸易模式的转型和产业布局结构的调整。

第九章 出口中学:基于企业研发策略互动的视角

第一节 引 言

加入 WTO 以后,中国对外贸易的结构和方式发生了深刻变化,传统贸易政策面临极大考验。为全面提高开放水平,中国出台了一系列有关贸易改革的方针政策,全面推进贸易体制创新和加工贸易转型升级,鼓励企业自主研发,增强技术创新能力,通过技术、品牌、质量和服务建立自己的竞争力,并提出建设"创新型国家",将创新提升到国家战略层面。十八大进一步将创新发展列于五大发展理念之首,创新已成为引领发展的第一动力。

毫无疑问,技术进步和创新是经济发展的推动力,而技术进步往往来源于经济社会中微观企业的创新活动。根据《中国科技统计年鉴》,中国研发投入(R&D)占 GDP 的比重由 1995 年的 0.6%上升至 2014 年的 2.09%,虽居新兴国家之首,但与发达国家的 3%—3.5%相比还有距离;人均 R&D 水平较低,不到 1000 元;而且企业的研发投入更加不足,中国规模以上企业研发投入占销售比例为 0.9%,远低于发达国家的 2%甚至更高的水平;36 个行业中仅有 1/3 的行业高于平均值 0.9%;此外,科技成果转化也不够。中国在核心技术、关键技术上对外依存度高达 50%,高端产品开发 70%的技术要靠外援,重要零部件的80%需要进口,而美国的对外技术依存度仅为 5%。因此,中国企业自主创新还有相当长的路要走。企业研发创新的多种影响因素中,出口是不可忽略的一种,近年来出口与创新的关系因此也引起了广泛关注。

企业出口和研发创新的研究主要集中在二者的因果关系上,其中一支文献认为研发投入会促进企业的出口行为。这种观点可以从两个角度来解释:第一,可从贸易的比较优势理论角度进行解释,研发创新可以转化为企业的比较优势,促使企业在更广阔的国际市场上竞争,因此出口往往是国内公司创新活动的副产品。最早提出这一观点的理论文献可追溯到 Vernon (1966)和 Krugman

(1979)的产品循环模型(product－cycle models),随后 Grossman 和 Helpman(1995)的宏观经济模型支持这种因果关系,认为企业提高产品质量(创新)最终会导致本国的出口需求曲线外移。第二,从微观企业的"自我选择"假说(self－selection hypothesis)进行解释,研发创新提高了企业生产率,高生产率企业能够支付出口沉没成本进入出口市场(Melitz,2003)。与理论文献相呼应,很多国家的实证研究支持这一解释:Liu 和 Lu(2015)利用工具变量法发现中国企业的投资显著加大了企业的出口倾向,这种促进作用来源于企业投资对生产率的提高。Damijan 等(2010)对斯洛文尼亚、戴觅和余淼杰(2012)对中国、Bratti 和 Felice(2012)对意大利的研究均得出研发创新是促使企业进入出口市场的重要因素。

另一支文献集中在出口行为使企业更具创新性。这种观点也可以从两个角度来解释:宏观上从知识积累的角度出发,来自海外消费者的需求通过知识积累促进技术增长,进而加速本国出口企业创新速率。这种观点得到了 Romer(1990)、Grossman 和 Helpman(1993)内生创新增长理论的支持;微观上,可以从企业的"出口中学"假说(learn by exporting hypothesis)出发,强调企业的"学习效应"。企业在国际化的市场中,面临更激烈的竞争、更丰富的技术来源渠道,因此有动力提高其知识储备,企业的出口行为(或出口倾向)会大大促使其加大研发投入进而创新(Clerides 等,1998;Salomon 和 Shaver,2005)。Atkeson 和 Burstein(2010)通过构建一般均衡模型阐述了贸易边际成本变动对企业创新的影响。实证研究中验证学习效应的关键在于找到合适的代理变量来衡量企业的"学习"行为,之前研究中较多采用企业全要素生产率(Baldwin 和 Gu,2003;Girma 等,2004)。Salomn 和 Shaver(2005)首次采用"创新"这种更直观的评价方式作为"学习效应"的代理变量,他们用西班牙数据验证了企业通过出口活动提高其知识储备。Lin 和 Tang(2013)将创新因素嵌入到 Melitz(2003)的异质性企业模型中,利用匹配方法发现中国出口企业的研发强度显著高于非出口企业。此外,Criscuolo 等(2010)对英国、的研究也得出了类似的结论:出口行为会促进企业研发创新。

事实上,"自我选择"和"出口中学"这两种假说并不矛盾,企业出口和研发创新的双向因果关系可能同时存在。部分学者对两者的关系进行了概括:企业目前的竞争力(创新力)是其出口的助推器,同时出口行为也会影响企业将来的创新模式以及生产率表现(Mohnen 和 Hall,2013)。Gkypali 等(2015)对希腊制造业企业的研究表明"年轻"(成立时间较短)的企业支持"出口中学"假说,而"年长"(成立时间较长)的企业支持"自我选择"假说。此外,Filipescu 等(2013)、

Arvanitis 等(2014)等也用不同国家的企业数据得出:创新促进企业出口,同时创新也是企业出口过程中不断提高竞争力自我成长的结果,企业出口和研发创新之间是双向因果关系。

在国际竞争日趋激烈的形势下,中国进入经济新常态,创新成为驱动发展的重要动力。本书关注的是:作为提高企业研发创新的一种途径,中国企业出口带来的"学习效应"有多大,即出口行为确实促进了中国企业研发创新吗? 这一研究并不少见,然而问题是,已有的研究并未考虑企业之间的研发策略互动。微观企业做研发投入决策时,除受企业规模和市场竞争程度等自身或行业因素外(Aghion 等,2005),极有可能受到其"邻居"研发投入的影响。由于研发活动存在溢出效应,新技术的模仿成本确实远低于研发成本,因此竞争者更愿意看到技术领先者从事创新活动而自己采取模仿策略(Brozen,1951)。Scherer(1965)将竞争视为内生变量,首次从研发互动的博弈论角度对企业创新机制进行了研究,Dasgupta 和 Stiglitz(1980)等对其进行了扩展。这类研究的共性是认为企业的研发投入是相互影响的,即企业之间存在研发投入策略互动,且这一互动会对行业内的均衡研发水平产生重大影响。研发互动策略分为两种类型:一方面,企业之间存在策略竞争(谢申详等,2016),企业可以从竞争对手创新思想中受到启发或者鼓励,企业之间竞相增加研发创新以争夺市场份额、攫取垄断利润,即开展研发竞赛,以与领先者保持"齐头并进";另一方面,企业可以减少研发或者不研发,通过模仿对手的新技术从而坐享其成,扮演"技术追随者"的角色。研发策略互动模型由于捕捉到了技术溢出效应,因此在研究企业创新活动时更加准确,然而囿于微观企业数据的可得以及空间计量估计技术的发展限制,国内外仅有少数学者对该模型进行了实证检验。Zizzo(2002)最早用实验方法验证了研发竞赛的存在,发现技术差距非常小时,技术领先者的投资确实会随该差距的减小而增大,与其"针锋相对"公司的研发投资也会随之增加。宗庆庆(2013)验证了中国工业企业确实存在研发的策略互动,发现同一行业的企业更多选择"模仿"领先者的新技术,而非自己研发创新。

目前,有关企业出口的"学习效应"研究均忽略了企业研发策略互动这一事实,从而导致估计偏差和结论片面。在计量经济学中企业研发创新的策略互动关系可以体现为研发投入的"空间"相关性。通过构造恰当的空间权重矩阵进而构建空间计量模型来准确度量个体之间的"空间",本书在此基础上研究出口行为对研发创新的影响。具体地,利用 2005—2007 年的中国工业企业数据,在考虑企业"自我选择"偏差和研发策略互动的前提下,采用倾向得分匹配(PSM)方法匹配样本解决出口行为的内生性问题,在匹配样本的基础上构

建空间自回归 Tobit 模型捕捉研发行为的"空间"相关性,并根据企业所在行业、省份、全要素生产率等地理和经济特征构造空间权重矩阵全方位定义空间"邻居",探讨微观企业出口行为对其研发创新的影响。结果发现,2005—2007年中国企业面临研发决策时,更多采取模仿技术领先者的"搭便车"行为,而不是你追我赶地开展研发竞赛,这一行为抑制中国的整体创新水平;出口行为确实促进了企业研发投入,而忽略研发的空间交互作用会低估这一影响;进一步研究发现,出口增大了新产品的研发投入力度,对高科技行业研发创新的促进作用高于其他行业。本书贡献在于:一方面,验证了2005—2007年中国企业放弃技术追赶这一现象,与发达国家企业采取研发竞赛形成鲜明对比,进一步丰富了学界关于中国工业企业研发投入行为机理的认识;另一方面,研究中引入对企业研发策略互动问题的关注,纠正了以往文献中出口对研发创新影响程度的认识,而基于中国的数据也证实了这种新认识,从而在实证方面完善了"出口中学"的相关研究。

本章接下来的安排为:第二部分构建空间计量模型并介绍估计方法;第三部分为数据处理及各种空间权重矩阵的设置;第四部分是经验分析,在验证企业研发存在策略互动的基础上,给出不同估计方法的回归结果,并进行比较和稳健性分析;第五部分总结全文并指出下一步研究方向。

第二节　模型构建与估计方法

一、模型构建

如何解决企业研发和出口之间的内生性问题以及如何捕捉企业之间研发投入的空间相关性是本书经验分析的两大关键点[①]。对于后者而言,空间计量模型提供了一个很好的工具(LeSage 和 Pace,2009)。通过构造恰当的空间权重矩阵来准确刻画个体之间的"空间"相关,本书采用企业研发投入作为因变量构造空间计量模型。在整理数据库时发现,有些企业并没有研发,即研发投入为0,传统的处理连续型因变量的空间计量模型并不适用(Qu 和 Lee,2012),本书进而使用新近发展的空间 Tobit 模型(LeSage 和 Pace,2009)来估计企业的研发

---

① 内生性问题的解决在经验分析部分有详细阐述,这里重点讨论空间相关模型的建立。

策略互动行为[①]。

经济学直觉也支持空间 Tobit 模型。有接近四分之一的企业选择参加研发活动(见表9-1),研发的收益显而易见,通过研发活动获得领先的专利和技术为企业提供技术垄断,使企业收取高额许可费并且阻止新厂商进入。然而从企业角度看,研发却是不确定的,首先有一部分企业根本不面临研发与否的决策,如加工贸易企业;其次,对于面临研发与否决策的企业,研发带来潜在的收益的同时也必须支付高额的成本,企业必须承担研发失败带来的各种风险。企业在做研发决策之前,要充分权衡研发期望收益和研发成本的大小。参照 Aghion 等(2005),我们引入潜变量,假定企业创新激励取决于企业创新成功后的期望利润与创新前利润之差。这表明如果我们观测到某个企业研发投入为0,则意味着该企业可能因发现研发的期望利润低于不研发的利润而选择了不研发,即给定其他企业的研发策略时,某企业的最优反应是不研发,此时便出现受限因变量这一情况。

由于采用的是分年份的截面数据,空间自回归 Tobit 模型(Qu 和 Lee,2012)可写为如下形式:

$$q_i^* = \lambda(Wq)_i + X_i\beta + \varepsilon_i$$
$$q_i = q_i^* I(q_i^* > 0)$$

$$(9-1)$$

这一模型认为企业研发行为的空间相关性体现在真实结果上,因而研发费用为0的企业对其他企业的研发决策没有影响。其中,q_i^* 表示潜变量;q_i 表示企业 $i(i=1,2,\cdots,n)$ 真实的研发投入;W 是 $n \times n$ 维的空间权重矩阵,表示截面企业之间的空间关系;Wq 是空间滞后变量,由于 W 的主对角线元素为0且是行标准化的常数矩阵,所以 Wq 可解释为竞争对手的平均研发投入;λ 代表企业研发投入反应系数即"空间"邻居效应,用来捕捉企业之间的研发策略互动行为,是本书重点关注的核心系数之一。如果 λ 显著异于0,说明在研发问题上企业确实存在策略互动,反之则说明个体企业的研发决策不受其他企业影响。具体地,若 λ 显著为正,说明企业研发投入为策略互动型,即主动开展研发竞赛;若 λ 显著为负,则说明企业研发投入为策略替代型,即被动模仿其他企业。X_i 为影响

---

① 值得注意的是,计量上的空间相关可能表现为研发投入的溢出效应。这种溢出效应可能是外部性造成,也可能是策略互动引起的。我们的验证方案考虑到随机实验,但囿于实验条件限制,无法区分外部性与策略互动,可能会对结果有所影响。本书采取"空间相关性"来刻画策略互动,这种处理虽不完美,但至少在计量上考虑了策略互动的问题。

企业研发的其他控制变量；ε_i 是独立同分布的随机误差项且 $\varepsilon_i \in N(0, \sigma_\varepsilon^2)$，$I(\cdot)$ 是标示函数，括号内表达式成立则取 1，否则取值为 0。

表 9-1　样本企业的出口及研发状况

变　　量	2000—2007 年平均(%)
出口企业比例	40.95
研发企业比例	22.80
出口企业中研发企业比例	29.90
未出口企业中研发企业比例	17.88

资料来源：作者根据中国工业企业数据库计算得出。

二、估计方法——贝叶斯 MCMC

Pinkse 和 Slade(2010)指出，空间离散选择模型的估计与统计推断是空间计量经济学的一个重要方向，如何估计受限因变量的空间计量模型已引起学者广泛的关注。近年来，大量文献对此模型的估计进行了研究，主要包括期望最大化(expectation－maximization，EM)方法（McMillen，1992），广义矩估计法（Klier 和 McMillen，2008）以及贝叶斯马尔科夫链—蒙特卡洛（Markov Chain Monte Carlo，MCMC)法。由于空间模型参数的后验分布计算需要进行多元积分，计算过程比较繁琐，因此借鉴现有文献的做法（LeSage 和 Pace，2009），本书使用贝叶斯 MCMC 方法来估计空间自回归 Tobit 模型。贝叶斯 MCMC 方法的基本思想是，如果样本足够多，推导后验概率密度的表达式还不如使用某种估计（如核密度估计）去逼近。

使用贝叶斯 MCMC 方法的关键在于我们需要从模型参数 λ、β 和 σ_ε^2 条件分布的完整序列以及给定 q_1 时 q_2 的条件分布中进行连续抽样。本质上讲，贝叶斯 MCMC 方法将研发投入为 0 的观测值看作额外的待估参数，投入为 0 的观测值 q_2 从非 0 观测值 q_1 中抽样并估计得到。该方法的好处是研发费用为 0 的企业视为潜在的期望利润之差为负，通过对研发费用为正的样本进行 MCMC 抽样，我们可以估计出不研发企业的潜在期望利润之差。使用这些估计出的连续型潜变量代替原来的 0，我们可以得到一组完整的潜变量向量（此时可观测），并据此估计出模型的其他参数 λ、β 和 σ_ε^2。具体估计方法如下：

将(9-1)式中向量 q 分成两部分，$q_1 > 0$ 和 $q_2 = 0$，q_1 表示研发投入为正的观测，维数为 $n_1 \times 1$，q_2 表示研发投入为 0 的观测，维数为 $n_2 \times 2$，同样，权重矩阵 W 依据 n_1 和 n_2 个观测值也分成对应的两部分，因此空间 Tobin 模型也可用式

(9-2)进行直观的表示。其中 X_1,X_2 与 $\varepsilon_1,\varepsilon_2$ 分别对应 n_1 个非零观测值以及 n_2 个零观测值对应的特征值与干扰项。

$$\begin{bmatrix} q_1 \\ q_2 \end{bmatrix} = \lambda \begin{bmatrix} W_{11} & W_{12} \\ W_{21} & W_{22} \end{bmatrix} \begin{bmatrix} q_1 \\ q_2 \end{bmatrix} + \begin{bmatrix} X_1 \\ X_2 \end{bmatrix} \beta + \begin{bmatrix} \varepsilon_1 \\ \varepsilon_2 \end{bmatrix} \tag{9-2}$$

假定 (q_1,q_2) 的先验分布为联合多元正态分布,如(9-3)式所示。根据标准的多元正态分布理论,$q_2 \mid q_1$ 的条件分布也是正态,具体形式为断尾的多变量正态分布,其均值和方差表达式分布为(9-4)式和(9-5)式:

$$q = \begin{bmatrix} q_1 \\ q_2 \end{bmatrix} \sim N(\mu,\Sigma) = N\left[\begin{bmatrix} \mu_1 \\ \mu_2 \end{bmatrix} \begin{bmatrix} \Sigma_{11} & \Sigma_{12} \\ \Sigma_{21} & \Sigma_{22} \end{bmatrix} \right] \tag{9-3}$$

$$E(q_2 \mid q_1) = \mu_2 + \sum\nolimits_{21} \left(\sum\nolimits_{11} \right)^{-1} (q_1 - \mu_1) \tag{9-4}$$

$$\mathrm{var}(q_2 \mid q_1) = \sum\nolimits_{22} - \sum\nolimits_{21} \left(\sum\nolimits_{11} \right)^{-1} \sum\nolimits_{12} \tag{9-5}$$

其中,μ 为样本均值,令 $Z=I-\lambda W$,$\Psi=Z'Z$,有 $\sum = Z^{-1}(Z')^{-1} = \Psi^{-1}$,$\mu=(\mu_1)\mu_2)' = Z^{-1}X\beta$。

进一步地,LeSage 和 Pace(2009)指出在上述计算中,由于 W 是很多元素为 0 的稀疏矩阵,将其求逆会导致运算很慢甚至溢出计算机内存无法计算。为避免对空间权重矩阵求逆,采用 Harville(1997)的引理:$\Sigma_{21}(\Sigma_{11})^{-1} = -(\Psi_{22})^{-1}\Psi_{21}$。本书遵循这一做法,于是 $(q_2 \mid q_1)$ 的条件期望可写成:$E(q_2 \mid q_1) = \mu_2 - (\Psi_{22})^{-1}\Psi_{21}(q_1 - \mu_1)$,其中 $\Psi_{22} = I_{n_2} - \Psi W_{22}$,$\Psi_{21} = -\Psi W_{21}$,$\mu = (I_n - \Psi W)^{-1}X\beta$。

估计出不研发企业的潜变量后,对原来研发投入为 0 的观测值进行替代,得到新的 Q_n^*。$Q_n^* = \begin{bmatrix} q_1^* \\ q_2^* \end{bmatrix}$ 包括了可观测到的潜变量和估计出来的潜变量(即期望利润之差),进而根据新估计出的潜变量的条件分布,估计出模型其他参数 λ,β,σ_ε^2。

第三节　数据描述和空间权重矩阵设置

一、数据处理与指标构建

本书的数据来源于中国国家统计局"500 万产值以上工业企业统计年度库

（2000—2007）"。根据聂辉华等（2012）的总结，此数据库存在样本匹配混乱、指标缺失与异常、测度误差明显及变量定义模糊等缺陷。针对以上问题，本书首先根据 Brandt 等（2012）的序贯识别法，依次按照企业代码、企业名称、邮政编码识别出每年持续存活的企业，以避免受到企业关闭改制重组原因带来的进入退出影响；并参照 Cai 和 Liu（2009）剔除异常指标的观测值，如总资产、从业人数、工业总产值、销售额等关键指标缺失的观测值，总资产小于流动资产、总资产小于固定资产净值、累计折旧小于当期折旧的观测值，研发费用等关键指标小于 0 的观测值等。由于使用的样本数据库从 2005 年才开始有"研发费用"这一项，故本书使用 2005—2007 年每一年的截面数据进行经验分析[①]，每年样本数为48 385 个。

在指标构建方面，本书使用研发投入来度量 R&D 投入。参照已有文献，影响研发的企业和行业特征主要包括：（1）企业规模。经验研究表明企业规模和研发投入可能密切相关（吴延兵，2007），我们选用从业人员数量来度量企业规模。（2）出口强度。经验分析文献中"学习效应"的存在表明了出口对企业研发的促进作用，用出口交货值与销售额比值得出出口强度（Wagner，2007）。（3）资本密集度。为了弥补二位数行业反映企业个体特征的不足，我们构造了资本密集度（人均资本）作为行业特征的代理变量，因为资本密集型行业更倾向于进行技术创新（聂辉华等，2008）。该指标用固定资产与从业人员的比值度量。（4）行业集中度。行业集中度又称市场集中度，可反映市场的竞争和垄断程度。本书选用赫芬达尔指数（Hirschman－Herfindahl Index，HII），即一个行业中各市场竞争主体所占行业总收入百分比的平方和（Rosenberg，1976）来代表行业集中度。（5）市场势力。一般用勒纳指数衡量，由于边际成本不可获得，无法计算每个企业的勒纳指数，因此我们借鉴 Rosenberg（1976）用市场份额度量。（6）所有制类型。不同产权结构对企业研发决策的影响不同，本书用国有企业虚拟变量衡量（聂辉华等，2008）。

此外，由于后文需要度量企业间的技术距离，因此精确地估计企业全要素生产率（TFP）对于本书的结果至关重要。我们采用 Olley 和 Pakes（1996）的 OP 方法来估计企业的 TFP，以避免传统 OLS 方法估计带来的选择偏差和同步偏

---

① 分年份做回归是受该领域计量技术发展的局限，目前尚未有成熟的面板数据模型方法与技术可以估计空间自回归 Tobit 模型。

差。本书利用永续盘存法算出企业投资[①],并结合了 OP 方法的一些最新进展:考虑到企业的出口状况可能会影响 TFP,我们参照 Amiti 和 Konings(2007),包含了企业是否出口的虚拟变量。在进一步的稳健性分析中,我们借鉴 Levinsohn 和 Petrin(2003)的 LP 方法,采用中间投入品作代理变量来估计全要素生产率,以矫正 OLS 方法遗漏变量带来的内生性问题。

样本中所有名义变量都以 2000 年为基期进行了调整。其中工业增加值和新产品产值使用企业所在地区工业品出厂价格指数平减,实际资本(固定资本存量)使用固定资产投资价格指数平减,研发费用使用固定资产投资价格指数和居民消费价格指数的加权合成指数进行平减,权重分别为 45% 和 55%(朱平芳和徐伟民,2003),平减指数均取自"中经网统计数据库"。本书使用的主要变量见表 9-2。

表 9-2 变量定义及描述性统计

变 量	定 义	度量方法	均 值	最小值	最大值
R&D	研发投入	研发费用/工业销售额	0.003	0	0.426
Size	企业规模	从业人员数量	771.969	8	151013
EX	出口强度	出口交货值/工业销售额	0.219	0	1
K/L	资本密集度	固定资产/从业人员	165.501	1.029	9669.44
HHI	行业集中度	赫芬达尔指数:行业内全部市场份额平方和	0.013	0.002	0.094
Mpower	市场势力	企业销售收入/行业销售额	0.001	0.000	0.177
State	国企虚拟变量	国企,State 为 1;否则为 0	0.114	0	1
TFP	全要素生产率	OP	5.443	0.681	9.790
		LP	7.442	1.764	12.845

资料来源:作者根据中国工业企业数据库统计得出。

二、空间权重矩阵设置

准确度量个体之间的空间相关关系,并构造恰当的权重矩阵是空间计量经济学的关键。不同空间权重矩阵的设置会使企业研发投入的反应系数有显

---

① 企业投资=本期资本存量-上期资本存量+本期折旧。由于我们采用的是 8 年连续经营的企业,因此计算的投资值缺省不多,而戴觅、余淼杰(2012)、鲁晓东、连玉君(2012)的计算包含已倒闭的企业,缺省值会很多,因此我们估计出的 TFP 较高。

著的统计差异,为提高统计推断的可靠性和稳健性,本书参照 Bavaud(1998)主要从行业空间、地理空间、技术空间三个方面构造不同的空间权重矩阵:(1) 行业相邻矩阵 W_{adj}。同一行业的企业构成最直接的竞争对手,企业直接获取的一般是行业内其他企业创造的新知识,且研发人员和技术人员一般也只在同一行业内流动。设定如下:当企业 i 和企业 j 属于同一类二分位行业,且企业 j 研发费用不为零时,$W_{ij}=1$,否则为 0。这种设置方式对同一行业的所有邻居企业赋予了相同的权重。(2) 地理距离矩阵 W_{geo}。企业研发带来的知识溢出效应对于不同的邻居企业不同,假定权重与距离成反比关系,企业研发投入对距离自己越近的邻居企业影响越大。设定如下:首先计算企业 i 和 j 所在省份(分别记为省 a 和 b)的地理距离 d_{ab},如果企业 i 和 j 不在相同省份,则 $W_{ij}=1/d_{ab}$,否则为 0。(3) 技术距离矩阵 W_{tfp}。企业研发更容易受到行业内部生产率与自身较为相近企业的影响,本书以全要素生产率为权重设定了技术距离矩阵 W_{tfp}:如果企业 i 和 j 属于同一行业,则 $W_{ij}=1/abs(econ_i-econ_j)$,否则为 0。其中 $abs(\cdot)$ 是绝对值算子,$econ$ 代表企业生产率。与行业相邻矩阵不同,地理距离和技术距离矩阵对同一行业内的企业赋予了不同的权重。矩阵构造完成后,我们对其进行标准化处理,保证空间权重矩阵每行元素之和为 1,即

$$W'_{ij} = W_{ij}/\sum_{i}^{n}W_{ij}。$$

恰当选取权重的函数形式是构造空间权重矩阵的另一个核心问题。理论空间计量经济学并没有提供一般性的函数形式选取准则,因此我们在具体函数形式设定时考虑了多种情况。行业相邻矩阵采用离散型函数来度量空间权重,而地理距离矩阵和技术距离矩阵则采用连续型函数来度量空间权重。采用连续型函数度量空间权重时,在具体函数形式设定时有以下问题:以地理距离为例,显然 $W_{ij}=1/d_{ab}$ 和 $W_{ij}=1/d_{ab}^2$ 均反映了空间权重和地理距离成反比关系,但第一种函数形式构造的空间权重矩阵往往会产生发散的空间自相关过程,而第二种形式得到的研发投入反应系数满足理论约束条件($|\lambda|<1$),故本书采用 $W_{ij}=1/d_{ab}^2$ 构建空间权重矩阵。在技术距离权重方面,$W_{ij}=1/abs(econ_i-econ_j)$ 和 $W_{ij}=1/abs^2(econ_i-econ_j)$ 构造的权重矩阵所得到的估计结果相似,不改变本书基本结论,故本书采用前者来构造权重矩阵。

第四节　经验研究分析

本书考察的对象是中国出口企业的创新行为。值得强调的是，本研究的一个难点问题是很多企业不进行研发，即研发投入为0，因此我们首先采用对角点解相应的 Tobit 模型。Tobit 模型既能给出因变量的非负估计值，也能较好地衡量偏效应[①]。为便于进行结果的比较，我们先给出 Tobit 模型的经典估计方法——Heckman 两步法的结果。

一、全样本基准 Tobit 模型——Heckman 两步法

针对研发投入为0的企业，若是简单地忽略或者剔除，会造成估计结果的偏误（Westerlund 和 Wilhelmsson，2011）。只有在企业研发投入为零这一事件是随机发生时，忽略或者剔除才不会造成偏差。然而事实上，研发投入较高的企业往往具备更高的生产率，能支付较高的成本，因此将不进行研发的企业排除在外，仅对研发企业进行回归是采用了选择样本而非随机样本，这种非随机的数据筛选本身就导致了有偏的估计（Coe 和 Hoffmaister，1998）。

针对估计模型的样本选择偏差问题，我们采用经典的 Heckman（1979）两阶段模型来解决。本书将企业研发创新模型分为两阶段，第一阶段是 Probit 的研发选择模型，即首先考察企业是否研发；第二阶段为修正的研发投入数量模型，进一步考察企业研发的影响因素，具体模型为：

$$\Pr(RD_i = 1) = \Phi(\alpha_1 EX_i + Z'_i\alpha_2) \tag{9-6}$$

$$R\&D_i = \gamma_1 EX_i + Z'_i\gamma_2 + \gamma_3\lambda_i + \xi_i \tag{9-7}$$

其中，方程（9-6）是 Heckman 第一阶段的 Probit 研发选择模型。$\Pr(RD_i=1)$ 表示企业参与研发的概率；RD_i 表示企业 i 是否选择研发（1 表示研发，0 表示不研发）；RD_i^* 表示企业 i 的潜在研发投入；若 $RD_i^* > 0$，则 $RD_i = 1$；若 $RD_i^* \leqslant 0$，则 $RD_i = 0$。$R\&D_i$ 表示企业 i 的实际研发投入；$\Phi(\cdot)$ 表示标准正态分布函数；EX_i 表示企业 i 的出口强度；Z_i 表示其他影响企业 i 研发的因素；α_1，

[①]　需要说明的是，加工贸易企业基本上没有研发投入，囿于数据的可得性，本书暂时无法区分加工贸易企业，因此在实际操作中去掉了出口强度为1的企业，可能会给回归结果造成些许偏差。

$\alpha_2, \gamma_1, \gamma_2, \gamma_3$ 表示回归系数；ξ_i 表示残差项。方程(9-7)是修正的 Heckman 第二阶段研发投入模型，其中 λ_i 从方程(9-6)回归中得到[①]，加入到(9-7)中以克服样本的选择性偏差。

估计结果见表9-3，解释变量依次为企业出口强度、企业规模、是否国有企业、市场势力、行业集中度和资本密集度。回归结果显示，我们关注的解释变量出口强度 EX，其系数在回归1研发选择方程与回归2研发投入方程中均显著。这说明出口对中国企业的研发决策和研发投入力度起到了显著的正向作用，"出口中学"效应确实存在。出口企业在国际市场面临更激烈的竞争、更丰富的技术来源渠道，因此有动力提高其知识储备，加大研发投入力度进行创新。出口行为不仅促使企业进行研发决策，即提高研发的广延边际(extensive margin)，同时也提高了研发投入力度即研发的集约边际(intensive margin)。本书进一步将估计系数进行标准化[②]，计算结果列在表9-4，$\beta'_1 = \beta_1 s(EX)/s(dummy)$，$\beta'_2 = \beta_2 s(EX)/s(R\&D)$，其中 β_1 和 β_2 分别为研发选择方程和研发投入方程中出口强度的估计系数，$s(EX)$、$s(dummy)$、$s(R\&D)$ 分别为变量出口强度、研发虚拟变量、研发投入的标准差，β'_1 和 β'_2 分别为标准化后的系数。计算发现 $\beta'_1 > \beta'_2$，即出口行为对研发的广延边际影响超过集约边际影响，说明总体来看出口行为促进研发的增长，这种增长在很大程度上源于选择研发的企业数量增多，即出口促使越来越多的企业加入研发大军，而不是已有的研发企业增大研发力度。出口对研发的促进更多是通过广延边际来实现，而非集约边际。

表9-3 出口行为的研发效应(Heckman 两步法)

被解释变量：研发	回归1	回归2
	研发选择方程	研发投入方程
EX	0.083[**] (2.07)	0.009[***] (4.01)
ln $Size$	0.297[***] (26.34)	0.006[**] (2.51)
$State$	−0.461[***] (−10.33)	−0.009[***] (−7.58)

① 根据方程(1)估计出 $\hat{p}_j$，其中 j 表示标准正态分布的概率密度函数，若 $\hat{w}_i$ 不为 0 且在统计上显著，则表明样本选择的偏差存在，进而支持采用 Heckman 模型。

② 回归1即研发选择方程中报告的系数为转换过的边际效应(marginal effect)。

（续表）

被解释变量: 研发	回归 1	回归 2
	研发选择方程	研发投入方程
$Mpower$	−2.041 （−1.07）	−0.003** （−2.07）
HHI	7.602*** （6.09）	0.021*** （5.88）
$\ln(K/L)$	0.166*** （14.62）	0.019*** （9.43）
λ	−3.891*** （16.39）	
行业效应	是	是
地区效应	是	是

注:括号内为回归系数的 t 值,***,**,* 分别为 1%,5%和 10%的显著性水平,下表同。

表 9-4　研发估计系数的标准化比较

β	标准化系数
研发选择方程:β_1'	0.0574
研发投入方程:β_2'	0.0116

二、全样本空间自回归 Tobit 模型

Heckman 两步法有效解决了样本选择偏差,然而还有一个问题被忽略:企业研发的策略互动,即企业做研发决策时会受到其他邻居企业的影响。企业的特征不仅会影响到自身的研发决策,由于空间交互作用,可能会影响到其他企业的研发策略。具体存在两种可能:给定其他企业研发投入,企业可能采取模仿领先者的策略,减少自身研发投入;或者开展"你追我赶"的研发竞赛,加大自身研发投入。忽略这种相互影响,会导致参数估计有偏且往往会低估其他协变量对研发投入的作用。空间自回归模型很好地控制了这种交互作用,同时由于很多企业不研发(研发投入一项为 0),我们又将其与 Tobit 模型结合起来,采用空间自回归 Tobit 模型来刻画企业出口的研发效应。

1. 空间自相关检验

在估计空间自回归 Tobit 模型之前,首先检验企业间研发投入的空间相关性。针对有些企业不研发的受限因变量问题,我们主要采用 Qu 和 Lee(2012)空

间 Tobit 模型的 LM 检验来验证①。表 9－5 列出了 2005—2007 年各年分行业相邻空间权重矩阵 LM 检验统计量,为保持结果的稳健性,同时列出了 KP 检验统计量进行比较。结果显示,两种检验统计量均统计显著,表明各行业内企业在作研发投入决策时确实存在空间相关性。

表 9－5　企业研发投入空间相关性检验

行　业	2005 年		2006 年		2007 年	
	LM	KP	LM	KP	LM	KP
化学制品制造业	12.78***	22.76***	12.68***	22.14***	13.01***	21.71***
交通设备制造业	11.83***	20.84***	11.58***	19.35***	12.06***	25.18***
金属制造业	13.05***	15.01***	13.17***	14.29***	13.12***	14.55***
非金属矿物制造业	9.16***	18.09***	10.21***	18.40***	9.25***	18.21***
黑色金属矿采选业	11.29***	14.26***	12.13***	15.02***	10.69***	13.11***
有色金属矿采选业	10.11***	13.45***	13.51***	12.14***	8.93***	11.16***

注:只列出 6 个代表性行业的结果,它们分别在"针锋相对度"排名中位于前两位、中间两位以及最后两位②。

2. 全样本空间自回归 Tobit 模型

验证了空间相关性确实存在后,我们采用 MCMC 方法估计空间自回归 Tobit 模型。设定模拟次数为 2000 次,因参数的后验分布非常繁琐,故采取 M—H (Metropolis-Hastings)方法进行抽样③,估计中为保证马尔科夫链的收敛舍去前 300 次模拟,回归结果列在表 9－6 中。我们关注的解释变量 W_{adj}、

① 用于检验连续型因变量模型空间相关性的主要是 Moran i 检验(Moran,1950)和 AB 检验(Anselin 和 Bera,1998)。相比之下,考虑受限因变量的文献较少,仅 Kelejian 和 Prucha (2001)针对 Probit 和 Tobit 模型,基于非线性回归的残差提出了 KP 检验并且基于一维变量线性二次型的中心极限定理推导其渐进分布。Qu 和 Lee(2012)将 KP 的一维变量推广到多维,并在此基础上给出了空间自回归和空间误差 Tobit 模型的 LM 检验统计量及其极限分布。

② 参照 Aghion 等(2005),行业针锋相对度通过行业内所有企业与技术领先者(TFP 最高)的平均技术差距来衡量。公式为 $m^r = N_t^{-1} \sum_{i \in r} \left(\frac{TFP_{Ft} - TFP_{it}}{TFP_{Ft}} \right)$,其中 N_t 表示 t 期行业 r 的企业个数,TFP_{Ft} 表示 t 期行业内领先企业的 TFP,TFP_{it} 表示 t 期行业内企业的 TFP,m^r 越低,意味着针锋相对度越高;m^r 越高,意味着针锋相对度越低。

③ M—H 抽样由 Metropolis 等(1953)提出,后由 Hastings(1970)进行推广。与 Gibbs 抽样相比,M—H 抽样能够处理后验分布未知的情况,因此是一种更一般的抽样方法。

W_{geo}、W_{tfp}分别为从行业、地理距离、技术距离构造的不同空间权重矩阵，其系数为研发投入的反应程度。可以看出，除地理权重矩阵不显著外[①]，行业和技术距离权重矩阵系数在回归方程中均为负值且在计量上显著，说明当其他技术领先者研发时，更多的企业选择了减少研发或者不研发，研发企业的投入似乎显著抑制了不研发企业的自主创新。中国企业在面临研发投入决策时，并没有像发达国家的企业一样积极开展研发竞赛，而是采取模仿行业内或生产率相近邻居、放弃技术追赶的消极策略，即存在显著的策略替代行为。这一点与宗庆庆（2013）的结论相同，同时也符合中国企业创新能力呈现二元结构的现状，即少数创新企业与大部分跟随企业并存。虽涌现出华为、联想、华大基因、格力等一批创新型企业，但大多企业还是消极模仿。原因之一可能是知识产权意识薄弱、知识产权保护力度不够。产权保护不力为技术落后者提供了"免费搭车"的可能性，在监管不力、违法代价过低的情况下，技术模仿者为获得垄断利润，模仿技术领先企业已成为最优策略。总体来讲，这种模仿或抄袭的"搭便车"行为，大大降低了技术领先者的积极性，抑制了整个国家的创新。

三个权重矩阵中，技术距离权重矩阵W_{tfp}系数的绝对值最大。这表明相较于仅处于同一行业或者地理距离上比较接近的邻居企业，企业的研发决策对同一行业中全要素生产率与自身差异较小的邻居更加敏感。可以发现技术水平是影响企业研发策略互动的重要因素，因此政府加大对技术落后企业的引导与扶持，提高企业全要素生产率，缩小企业间技术差距，或许会产生较大的研发竞争激励，进而提高整个社会的创新能力。

此外，我们最为关注的解释变量出口强度，其系数显著为正，证实了"出口中学"效应确实存在。与表9-3相比，表9-6考虑研发策略互动的前提下出口强度系数更大，说明忽略企业研发策略的空间交互作用会低估出口对研发投入的影响。我们尝试从以下角度解释：对于任何一个企业a，其出口对自身研发投入有促进作用，这种正向影响已经通过"学习效应"的机制得到验证；与此同时，企业b（企业c，企业d，……）出口促进自身增大研发投入，而企业a针对邻居企业b（企业c，企业d，……）增大研发投入的行为采取减少甚至不研发的追随模仿策略，给研发带来负面影响，之前表9-3的研究忽略了这种间接的负面效应，，会造成出口学习效应系数的低估。

---

① 地理距离影响人力资源的流动和技术的传播是学界普遍认可的，这里统计不显著的原因或许是因为本书在度量时不够精确。我们采取两企业所在省份的省会之间的直线距离来衡量，这样的衡量可能过于粗糙。

表 9 - 6 全样本空间自回归 Tobit 模型

被解释变量:研发投入	2005 年			2006 年			2007 年		
	W_{adj}	W_{geo}	W_{tfp}	W_{adj}	W_{geo}	W_{tfp}	W_{adj}	W_{geo}	W_{tfp}
W_{adj}	−0.329 *** (−2.61)			−0.294 ** (−2.45)			−0.310 *** (−2.57)		
W_{geo}		−0.108 (1.15)			0.286 (0.891)			−0.239 (1.13)	
W_{tfp}			−0.431 *** (3.53)			−0.341 *** (2.80)			−0.369 ** (2.46)
EX	0.057 *** (2.69)	0.027 (1.13)	0.042 *** (3.14)	0.068 *** (2.96)	0.037 (1.37)	0.048 ** (2.09)	0.069 *** (2.76)	0.024 (1.53)	0.059 *** (4.65)
ln Size	0.019 *** (3.62)	0.019 *** (4.25)	0.012 *** (7.01)	0.021 *** (2.63)	0.031 *** (6.93)	0.013 *** (2.62)	0.017 *** (2.83)	0.014 *** (3.46)	0.012 * (1.89)
State	−0.021 *** (−5.79)	−0.015 ** (−2.43)	−0.015 *** (−7.44)	−0.019 *** (−6.38)	−0.014 *** (−3.51)	−0.015 *** (−3.75)	−0.014 *** (−6.12)	0.007 (1.46)	−0.015 *** (−3.48)
Mpower	−0.001 *** (−10.03)	−0.002 (−1.45)	−0.001 * (−1.67)	−0.002 *** (−8.62)	−0.001 (−1.56)	−0.003 (−1.11)	−0.002 ** (−2.18)	−0.001 *** (−3.21)	−0.003 ** (−2.51)
HHI	0.004 *** (4.12)	0.003 *** (9.39)	0.002 ** (2.11)	0.003 *** (3.21)	0.003 *** (3.03)	0.002 ** (1.99)	0.002 *** (3.76)	0.004 * (1.88)	0.004 *** (3.82)
ln (K/L)	0.025 ** (2.14)	0.031 *** (13.42)	0.035 *** (12.65)	0.061 (1.09)	0.037 *** (11.25)	0.075 *** (6.82)	0.040 ** (2.26)	0.047 *** (14.65)	0.059 *** (11.59)
行业效应	是	是	是	是	是	是	是	是	是
地区效应	是	是	是	是	是	是	是	是	是

三、基于匹配样本的空间自回归 Tobit 模型

值得注意的另一问题是:之前的理论研究表明,出口行为是本土企业创新活动的副产品,或者说创新竞争力会刺激企业的出口行为(Girma 等,2008)。因此,我们在研究企业出口对研发创新影响时,就不得不考虑研发投入较高的企业会"自我选择"进入出口市场这一行为带来的偏差。如果出口企业比非出口企业的研发投入高,我们有理由猜测出口企业即使不出口也比非出口企业的研发投入高。然而我们不能直接验证这一猜测,因为假设出口企业不出口是一种反事实的框架,我们缺乏足够的信息。为了无偏地估计出口行为对研发投入的影响,我们采用倾向得分匹配法(propensity score matching,PSM)来重新选取样本。首先构建一个对照组,使对照组中的企业能够尽量代表处理组企业如果不出口的情况。仿照最近文献中的做法(Girma 等,2004;Alvarez 和 Lopez,2005;De Loecker,2007),用企业在出口前一年的特征来估计倾向得分:$P(Start_i = 1) = \Phi(h(X_{i,-1}))$,其中 $Start_i = 1$ 表示企业 i 开始出口,$X_{i,-1}$ 代表企业 i 在出口之前一期的一系列可以预测其

是否出口的企业特征,包括全要素生产率、企业规模、研发投入、固定资本总额以及所有制和行业虚拟变量。在估计倾向得分时,我们采用了 Probit 模型,并加入了自变量的高阶和交叉项。分年估计出倾向得分后,借鉴 Girma 等(2004)以及 De Loecker(2007)的方法进行匹配①,然后分年将处理组和对照组集中到一起得到新的样本。我们将分年的匹配结果列在表 9-7 中。匹配过的新样本已经准确控制了企业研发的"自我选择"效应,再采取空间自回归 Tobit 模型捕捉企业的研发投入策略互动行为,回归结果列在表 9-8 中②。

表 9-7 2005—2007 分年的匹配结果

年 份	处理组	对照组	匹配成功	匹配后样本
2005 年	2 388	3 409	1 257	3 645
2006 年	2 442	3 355	1 235	3 677
2007 年	2 292	3 505	1 144	3 436

注:根据工业企业数据库匹配所得。

表 9-8 基于匹配样本的空间自回归 Tobit 模型

因变量: 研发投入	2005 年			2006 年			2007 年		
	W_{adj}	W_{geo}	W_{tfp}	W_{adj}	W_{geo}	W_{tfp}	W_{adj}	W_{geo}	W_{tfp}
W_{adj}	−0.118 *** (−2.88)			−0.211 ** (−2.31)			−0.147 *** (−3.04)		
W_{geo}		0.211 (1.13)			0.143 (1.07)			−0.246 (−0.98)	
W_{tfp}			−0.249 *** (−2.77)			−0.263 *** (−4.43)			−0.255 *** (−3.59)
EX	0.045 *** (3.21)	0.041 ** (2.29)	0.046 *** (3.07)	0.069 *** (2.76)	0.049 ** (2.39)	0.046 *** (3.54)	0.063 *** (4.18)	0.058 *** (3.04)	0.068 *** (3.78)
ln Size	0.031 ** (2.21)	0.027 *** (3.38)	0.031 ** (2.39)	0.041 *** (4.58)	0.041 * (1.78)	0.061 *** (3.05)	0.201 *** (8.21)	0.101 ** (1.99)	0.088 *** (5.24)
State	−0.011 * (−1.67)	−0.008 (−1.06)	−0.007 *** (−2.83)	−0.014 ** (−2.01)	−0.016 ** (−2.46)	−0.016 ** (−2.67)	−0.052 *** (−5.11)	−0.059 *** (−6.72)	−0.047 *** (−4.77)

---

① 具体方法为:将倾向得分分为 k 个等长度区间,使处理组与对照组的倾向得分均值在每个区间都相同;检验每个区间的自变量均值是否相同,即检验"平衡条件"(the balance condition)是否成立;如平衡条件不成立,则在估计倾向得分时加入高阶项或交叉项,并重复前两步骤;在平衡条件满足后,用"最近邻匹配"(the nearest neighbor matching)法对处理组和对照组进行匹配。

② 空间自相关检验结果不再赘述,下同。

（续表）

因变量：研发投入	2005 年			2006 年			2007 年		
	W_{adj}	W_{geo}	W_{tfp}	W_{adj}	W_{geo}	W_{tfp}	W_{adj}	W_{geo}	W_{tfp}
Mpower	−0.001 *** (−2.93)	−0.002 (−1.45)	−0.003 *** (−3.25)	−0.001 ** (−2.26)	−0.002 *** (−6.33)	−0.002 *** (−5.23)	−0.002 ** (−2.09)	−0.002 (−1.34)	−0.002 ** (−2.11)
HHI	0.004 ** (2.04)	0.005 *** (2.63)	0.005 *** (2.79)	0.005 *** (3.79)	0.004 ** (1.98)	0.005 *** (2.87)	0.005 *** (2.77)	0.005 *** (2.75)	0.004 ** (2.13)
ln (K/L)	0.012 *** (4.11)	0.010 *** (3.67)	0.019 *** (5.24)	0.018 *** (5.46)	0.014 *** (3.76)	0.014 *** (3.53)	0.021 ** (2.49)	0.023 * (1.72)	0.045 *** (6.79)
行业效应	是	是	是	是	是	是	是	是	是
地区效应	是	是	是	是	是	是	是	是	是

表 9-8 显示，企业研发反应系数与出口强度的系数仍然显著，且方向与表 9-6 全样本情况下保持一致，出口变量的系数仍高于忽略研发策略互动的情形（表 9-3）。值得注意的是，与全样本空间自回归 Tobit 模型的回归结果相比，匹配样本的行业与技术空间权重矩阵的系数绝对值变小。对此可能的解释是根据我们匹配的原则，匹配成功的样本都是"优秀"企业，这些"优秀"企业在面临别的邻居企业研发创新时，与"普通"企业相比，更有动力开展研发竞赛进行竞争，而非"搭便车"模仿别人创新成果，因此我们看到的空间权重矩阵系数绝对值变小。此外我们还发现，不同的空间权重矩阵相比，技术距离 W_{tfp} 权重下的研发投入反应系数绝对值高于 W_{adj} 和 W_{geo} 权重下的结果[①]。这表明企业的研发投入对同一行业中全要素生产率与自身差异很小的"邻居"企业更加敏感，或许这与技术的空间关联比地理上的空间集聚更加盛行有关。

企业规模系数显著为正，说明研发投入随着企业规模的扩大而增加。由于在规模经济、风险分担和融资渠道等方面拥有相对优势，大企业确实存在创新优势。这一结论与 Gayle(2003) 的观点相同，验证了"熊彼特假说"。

相对于民营企业，国有企业的研发投入较低，可从两个角度解释：一方面，根据 Arrow(1962) 的观点，竞争性产业比垄断产业能产生更多的研发激励，这意味着企业的垄断地位可能会削弱其创新激励；另一方面，党力等（2015）指出，企业既可以通过创新谋求发展，也可以通过寻求政治关联获得发展。与民营企业相比，国企与政府建立特殊的政治关联来获取利润更加容易，这或许也是国企整体创新能力较低的原因。

市场势力越大，企业的垄断程度越高，对创新越不利。这一结论支持

---

① 这一结论在全样本空间自回归 Tobit 模型下也成立。

Arrow(1962)的观点,并且与 Aghion 等(2005)的结论一致,一定程度的竞争能够激励企业进行技术创新。

行业集中度对创新有着显著的正效应。行业集中度越小,说明竞争越激烈,对创新越不利,这一点与市场势力对创新的作用恰好相反[1]。根据微观经济学原理,竞争越激烈,企业的利润应该越少。仿照聂辉华等(2008)的研究,将市场势力和行业集中度对利润率的增长率进行固定效应回归,在控制了规模、生产率、资本等因素之后,发现前者对利润率的增长率具有显著负效应,而后者并不显著。这说明企业之间复杂的博弈行为导致集中度不等于市场势力,市场集中度可能不是衡量市场势力或竞争程度的合适指标,这一点也得到了(Symeonidis,1996;聂辉华等,2008)的证实。仅从结果来看,市场集中度与创新之间的正向关系与多数现有经验研究是一致的(Gayle,2003)。

资本密度系数显著为正,说明人均资本密集度越高,企业越倾向于更多的创新投入,这一点与聂辉华等(2008)的结论相同。

四、不同研发类型的识别

企业对研发的投入分为两种类型:对已有产品的生产研发和对新产品的开发。根据 Dhingra(2013)的研究,当企业具有规模经济的时候,企业进行生产研发会降低企业的可变成本,提高边际利润。进行新产品研发会增加已有商标下的产品种类,一方面造成企业内部各种产品间的自我蚕食,另一方面会使消费者对本企业商标的认知增加,扩大消费者对本企业产品的需求。因此,企业对生产研发和新产品开发的决策取决于企业内部产品的替代性和企业之间产品替代性的关系以及不同企业初始的市场份额等特性(田巍和余淼杰,2014)。

上文的分析采用总研发投入作为被解释变量,接下来对研发类型进行细分,考察出口行为对企业新产品研发的影响。由于数据库中并没有新产品研发投入这一项,我们选取新产品产值作为新产品研发的代理变量(田巍和余淼杰,2014)[2]。表 9-9 中列出了匹配样本空间自回归 Tobit 模型下的结果,可以看出,空间权重矩阵仍然是显著为负,研发策略互动效应仍然存在;企业出口对新产品产值有显著的正向影响,出口对新产品研发投入的促进作用高于对总研发投入(表 9-8)的影响。新产品研发需要更高的技术水平,相对于发达国家,中

---

① Blundell 等(1999)也发现了市场势力(市场份额)与市场集中度(CR5)对创新的作用是相反的。CR5 指五个最大的企业占相应市场的份额。

② 新产品产值同时也可以衡量研发产出。研发投入和研发产出衡量创新更加全面。

国企业虽然在新产品研发上并不占优势,但还是迈出了步伐,体现出巨大的创新潜力。

表 9 - 9　基于匹配样本的空间自回归 Tobit 模型(新产品研发)

被解释变量:新产品产值	2005 年			2006 年			2007 年		
	W_{adj}	W_{geo}	W_{tfp}	W_{adj}	W_{geo}	W_{tfp}	W_{adj}	W_{geo}	W_{tfp}
W_{adj}	−0.291 *** (−3.83)			−0.289 ** (−2.55)			−0.329 *** (−3.07)		
W_{geo}		−0.221 (−1.34)			−0.249 (−1.49)			−0.217 (−0.98)	
W_{tfp}			−0.422 *** (−3.49)			−0.406 ** (−2.39)			−0.445 *** (−3.32)
EX	0.085 *** (2.83)	0.083 *** (2.77)	0.081 *** (2.79)	0.091 *** (3.25)	0.079 *** (3.76)	0.072 ** (2.25)	0.092 *** (3.54)	0.085 ** (2.51)	0.090 *** (4.34)
行业效应	是	是	是	是	是	是	是	是	是
地区效应	是	是	是	是	是	是	是	是	是

五、更多稳健性回归

在上文分析中,全要素生产率的测量一直采用修正后的 OP 方法,然而有学者提出,OP 方法使用企业投资作为代理,虽然较好地解决了同步偏差,却自动将投资为零或者缺省的企业样本排除在外,不可避免地带来了断尾偏差(truncation bias)。Levinsohn 和 Petrin(2003)提出的 LP 方法使用中间投入品作为代理变量,有效矫正了 OLS 方法因遗漏变量而带来的内生性问题。因此我们进一步采用 LP 方法来测算全要素生产率,重新构造技术距离权重矩阵。分年的匹配样本回归结果列在表 9 - 10 中,得出的结论与上文保持一致。

表 9 - 10　基于匹配样本的空间自回归 Tobit 模型(TFP'LP)

被解释变量:研发投入	2005	2006	2007
W_{tfp}	−0.430 ** (−2.14)	−0.355 *** (3.11)	−0.319 *** (2.68)
EX	0.056 *** (3.51)	0.045 *** (4.22)	0.076 ** (7.34)
行业效应	是	是	是
地区效应	是	是	是

众所周知,高科技行业是最能体现创新能力的行业,与发达国家相比,中国

的自主创新水平还有相当大的差距,大部分核心技术仍掌握在发达国家手中。低碳核心技术的 70% 需要进口;新能源产业中的风能产业、光伏产业、生物智能产业与地热产业的关键设备及核心技术尚需从欧美输入;汽车制造业的国产化率由 2.7% 起步虽已提升到 95%,但剩余 5% 的汽车转向器、发动机、变速器、电子控制系统四大关键部件仍需要进口;信息产业的核心技术传感器和控制芯片、智能信息处理软件等依赖进口;芯片进口每年消耗外汇达 1500 亿美元,超过石油成为第一大进口产品;高品质精品钢材的比例不足总量的一半,国家战略急需的钛合金材料、铝锂合金板及型材,以及耐腐蚀高强度合金钢板材、耐海水腐蚀铜镍合金管、远洋运输船体钢板等都需要进口。鉴于高科技行业的特殊性质,我们单独对高科技行业进行了考察,基于匹配样本的回归结果列在表 9 - 11 中。我们发现高科技行业企业的出口能在更大程度上促进其研发投入,这或许是因为一方面高科技行业技术更迭频繁、日新月异,需要不断加大研发投入;另一方面,高科技行业需要更高的技术水平,通过模仿较难掌握真正核心的技术。

表 9 - 11　基于匹配样本的空间自回归 Tobit 模型(高科技行业)

被解释变量:研发投入	2005 年			2006 年			2007 年		
	W_{adj}	W_{geo}	W_{tfp}	W_{adj}	W_{geo}	W_{tfp}	W_{adj}	W_{geo}	W_{tfp}
W_{adj}	−0.239** (−2.52)			−0.131*** (−3.28)			−0.283*** (−2.86)		
W_{geo}		0.195 (1.14)			0.268 (1.66)			0.241 (1.40)	
W_{tfp}			−0.365** (−2.43)			−0.448*** (−3.84)			−0.281*** (−2.83)
EX	0.128*** (2.79)	0.091*** (3.44)	0.132*** (3.56)	0.168*** (5.27)	0.065*** (4.58)	0.106*** (3.45)	0.171*** (5.94)	0.057* (1.09)	0.127*** (6.3)
行业效应	是	是	是	是	是	是	是	是	是
地区效应	是	是	是	是	是	是	是	是	是

第五节　结　论

　　本书利用中国工业企业生产和贸易数据,在考虑企业研发内生性前提下,引入企业研发策略互动,探讨了企业出口对其研发投入的影响,从全新的角度验证"出口中学"效应的存在。在研究过程中,充分考虑了企业的"自我选择"内生性问题,即研发会促使企业进入出口市场。我们采用倾向得分匹配法控制这一内

生性,在匹配样本的基础上采用空间自回归 Tobit 模型捕捉企业研发的空间交互作用,并构造不同的空间权重矩阵从行业、地理距离、技术距离三个方面来考察了企业出口的研发效应。结果发现 2005—2007 年中国企业面临研发决策时,更多地采取模仿或抄袭技术领先者的策略,而非像发达国家的企业一样开展研发竞赛。这种放弃你追我赶的竞争、采取成本较低的"搭便车"行为大大降低了技术创新者的积极性,一定程度上抑制了整个国家的创新水平。此外,"出口中学"效应确实存在,但出口对企业研发的促进作用被企业之间的"搭便车"模仿行为带来的负向影响所削弱,造成已有忽略企业研发策略互动的研究对"出口中学"效应的低估;出口行为还促进了新产品的研发投入力度,同时对高科技行业的促进作用高于其他行业。

出口目的国可能会对本书的估计结果有所影响,例如产品出口到发达国家的企业比出口到发展中国家的企业面临更激烈的竞争、从发达国家的顾客和竞争者会学到更先进的技术、出口目的国更大的海外需求将形成更大的规模经济等。这些因素都可能促使企业更加有动力提高知识储备,进而对本书的估计结果造成偏差。我们会在后续的研究中考虑目的国市场和需求。

第十章　研究总结与展望

第一节　全书总结

本书对中国企业出口对工资、就业、劳动力需求弹性的影响进行了全面分析。全面归纳并阐述了国际贸易对工资、就业和劳动力需求弹性的影响机制,并从微观企业层面分别研究了企业出口对其员工工资、就业结构和就业数量、劳动力自身需求弹性、技术工人与非技术工人的交叉需求弹性的影响,针对已有文献的不足进行了深入挖掘和补充,完善了出口对劳动力市场影响的研究,为寻找出口和国内劳动力市场的平衡提供对策和思路。

通过前文的研究,本书得到以下几点结论:

第一,本书针对出口对员工工资的考察发现企业出口活动确实能显著提高劳动者的报酬,然而这一关系只在出口强度的某一区间成立。具体来说,出口强度和员工报酬之间呈现倒 U 型关系,随着出口强度的不断升高,员工报酬先升高后降低,但仍高于完全内销企业。出口活动改善了员工工资这一命题是与企业出口强度相关的,存在使员工工资达到最高的拐点即"最优出口强度"。2000—2007 年各年结果反应函数的形状未发生变化,说明这种关系是稳定的,仅在垂直方向上有平移,可能受每年宏观经济形势变动的影响。我们又针对不同技术行业、不同要素密集度、不同经济性质、不同经济区位做了稳健性检验,结论仍然成立,这或许是前人的研究如包群等(2011)仅限于分析工资报酬与企业是否出口而并未发现出口能显著提高员工工资,或邵敏(2011b)得到出口活动对员工收入水平产生显著负向作用的原因之一。

第二,本书针对企业出口的就业效应得到以下几点结论:企业出口强度的增加分别促进了技术工人和非技术工人就业量,这一点并不支持新新贸易理论框架下的贸易筛选机制。技术工人不如非技术工人增加的幅度大,造成技术工人就业比例的降低,非技术工人对技术工人的"挤出效应"比较明显,即出口对就业结构是不利的。各种稳健性检验后,结论仍然成立。

第三,本书从劳动力需求弹性的角度强调了国际贸易对劳动力市场的冲击不仅可以通过影响传统意义上的工资与就业水平,还会通过影响具有隐蔽性和易被忽视的就业与收入风险问题,包括工作稳定性、非工资费用的发生、劳动雇佣关系等。首先利用2000—2007年中国工业企业数据库中持续存活的企业,估计出中国工业企业的劳动力自身需求弹性,并从规模效应和替代效应两个方面进行了细致分析,随后探讨了出口贸易对劳动力自身需求弹性的影响,发现出口对劳动力自身需求弹性的影响是显著为负的,即出口贸易显著提高了劳动力自身需求弹性,增大了就业风险、增加了就业的不稳定。此外,本书还利用2004年的企业资料,探讨了出口贸易对交叉弹性的影响,发现两类工人的交叉需求弹性显著为正,即技术工人工资的提高会增加企业对非技术工人的需求,而加入全球化后,出口强度的提高则会降低两类工人的交叉需求弹性,从这个角度,出口又能减少不同类型劳动力之间的替代,稳定就业。稳健性检验的结果仍支持出口增加劳动力自身需求弹性、同时降低两类工人交叉需求弹性的结论。

第四,从发包和接包两个角度分别研究了制造业外包对劳动力需求弹性的影响。研究发现:首先,发包和接包水平的提高均会增大劳动力自身需求弹性和交叉需求弹性,外包确实对劳动力市场形成了负面冲击,而相对于发包,制造业接包对两类弹性的影响更大。其次,制造业外包中服务发包和制造发包,均提高了劳动力自身需求弹性,其中服务发包影响程度更大;然而二者对劳动力交叉需求弹性的影响并不一致,制造发包对其为正面影响,服务发包却为负面影响,能不同程度地减缓劳动力内部因不同类型工人替代带来的就业风险。

第五,劳动力市场的稳定性对出口贸易有重要影响。本研究基于国际贸易理论,利用中国工业企业层面数据,验证了行业层面劳动力市场需求弹性对企业出口行为的影响,结果发现较大的行业劳动力需求价格弹性平均上会抑制企业的出口强度。这种抑制作用对于规模较小、劳动密集型程度较大和生产率较低的企业更为显著。这一结论对于不同的指标衡量方法、不同的样本以及在控制了可能反向因果关系后仍然保持显著。

第六,在考虑企业研发内生性前提下,引入企业研发策略互动,探讨了企业出口对其研发投入的影响,从全新的角度验证"出口中学"效应的存在。结果发现2005—2007年中国企业面临研发决策时,更多地采取模仿或抄袭技术领先者的策略,而非像发达国家的企业一样开展研发竞赛。这种放弃你追我赶的竞争、采取成本较低的"搭便车"行为大大降低了技术创新者的积极性,一定程度上抑制了整个国家的创新水平。此外,"出口中学"效应确实存在,但出口对企业研发的促进作用被企业之间的"搭便车"模仿行为带来的负向影响所削弱,造成已有

忽略企业研发策略互动的研究对"出口中学"效应的低估；出口行为还促进了新产品的研发投入力度，同时对高科技行业的促进作用高于其他行业。

第二节 启示和政策建议

出口作为拉动中国经济增长的"三架马车"之一，在经济发展中的地位是举足轻重的，实证研究的结果表明，企业出口对工人工资、就业结构、就业数量、劳动力自身需求弹性、两种类型劳动力交叉需求弹性均有显著的影响。基于上述结论以及前面各章的分析，本书可以得到以下几个方面的启示：

首先，有必要构建与出口贸易相关的急救措施及相关的就业与收入保障，以减少出口对劳动力市场的负面冲击，具体的政策措施如下：建立稳定出口的机制、提供与贸易有关的培训、完善社会保障体系以及与贸易有关的再就业援助计划、强化贸易保障机制、深化汇率制度改革、合理分摊非工资费用等，将出口与劳动力市场的制度改革有机结合起来，有效解决贸易自由化进程中的就业、收入与风险问题。

其次，不同的行业在经济性质、要素密集度、技术难度、经济区位、规模结构等方面的特征不同，造成各个行业的劳动力报酬和就业等受出口的影响程度不同，有时甚至是相反的，因此不同的行业根据其比较优势和禀赋优势，采取有差异的贸易和劳动力市场措施是有必要的。

最后，打破行政性分割，促进劳动力自由流动。城乡二元结构和区域壁垒是目前中国劳动力市场中面临的重要问题之一。通过加快户籍制度改革、创新农村土地流转制度、加强对农村转移劳动力的职业培训和就业指导服务、完善城乡社会保障制度、推进有就业需求的城镇化进程等措施来实现城乡结构的有效转换。劳动力的自由流动，有助于提升国家贸易对国内劳动力市场的正面影响。

第三节 本书的不足之处

在充分运用现有资料和统计数据的基础上，笔者系统探究了企业出口对工资、就业结构、就业数量以及劳动力需求弹性的影响，补充了对外贸易影响劳动力市场的实证研究，然而，囿于笔者的研究能力和相关统计数据的匮乏，本书的研究仍然存在一些不尽如人意之处。具体来说，主要体现在以下几个方面：

首先,在考察企业出口是否能提高工资时,发现企业出口强度和员工工资呈现倒 U 型关系,本书猜测是因为大量加工贸易企业的存在,遗憾的是,由于数据中不包含企业是否为加工贸易企业的信息,本书无法对剔除掉加工贸易后的其他企业或者单独对加工贸易企业进行进一步的考察。

其次,在考察企业出口及外包对技术工人与非技术工人的交叉价格弹性以及对就业结构、就业量的影响时,由于只有 2004 年的数据可以测算出技术工人和非技术工人的数量与报酬,因此在考虑上述问题时,本书采用的是横截面数据,这对回归结果会有一定程度的影响。

再次,在探讨企业出口及外包对劳动力两种需求价格弹性的影响时,除了文中考虑的几点因素外,进口也是影响劳动力需求价格的重要因素,然而由于缺乏企业层面的进口数据,本书未考虑进口方面的因素。

最后,技术工人与非技术工人的划分以及对两种类型工人工资的测算,有一定难度,在学界存在一定程度的争议,本书中的测算方法可能对最终的估计结果有所影响。

第四节　未来研究展望

本书在现有文献的基础上,探讨了企业出口及外包对劳动力市场包括工资、就业、劳动力需求弹性的影响,并研究了劳动力市场波动对企业出口的影响,重新验证了"出口中学"现象,得出了一些与前人不同的结论,然而关于这一问题仍有很大的研究空间,结合刚才提到的不足之处,可以在以下几个方面进行深化和拓展:

首先,在讨论企业出口如何影响工资时,发现企业出口强度和员工工资呈现倒 U 型关系,而且有较高出口强度的企业工资竟然比低出口强度甚至内销企业的工资低,本书认为一方面与中国存在大量加工贸易有关,加工贸易多为劳动密集型行业,科技含量低,生产率低,因此员工的工资较低,从而将高出口强度企业的工资拉下;另一方面,出口强度越高,则企业在开拓海外市场时的协调成本、控制成本、渠道成本等也会相应升高,当这一系列成本大于高出口强度带来的规模经济收益时,可能会导致工资报酬的下降。然而,这只是我们的猜测,这种倒 U 型关系的成因仍是下一步研究的方向。

其次,局限于数据的可得性,我们无法获得企业层面进口以及加工贸易企业的数据,因此无法进一步考察进口对劳动力与其他生产要素的替代作用,也无法

单独研究加工贸易企业中劳动力自身弹性和交叉需求弹性的特殊性，致使本书的研究不够深入，需要进一步探讨。

再次，出口目的国可能会对本书的估计结果有所影响，例如产品出口到发达国家的企业比出口到发展中国家的企业面临的更激烈的竞争、从发达国家的顾客和竞争者学到更先进的技术、面临更大的海外需求从而形成更大的规模经济等，而这些因素都可能对本书的估计结果造成偏差，考虑目的国的市场和需求也是继续研究的方向。

最后，本书仅考虑了企业出口及外包对劳动力市场各个方面的影响，贸易的其他方面如最终产品的进口、中间品的进口、外商直接投资、贸易自由化等对中国的工资、就业、劳动力需求弹性的影响又是如何？这些未尽之处有待于更全面细致的探究。

参考文献

[1] 包群,邵敏. 出口贸易与我国的工资增长：一个经验分析. 管理世界, 2010(9).

[2] 包群,邵敏等. 出口改善了员工收入吗?. 经济研究,2011(9).

[3] 陈昊. 外贸顺差会降低就业水平？——基于匹配模型的实证分析. 数量经济技术经济研究,2011(6).

[4] 陈昊. 中国对外贸易的就业效应——基于匹配视角的省际证据. 经济与管理研究,2011(10).

[5] 陈昊. 对外贸易与劳动力市场关系研究综述. 西华大学学报,2011(10).

[6] 戴觅,余淼杰. 企业出口前研发投入、出口及生产率进步——来自中国制造业企业的证据. 经济学季刊,2012(1).

[7] 戴觅,余淼杰等. 中国出口企业生产率之谜：纯出口企业的作用. CCER工作论文,2011.

[8] 海闻,林德特等. 国际贸易. 上海人民出版社,2003.

[9] 阚大学. 我国贸易结构与就业结构的动态关系研究. 国际贸易问题, 2010(10).

[10] 李春顶. 中国出口企业是否存在"生产率悖论"——基于中国制造业企业数据的检验. 世界经济,2010(7).

[11] 李春顶,尹翔硕. 我国出口企业的"生产率悖论"及其解释. 财贸经济, 2009(11).

[12] 李春顶,赵美英. 出口贸易是否提高了我国企业的生产率. 财经研究, 2010(4).

[13] 李静,彭飞. 出口企业存在工资红利吗. 数量经济技术经济研究,2012 (12).

[14] 李文星,徐长生等. 中国人口年龄结构和居民消费：1989—2004. 经济研究,2008(7).

[15] 鲁晓东,连玉君. 中国工业企业全要素生产率估计：1999—2007. 经济学季刊,2012(2).

[16] 马述忠,郑博文. 中国企业出口行为与生产率关系的历史回溯：2001—2007. 浙江大学学报（人文社会科学版）,2010(5).

[17] 聂辉华,江艇等. 中国工业企业数据库的使用现状和潜在问题. 世界经济,2012(5).

[18] 牛蕊. 国际贸易对工资与就业的影响：中国工业部门的经济研究. 南开大学,2009.

[19] 邵敏. 出口贸易对我国劳动收入占比的影响——基于企业微观数据的经验分析. 工作论文,2011.

[20] 邵敏. 我国企业出口对员工收入的影响——基于企业异质性视角的经验研究. 中国工业经济,2011(9).

[21] 邵敏,包群. 出口企业转型对中国劳动力就业与工资的影响：基于倾向评分匹配估计的经验分析. 世界经济,2011(6).

[22] 盛斌,牛蕊. 贸易，劳动力需求弹性与就业风险：中国工业的经验研究. 世界经济,2009(6).

[23] 王燕飞,蒲勇健. 中国对外贸易的劳动就业效应：贸易结构视角. 国际贸易问题,2009(3).

[24] 魏浩,张二震. 对我国现行外贸政策的反思与重新定位. 国际贸易问题,2004(11).

[25] 夏先良. 追求最大限度充分就业——中国进口贸易宏观分析与政策选择. 国际贸易,2002(3).

[26] 谢千里,罗斯基等. 中国工业生产率的增长与收敛. 经济学季刊,2008(2).

[27] 熊伟. 试析我国对外贸易与劳动就业的相互影响. 国际经贸探索,1999(3).

[28] 杨河清. 劳动经济学. 中国人民大学出版社,2002.

[29] 于洪霞,陈玉宇. 外贸出口影响工资水平的机制探析. 管理世界,2010(10).

[30] 余淼杰. 加工贸易，企业生产率和关税减免——来自中国产品面的证据. 经济学季刊,2011(3).

[31] 俞会新,薛敬孝. 中国贸易自由化对工业就业的影响. 世界经济,2002(10).

[32] 郑玉歆. 中国 CGE 模型及政策分析. 社会科学文献出版社,1999.

[33] 周博. 中国劳动力需求弹性分析. 经济与管理研究,2002(4).

[34] 周申. 贸易自由化对中国工业劳动需求弹性影响的经验研究. 世界经

济,2006(2).

　　[35]周申,李春梅. 工业贸易结构变化对我国就业的影响. 数量经济技术经济研究,2006(7).

　　[36]周申,廖伟兵. 服务贸易对我国就业影响的经验研究. 财贸经济,2007(11).

　　[37]周申,杨传伟. 国际贸易与我国就业：不同贸易伙伴影响差异的经验研究. 世界经济研究,2006(3).

　　[38]周申,李春梅,谢娟娟. 国际贸易与劳动力市场：研究述评. 南开经济研究,2007(3).

　　[39]张欣. 可计算一般均衡模型的基本原理与编程. 上海人民出版社,2010.

　　[40] Ackerberg, D. and C. Lanier Benkard, et al, 2007, "Econometric tools for analyzing market outcomes", Handbook of econometrics, vol. 6, PP4171 - 4276.

　　[41] Ackerberg, D. and K. Caves, et al., 2006, "Structural identification of production functions", MPRA paper, No. 38349.

　　[42] Akerlof, G. A. and J. L. Yellen, 1990, "The fair wage-effort hypothesis and unemployment", The Quarterly Journal of Economics, vol. 105, PP255 - 283.

　　[43] Akhter, N. and A. Ali, 2007, "Does Trade Liberalization Increase the Labor Demand Elasticities? Evidence from Pakistan", MPRA paper No. 3881.

　　[44] Alvarez, R. and R. A. Lopez, 2005, "Exporting and performance： evidence from Chilean plants", Canadian Journal of Economics/Revue canadienne d'économique, vol. 38, PP1384 - 1400.

　　[45] Amiti, M. and D. R. Davis, 2012, "Trade, firms, and wages： Theory and evidence", The Review of Economic Studies, vol. 79, PP1 - 36.

　　[46] Amiti, M. and J. Konings, 2007, "Trade liberalization, intermediate inputs, and productivity： Evidence from Indonesia", The American Economic Review, vol. 97, PP1611 - 1638.

　　[47] Anderton, R. and P. Brenton, et al., 2002, "What's trade got to do with it? Relative demand for skills within Swedish manufacturing", Review of world economics, vol. 138, PP629 - 651.

　　[48] Antràs, P., 2003, "Firms, contracts, and trade structure", The

Quarterly Journal of Economics, vol. 118, PP1375 - 1418.

[49] Antras, P. and E. Helpman, 2004, "Global Sourcing", Journal of Political Economy, vol. 112, PP552 - 580.

[50] Anwar, S. and S. Sun, 2012, "Trade liberalisation, market competition and wage inequality in China's manufacturing sector", Economic Modelling, vol. 29, PP1268 - 1277.

[51] Appleton, S. and L. Song, et al, 2005, "Has China crossed the river? The evolution of wage structure in urban China during reform and retrenchment", Journal of Comparative Economics, vol. 33, PP644 - 663.

[52] Arellano, M. and S. Bond, 1991, "Some tests of specification for panel data: Monte Carlo evidence and an application to employment equations", The Review of Economic Studies, vol. 58, PP277 - 297.

[53] Baldwin, J. R. and W. M. Brown, 2005, "Regional manufacturing employment volatility in Canada: The effects of specialisation and trade", Papers in Regional Science, vol. 83, PP519 - 541.

[54] Baldwin, R. E. and G. G. Cain, 1997, "Shifts in US relative wages: the role of trade, technology and factor endowments", NBER working paper.

[55] Bartelsman, E. J. and M. Doms (2000). "Understanding productivity: lessons from longitudinal microdata." Journal of Economic literature, vol. 38, PP569 - 594.

[56] Berman, E. and J. Bound, et al., 1994, "Changes in the demand for skilled labor within US manufacturing industries: Evidence from the annual survey of manufacturing", NBER working paper.

[57] Bernard, A. B. and J. B. Jensen, et al., 1995, "Exporters, jobs, and wages in US manufacturing: 1976—1987", Brookings Papers on Economic Activity.

[58] Bernard, A. B. and J. Bradford Jensen, 1999, "Exceptional exporter performance: cause, effect, or both?", Journal of International Economics, vol. 47, PP1 - 25.

[59] Bernard, A. B. and J. Eaton, et al., 2003, "Plants and Productivity in International Trade", American Economic Review, vol. 93, PP1268 - 1290.

[60] Bernard, A. B. and S. J. Redding, et al., 2006, "Multi-product

firms and product switching", NBER Working Paper.

[61] Bernard, A. B. and S. J. Redding, et al., 2007, "Comparative advantage and heterogeneous firms", The Review of Economic Studies, vol. 74, PP 31 - 66.

[62] Bernard, A. B. and S. J. Redding, et al., 2009, "Products and Productivity", the Scandinavian Journal of Economics, vol. 111, PP 681 - 709.

[63] Biscourp, P. and F. Kramarz, 2007, "Employment, skill structure and international trade: Firm-level evidence for France", Journal of International Economics, vol. 72, PP22 - 51.

[64] Blundell, R. and S. Bond, 2000, "GMM estimation with persistent panel data: an application to production functions", Econometric Reviews, vol. 19, PP321 - 340.

[65] Bond, S. R., 2002, "Dynamic panel data models: a guide to micro data methods and practice", Portuguese Economic Journal, vol. 1, PP141 - 162.

[66] Borjas, G. J. and R. B. Freeman, et al., 2002, "How Much Do Immigration and Trade Affect Labor Market Outcomes?" International Library of Critical Writings in Economiccs, PP218 - 292.

[67] Borjas, G. J. and V. A. Ramey, 1995, "Foreign competition, market power, and wage inequality", The Quarterly Journal of Economics, vol. 110, PP1075 - 1110.

[68] Brandt, L. and J. Van Biesebroeck, et al., 2012, "Creative accounting or creative destruction? Firm-level productivity growth in Chinese manufacturing", Journal of Development Economic, vol. 97, PP339 - 351.

[69] Brenton, P. and A. M. Pinna, 2001, "The Declining Use of Unskilled Labour in Italian Manufacturing: Is Trade to Blame?", CEPS Working Document No. 178.

[70] Cai, H. and Q. Liu, 2009, "Competition and Corporate Tax Avoidance: Evidence from Chinese Industrial Firms", The Economic Journal, vol. 119, PP 764 - 795.

[71] Crespi, G. and C. Criscuolo, et al., 2008, "Productivity, exporting, and the learning by exporting hypothesis: direct evidence from UK firms." Canadian Journal of Economics/Revue canadienne d'économique, vol. 41, PP619 - 638.

[72] Davidson, C. and L. Martin, et al., 1988, "The structure of simple

general equilibrium models with frictional unemployment", The Journal of Political Economy, vol. 96, PP1267 – 1293.

[73] Davidson, C. and L. Martin, et al. , 1999, "Trade and search generated unemployment. " Journal of International Economics, vol. 48, PP271 – 299.

[74] Davis, D. R. and J. Harrigan, 2011, "Good jobs, bad jobs, and trade liberalization", Journal of International Economics, vol. 84, PP26 – 36.

[75] De Loecker, J. , 2007, "Do exports generate higher productivity? Evidence from Slovenia. " Journal of International Economics, vol. 73, PP69 – 98.

[76] De Loecker, J. , 2007, Product differentiation, multi-product firms and estimating the impact of trade liberalization on productivity, National Bureau of Economic Research Cambridge.

[77] Deardorff, A. V. and R. M. Stern, 1994, "The Stolper-Samuelson theorem: A golden jubilee", University of Michigan Press.

[78] Dixit, A. K. and J. E. Stiglitz, 1977, "Monopolistic competition and optimum product diversity", The American Economic Review, vol. 67, PP297 – 308.

[79] Dornbusch, R. and S. Fischer, et al. , 1980, "Heckscher-Ohlin trade theory with a continuum of goods", The Quarterly Journal of Economics, vol. 95, PP203 – 224.

[80] Driver, C. and A. Kilpatrick, et al. , 1986, "The employment effects of UK manufacturing trade expansion with the EEC and the newly industrialising countries. ", European Economic Review, vol. 30, PP427 – 438.

[81] Egger, H. and U. Kreickemeier, 2009, "Firm heterogeneity and the labor market effects of trade liberalization", International Economic Review, vol. 50, PP187 – 216.

[82] Egger, H. and U. Kreickemeier, 2012, "Fairness, trade, and inequality. " Journal of International Economics, vol. 86, PP184 – 196.

[83] Ericson, R. and A. Pakes, 1995, "Markov-perfect industry dynamics: A framework for empirical work", The Review of Economic Studies, vol. 62, PP53 – 82.

[84] Ethier, W. J. , 1984, "Higher dimensional issues in trade theory. " Handbook of international economics vol. 1, PP131 – 184.

[85] Fajnzylber, P. and W. F. Maloney, 2005, "Labor demand and trade reform

in Latin America", Journal of International Economics, vol. 66, PP423 - 446.

[86] Feenstra, R. C., 2008, "Advanced international trade: theory and evidence", Princeton University Press.

[87] Feenstra, R. C., 1998, "Integration of trade and disintegration of production in the global economy", The Journal of Economic Perspectives, vol. 12, PP31 - 50.

[88] Feenstra, R. C. and G. H. Hanson, 1995, "Foreign investment, outsourcing and relative wages", NBER working paper.

[89] Feenstra, R. C. and G. H. Hanson, 1996, "Globalization, outsourcing, and wage inequality", NBER Working Paper.

[90] Feenstra, R. C. and G. H. Hanson, 2008, "Globalization, Outsourcing, and Wage Inequality", American Economic Review, vol. 86, PP240 - 245.

[91] Feenstra, R. C. and Z. Li, et al., 2011, Exports and credit constraints under incomplete information: Theory and evidence from china, NBER working paper.

[92] Flores, C. A., 2004, "Estimation of dose-response functions and optimal doses with a continuous treatment", Job Market Paper, University of California, Berkeley.

[93] Francois, J. and D. Nelson, 1998, "Trade, technology, and wages: General equilibrium mechanics", The Economic Journal, vol. 108, PP1483 - 1499.

[94] Fryges, H., 2006, "The Export-Growth Relationship: Estimating a Dose-Response Function", ZEW Discussion Papers.

[95] Fryges, H. and J. Wagner, 2008, "Exports and productivity growth: First evidence from a continuous treatment approach", Review of World Economics, vol144, PP695 - 722.

[96] Gaston, N. and D. Trefler, 1995, "Union wage sensitivity to trade and protection: theory and evidence", Journal of International Economics, vol. 39, pp1 - 25.

[97] Girma, S. and A. Greenaway, et al., 2004, "Does exporting increase productivity? A microeconometric analysis of matched firms", Review of International Economics, vol. 12, PP 855 - 866.

[98] Gourieroux, C. and A. Monfort, et al., 1984, "Pseudo maximum likelihood methods: Theory", Econometrica: Journal of the Econometric

Society, PP681 - 700.

[99] Greenaway, D. and J. Gullstrand, et al., 2005, "Exporting may not always boost firm productivity." Review of World Economics, vol. 141, PP561 - 582.

[100] Greenaway, D. and R. C. Hine, et al., 1999, "An empirical assessment of the impact of trade on employment in the United Kingdom", European journal of political economy, vol. 15, PP 485 - 500.

[101] Grossman, G. M. and E. Helpman, 2002, "Integration versus outsourcing in industry equilibrium", The Quarterly Journal of Economics, vol. 117, PP85 - 120.

[102] Hamermesh, D. S., 1996, "Labor demand", Princeton University Press.

[103] Haouas, I. and M. Yagoubi, 2004, "Trade liberalization and labor-demand elasticities: Empirical evidence from Tunisia", IAZ Discussion Paper, No. 1084.

[104] Harris, J. R. and M. P. Todaro, 1970, "Migration, unemployment and development: a two-sector analysis", The American Economic Review, vol. 60, PP126 - 142.

[105] Harrison, A. and A. Revenga, 1995, "The effects of trade policy reform: what do we really know?", NBER Working Paper.

[106] Hasan, R. and D. Mitra, et al., 2007, "Trade Reforms, Labor Regulations, and Labor-Demand Elasticities: Empirical Evidence from India", The Review of Economics and Statistics, vol. 89, PP 466 - 481.

[107] Haskel, J. E. and M. J. Slaughter, 2002, "Does the sector bias of skill-biased technical change explain changing skill premia?", Eurpean Economic Review, vol. 46, PP1757 - 1783.

[108] Helpman, E., 1984, "A simple theory of international trade with multinational corporations." The Journal of Political Economy, vol. 92, PP451 - 471.

[109] Helpman, E. and O. Itskhoki, et al., 2010, "Inequality and Unemployment in a Global Economy", Econometrica, vol. 78, PP1239 - 1283.

[110] Helpman, E. and O. Itskhoki, 2010, "Labour market rigidities, trade and unemployment." Review of Economic Studies, vol. 77, PP1100 - 1137.

[111] Helpman, E. and O. Itskhoki, et al., 2011, "Trade and labor market outcomes", NBER Working Paper.

［112］Helpman, E. and P. Krugman, 1989, "Trade policy and market structure", MIT press.

［113］Hine, R. and P. Wright, 1998, "Trade with low wage economies, employment and productivity in UK manufacturing", The Economic Journal, vol108, PP1500 – 1510.

［114］Hirano, K. and G. W. Imbens, 2004, "The propensity score with continuous treatments." Applied Bayesian modeling and causal inference from incomplete-data perspectives, PP73 – 84.

［115］Hoch, I. , 1962, "Estimation of production function parameters combining time-series and cross-section data", Econometrica: journal of the Econometric Society, PP34 – 53.

［116］Hungerford, T. L. , 1995, "International trade, comparative advantage and the incidence of layoff unemployment spells", The Review of Economics and Statistics, vol. 77, PP511 – 521.

［117］Imbens, G. W, 2000, "The role of the propensity score in estimating dose-response functions", Biometrika, vol. 87, PP 706 – 710.

［118］Jones, R. W. , 1965, "The structure of simple general equilibrium models", The Journal of Political Economy, vol. 73, PP 557 – 572.

［119］Jones, R. W. , 1997, "Trade, technology, and income distribution", Indian Economic Review, vol. 32, PP129 – 140.

［120］Jones, R. W. and J. A. Scheinkman, 1977, "The relevance of the two-sector production model in trade theory", The Journal of Political Economy, vol. 85, PP909 – 935.

［121］Katayama, H. and S. Lu, et al. , 2009, "Firm-level productivity studies: illusions and a solution." International Journal of Industrial Organization, vol. 27, PP 403 – 413.

［122］Klette, T. J. and Z. Griliches, 1996, "The inconsistency of common scale estimators when output prices are unobserved and engogenous", NBER Working Paper.

［123］Kluve, J. and H. Schneider, et al. , 2012, "Evaluating continuous training programmes by using the generalized propensity score", Journal of the Royal Statistical Society: Series A.

［124］Krishna, P. and D. Mitra, et al. , 2001, "Trade liberalization and labor demand elasticities: evidence from Turkey", Journal of International

Economics, vol. 55, PP391 - 409.

[125] Krugman, P. R., 1979, "Increasing returns, monopolistic competition, and international trade", Journal of international Economics, vol. 9, PP469 - 479.

[126] Krugman, P., 1980, "Scale economies, product differentiation, and the pattern of trade." The American Economic Review, vol. 70, PP950 - 959.

[127] Krugman, P. and R. N. Cooper, et al., 1995, "Growing world trade: causes and consequences", Brookings Papers on Economic Activity, PP327 - 377.

[128] Lawrence, R. Z., 1996, "Single world, divided nations?: international trade and OECD labor markets", Brookings Inst Press.

[129] Lawrence, R. Z. and M. J. Slaughter, et al., 1993, "International trade and American wages in the 1980s: giant sucking sound or small hiccup?", Brookings papers on economic activity. Microeconomics, PP161 - 226.

[130] Leamer, E. E. 1995, "The Heckscher-Ohlin model in theory and practice", International Finance Section, Department of Economics, Princeton University.

[131] Leamer, E. E., 1996, "In search of Stolper-Samuelson effects on US wages", NBER Working Paper.

[132] Leamer, E. E. and J. Levinsohn, 1995, "International trade theory: the evidence", Handbook of international economics, vol. 3, PP1339 - 1394.

[133] Levinsohn, J., 1999, "Employment responses to international liberalization in Chile", Journal of International Economics, vol. 47, PP321 - 344.

[134] Levinsohn, J. and A. Petrin, 2003, "Estimating Production Functions Using Inputs to Control for Unobservables", Review of Economic Studies, vol. 70, PP317 - 341.

[135] Levinsohn, J. and M. Melitz, 2002, "Productivity in a differentiated products market equilibrium", Unpublished manuscript 9, PP12 - 25.

[136] Marschak, J. and W. H. Andrews Jr, 1944, "Random simultaneous equations and the theory of production", Econometrica, Journal of the Econometric Society, PP143 - 205.

[137] McCullagh, P. and J. A. Nelder, 1989, "Generalized linear models", Chapman & Hall/CRC.

[138] Melitz, M. J. (2003). "The Impact of Trade on Intra-industry

Reallocations and Aggregate Industry Productivity", Econometrica, vol. 71, PP1695 – 1725.

[139] Messerlin, P. A., 1995, "The Impact of Trade and Capital Movements on Labour: Evidence on the French Case", OECD Economic Studies, vol. 24, PP89 – 124.

[140] Mitra, D. and J. Shin, 2011, "Import protection, exports and labor-demand elasticities: Evidence from Korea", International Review of Economics & Finance, vol. 23, PP91 – 109.

[141] Mundlak, Y., 1961, "Empirical production function free of management bias", Journal of Farm Economics, vol. 43, PP44 – 56.

[142] Olley, G. S. and A. Pakes (1996). "The Dynamics of Productivity in The Telecommunications Equipment Industry", Econometrica, vol. 64, PP 1263 – 1297.

[143] Orbeta, A. C., 2002, "Globalization and employment: The impact of trade on employment level and structure in the Philippines", Discussion Papers Philippine Institute for Development Studies.

[144] Papke, L. E. and J. M. Wooldridge, 1996, "Econometric methods for fractional response Variables with an application to 401（K）plan participation rates", Journal of Applied Econometrics, vol. 11, PP619 – 632.

[145] Pavcnik, N., 2002, "Trade Liberalization, Exit, and Productivity Improvements: Evidence from Chilean Plants", The Review of economic studies, vol. 69, PP245 – 276.

[146] Petrin, A. and B. P. Poi, et al., 2004, "Production function estimation in Stata using inputs to control for unobservables", Stata Journal, PP 113 – 123.

[147] Pissarides, C. A., 1985, "Short-run equilibrium dynamics of unemployment, vacancies, and real wages", The American Economic Review, vol. 75, PP 676 – 690.

[148] Rodrik, D., 1997, "Has globalization gone too far?", Peterson Institute.

[149] Rosenbaum, P. R. and D. B. Rubin, 1983, "The central role of the propensity score in observational studies for causal effects", Biometrika, vol. 70, PP41 – 55.

[150] Sachs, J. D. and H. J. Shatz, et al., 1994, "Trade and jobs in US

manufacturing", Brookings papers on economic activity, vol. 1994, PP1 – 84.

[151] Schank, T. and C. Schnabel, et al. , 2007, "Do exporters really pay higher wages? First evidence from German linked employer – employee data", Journal of International Economics, vol. 72, PP52 – 74.

[152] Schumacher, D. , 1984, "North-South Trade and Shifts in Employment-A Comparative Analysis of Six European Community Countries", International Labor Review, vol. 123

[153] Sen, K. , 2002, "Globalisation and employment in Bangladesh and Kenya", Globalization, Production and Poverty Discussion Paper.

[154] Shapiro, C. and J. E. Stiglitz, 1984. "Equilibrium unemployment as a worker discipline device", The American Economic Review, vol. 74, PP433 – 444.

[155] Slaughter, M. J. , 2001, "International trade and labor – demand elasticities", Journal of International Economics, vol. 54, PP27 – 56.

[156] Smith, A. , 1999, "The labour market effects of international trade: a computable general equilibrium model", M. Dewatripont, A. Sapir and Kh. Sekkat, Trade and Jobs in Europe. PP95 – 112.

[157] Solow, R. M. , 1957, "Technical change and the aggregate production function", The review of Economics and Statistics, vol. 39, PP312 – 320.

[158] Stolper, W. F. and P. A. Samuelson, 1941. "Protection and real wages", The Review of Economic Studies, vol. 9, PP58 – 73.

[159] Strauss-Kahn, V. , 2002, "The impact of globalization through vertical specialization on the labor market: the French case", NBER, University of Chicago Press.

[160] Trefler, D. , 1995, "The case of the missing trade and other mysteries", The American Economic Review, vol. 85, PP1029 – 1046.

[161] Tyers, R. and Y. Yang, 1997, "Trade with Asia and skill upgrading: effects on labor markets in the older industrial countries", Review of World Economics, vol133, PP383 – 418.

[162] Van Biesebroeck, J. , 2005, "Exporting raises productivity in sub-Saharan African manufacturing firms", Journal of International Economics, vol. 67, PP373 – 391.

[163] Vanek, J. ,1959, "The natural resource content of foreign trade, 1870 – 1955, and the relative abundance of natural resources in the United

States", The Review of Economics and Statistics, vol. 41, PP146 – 153.

[164] Verhoogen, E. A., 2008, "Trade, quality upgrading, and wage inequality in the Mexican manufacturing secto", The Quarterly Journal of Economics, vol. 123, PP489 – 530.

[165] Wagner, J., 2001. "A note on the firm size – export relationship", Small Business Economics, vol. 17, PP 229 – 237.

[166] Wagner, J., 2003, "Unobserved firm heterogeneity and the size-exports nexus: Evidence from German panel data", Review of World Economics, vol. 139, PP161 – 172.

[167] Wedervang, F., 1965, "Development of a population of industrial firms", Universitetsforlaget.

[168] Wood, A., 1991, "The factor content of North-South trade in manufactures reconsidered", Review of World Economics, vol. 127, PP719 – 743.

[169] Wood, A., 1995, "How trade hurt unskilled workers." The Journal of Economic Perspectives, vol. 9, PP57 – 80.

[170] Wooldridge, J. M., 2009, "On estimating firm-level production functions using proxy variables to control for unobservables", Economics Letters, vol. 104, PP112 – 114.

[171] Yeaple, S. R., 2005, "A simple model of firm heterogeneity, international trade, and wages", Journal of international Economics, vol. 65, PP1 – 20.

[172] Yu, E. S. H. and L. Yun, 2010, "Exports and Labour Demand Elasticity in Manufacturing Industries in China", Working paper.

附　录

附录 A　产业划分的技术标准

低技术产业			
行业代码	行业名称	行业代码	行业名称
13	农副食品加工业	19	皮革、毛皮、羽毛(绒)及其制品业
14	食品制造业	20	木材加工及木、竹、藤、棕、草制品业
15	饮料制造业	21	家具制造业
16	烟草制品业	22	造纸及纸制品业
17	纺织业	23	印刷业和记录媒介的复制
18	纺织服装、鞋、帽制造业	24	文教体育用品制造业
中低技术产业			
行业代码	行业名称	行业代码	行业名称
06	煤炭开采和洗选业	09	有色金属矿采选业
08	黑色金属矿采选业	10	非金属矿采选业
25	石油加工、炼焦及核燃料加工业	33	有色金属冶炼及压延加工业
29	橡胶制品业	34	金属制品业
30	塑料制品业	376	造船业
31	非金属矿物制品业	378	交通运输设备维修业
32	黑色金属冶炼及压延加工业	44	电力、热力的生产和供应业
45	燃气生产和供应业	46	水的生产和供应业

（续表）

中高技术产业			
行业代码	行业名称	行业代码	行业名称
26	化学原料及化学制品制造业	36	专用设备制造业
28	化学纤维制造业	37(376\377\378 除外)	交通运输设备制造业
35	通用设备制造业	40	通信设备、计算机及其他电子设备制造业
高技术产业			
行业代码	行业名称	行业代码	行业名称
27	医药制造业	41	仪器仪表及文化、办公用机械制造业
377	飞机航空业	42	工艺品及其他制造业

注：由于 OECD 仅对制造业划分了产业技术标准，我们的数据中还有采矿业等其他行业，仿照 OECD 的标准，我们将采矿业、电力、燃气和水的生产及供应业归入中低技术产业部门。此外，我们删除了企业数目过少的行业如 07 - 石油和天然气开采业、11 - 其他采矿业、39 - 电器机械及器材制造业、43 - 废弃资源和废旧材料回收加工业。

附录 B　基准模型

  Bernard et al. (1995)最早用美国的数据发现了出口企业比非出口企业有更高的工资[①]，并对差异原因进行了考察，后来的学者大多是在 Bernard and Jensen(1999)方法的基础上进行改动或扩展，用不同国家企业层面的微观纵向数据进行研究[②]。这类研究通常包括出口之前和出口之后两个阶段的出口企业和非出口企业工资的水平差异以及工资增长率的差异，其中对于出口之前的研究可以解释"表现好的企业才能出口吗"即"自我选择出口"假说，出口之后的研究可以解释"出口使企业变好了吗"即"出口导致增长"假说，有些文献还研究了企业退出出口市场以后工资的变化。

---

  ① 事实上，Bernard et al. (1995)发现出口企业的各种表现均好于非出口企业，比如生产率、企业规模、工资等各种指标。

  ② 比较有代表性的有列举：Greenaway and Kneller (2004)对英国的研究；Blalock and Gertler(2004)对印度尼西亚的分析；Alvarez and López(2005)对智利的研究；De Loecker (2007)对斯洛文尼亚的研究等。

估计出口之前出口企业和非出口企业工资的水平差异以及工资增长率的差异[①]，分别如(b-1)(b-2)所示：

$$\ln wage_{i0} = \alpha + \beta Export_{it} + \lambda X_{i0} + D_i + e_{it} \qquad (b-1)$$

$$dwage_{it-1} = \frac{\ln wage_{it-1} - \ln wage_{i0}}{t-1} = \alpha + \beta' Export_{it} + \lambda X_{i0} + e_{it} \quad (b-2)$$

其中 i 指企业、t 指年份，$wage_{i0}$ 是企业 i 在基期的员工工资，$dwage_{it-1}$ 是企业 i 在出口之前(第 t 年出口)每年全要素生产率的变化；$Export_{it}$ 是虚拟变量，如果企业 i 在第 t 年出口，取值为 1，否则取值为 0；还包括一些控制变量，其中 X_{i0} 是企业在考察期期初的其他特征，比如规模大小、所属行业、所属地区等。Bernard and Jansen(1999)在选取样本时非常巧妙，虽然用的计量方法不复杂，但是很好地阐明了问题。此时，选择考察期内第 t 年之前未出口的所有企业作为样本，其中在第 t 年出口的企业为出口企业，即 $Export_{it}=1$。β 与 β' 分别可以衡量出口企业在出口之前与非出口企业相比的工资水平差异及其增长差异。几乎所有的研究都发现出口企业在出口之前的表现就比非出口企业要好。

$$Y_{it} = \alpha_i + \beta TFP_{it} + cX_{it} + NY_{it-1} + \kappa_i + \eta_{it}$$
$$\text{其中，} Y_{it} = \begin{cases} 1, \beta TFP_{it} + cX_{it} - N(1-Y_{it-1}) + \varepsilon_{it} > 0 \\ 0, \beta TFP_{it} + cX_{it} - N(1-Y_{it-1}) + \varepsilon_{it} \leqslant 0 \end{cases} \qquad (b-3)$$

对于第一种假说"自我选择出口"的验证，一般采用二元选择模型如(b-3)式所示，Y_{it} 为二元变量，X_{it} 是除 TFP 之外的其他企业特征，考虑到不可观测的企业异质性可能会对估计结果造成偏差，即在方程中加入 κ_i，固定效应回归。如果 β 是正的且是显著的，则证明了第一种假说的成立。

$$dTFP_{it} = \frac{\ln TFP_{it} - \ln TFP_{i0}}{t} = \alpha + \beta Export_{i0} + \lambda X_{i0} + \varepsilon_{it} \qquad (b-4)$$

对于第二种假说"出口促进增长"的验证，一般采用(b-4)式，其中 $Export_{i0}$ 为虚拟变量，企业在考察期期初出口，则 $Export_{i0}=1$，其他变量的含义同上。β 即是我们关注的系数，反映了出口行为对初次出口企业员工工资的作用，根据时间段的长短，又可分为短期、中期、长期影响。根据这种假说，我们希望看到的是当企业一进入出口市场，工资会有迅速提升，随之与内销企业的工资差距越来越

[①]　出口企业的员工工资高出非出口企业的部分称之为"出口工资溢价"或者"出口工资红利"。

大。然而(b-4)式回归方程把一些中途退出出口市场的企业也包含在内,退出的企业可能伴随着工资的降低,从而低估了出口对工资的提升作用。考虑到企业这种转向问题后,可以将出口企业分得更细——初次出口企业、持续出口企业、中途退出企业,如方程(b-5)所示,分别研究出口行为对处于不同出口状态的企业工资的影响。

$$dwage_{it} = \frac{\ln wage_{it} - \ln wage_{i0}}{t} = \alpha + \beta_1 Start_{it} + \beta_2 Both_{it} + \beta_3 Stop_{it} + \lambda X_{i0} + \varepsilon_{it}$$

$$其中,\begin{cases} Start_{it} = 1, Export_{i0} = 0 \& Export_{it} = 1 \\ Both_{it} = 1, Export_{i0} = 1 \& Export_{it} = 1 \\ Stop_{it} = 1, Export_{i0} = 1 \& Export_{it} = 0 \end{cases} \quad (b-5)$$

对于基准模型的估计方法,采用最多的是最小二乘估计,然而这种情况下估计结果存在向上的偏倚,因为工资高的企业比工资低的企业更容易进入出口市场,出口以后的工资增长得快可能是因为这些企业在出口之前就表现好,即存在"自我选择"问题(self-selection),出口与工资的双向因果关系也是这个领域的研究者面临的最大挑战之一。早期的研究者使用固定效应来减少偏差,尽管加入固定效应能控制某些隐性的工资率变动,但对于解决内生性没有多少帮助,仍存在结果被高估的问题。

附录 C　全要素生产率的测量

全要素生产率的分析要追溯到索罗在研究宏观经济增长时开创性的文章(Solow, 1957),近些年来,随着企业数据的可得,在个体层面估计每个企业的全要素生产率成为可能(Bartelsman and Doms, 2000),同时,尤其是20世纪90年代以来,研究此类问题的计量方法也得到大幅度提高(ABBP, 2007),通常假设产出是企业各种投入和生产率的函数(Katayama and Lu et al., 2009),TFP由回归方程的残差项测量得出。

然而当我们用传统方法比如利用平衡面板数据进行最小二乘法(OLS)来估计时,会存在一系列问题:首先,生产率和企业投入决策存在相关性,用OLS估计会产生内生性问题即同步偏差;其次,用平衡面板数据即持续存活的企业,忽视了企业的进入和退出,产生选择性偏差。除此之外,还面临一些其他问题,如用行业水平的价格对企业水平的价格进行平减受到越来越多的挑战(Katayama

and Lu et al.，2009）；多产品企业的产品选择也与其生产率相关（Bernard and Redding et al.，2009）。

传统方法采用平衡的面板数据、行业平减后的企业产出和企业投入、OLS方法通过生产函数的残差来估计 TFP，这种方法面临各种问题。表 C1 总结了这些问题带来的偏差：首先，由于制造业企业的进入和退出市场，带来样本的偏差，造成资本投入的系数有向下的偏差；其次，如果企业在作决策前就觉察到TFP 的变化，则当期的要素投入可能和 TFP 相关，即同步偏差，在资本和劳动正相关的假定下，资本的系数有向下的偏差，其他要素投入系数有向上的偏差；其次，如果产品市场或者要素市场是不完全竞争的，则用行业水平价格来平减企业层面的价格会带来与同步偏差方向相反的偏差；最后，如果企业是多产品企业，每种产品的生产技术以及面临的需求曲线都不同，则传统估计 TFP 的方法会带来偏差。

针对以上提出的这些问题，传统的估计方法[①]如固定效应法（fixed effect，FE）、工具变量法（instrument variable，IV）、系统广义矩估计法（Generalized Method of Moments，GMM）虽然也能部分解决内生性问题，却由于估计量的表现与隐含的假设不相符而不尽人意，因此学者们提出了半参数方法如 OP 方法（Olley and Pakes，1996）、LP 方法（Levinsohn and Petrin，2003）等来解决同步偏差和选择偏差，并且在此基础上做了新的拓展，以更好地适应现实[②]。

本书详细介绍了目前比较流行的半参数方法 OP 方法和 LP 方法，首先对生产函数进行介绍：假定生产函数采取柯布—道格拉斯的形式，

$$Y_{it} = A_{it} K_{it}^{\beta_k} L_{it}^{\beta_l} M_{it}^{\beta_m} \tag{c-1}$$

Y_{it} 代表企业 i 在 t 时期的产出，K_{it}、L_{it}、M_{it} 分别是投入的资本、劳动力和原材料，A_{it} 是企业 i 在 t 时期的希克斯中性技术进步。Y_{it}、K_{it}、L_{it}、M_{it}、A_{it} 五个变量中，A_{it} 是唯一不能被观测到的。对（c-1）式取对数形式，得到线性的生产函数，

$$y_{it} = \beta_0 + \beta_k k_{it} + \beta_l l_{it} + \beta_m m_{it} + \varepsilon_{it} \tag{c-2}$$

其中 $\ln(A_{it}) = \beta_0 + \varepsilon_{it}$，$\beta_0$ 即可测度希克斯中性技术的大小，ε_{it} 为误差项，可以进一步分为可观测部分与不可观测部分，如下式：

$$y_{it} = \beta_0 + \beta_k k_{it} + \beta_l l_{it} + \beta_m m_{it} + \omega_{it} + \mu_{it}^q$$

①　主要是参数方法。

②　De Loecker（2007）对此有详细的说明。

ω_{it} 表示企业层面的生产率,而 μ_{it}^a 则代表误差项中不可观测的部分,满足独立同分布条件。

全要素生产率 ω_{it} 可以通过下式得到:

$$\hat{\omega}_{it} = y_{it} - \hat{\beta}_k k_{it} - \hat{\beta}_l l_{it} - \hat{\beta}_m m_{it} \qquad (c-3)$$

得到企业层面的 TFP 可以用来评估各种政策变量的影响,也可以通过不同权重加权得到行业水平的 TFP。

下面内容详细的阐述用 OLS 估计(c-2)式过程中面临的各种偏差问题,包括要素投入内生性问题、选择偏差问题。除此之外,在不完全竞争产品市场(要素市场)下,如果不能获得企业要素投入和产品及其对应的价格的准确数据,会产生遗漏变量问题;如果一个企业生产多种产品,而且每种产品的生产技术不同,则应该估计每种产品的 TFP,而不是一个企业的 TFP。

一、OP 估计方法

针对传统方法的不足,Olley and Pakes(1996)提出了一种半参数方法的一致性估计量,这种方法通过将企业的投资决策作为不可观测的生产率的代理变量,解决了同步偏差,同时通过在模型中包含"是否退出"二元变量来解决选择偏差[1]。

OP 方法动态刻画了企业的行为,考虑了不可观测的生产率冲击以及企业的进入和退出。在每一期的期初,已经在市场的企业决定是退出市场还是继续留在市场,如果退出市场,则只能得到一个折后值且不能再次进入市场;如果继续留在市场,则企业会选择合适的要素投入量以实现目标。假设企业最大化贴现后的现金流期望值,投资和退出决策取决于企业基于目前信息所觉察的市场结构分布。企业退出市场的生产率的临界点[2]及投资决策是由马尔科夫完美纳什均衡(Markov perfect Nash Equilibrium)决定的,因此,退出市场的临界值与投资决策均取决于决定均衡行为的所有参数。

为得到参数的一致估计,作者做了大量的假设:首先,假设企业层面只有一个不可观测的状态变量——生产率;其次,为保证投资需求函数的可逆性,假设投资是单调的,这意味着投资与生产率是正相关的;最后,如果用行业价格指数

---

[1] 本书只介绍估计方法的过程,至于具体的技术细节,请参考 Ericson and Pakes (1995)以及 Olley and Pakes(1996)。

[2] 低于生产率的临界值,企业就会退出市场。

平减后的企业层面投入额和产出额来作为投入量和产出量的代理变量,则假设行业内所有的企业面临同样的产出价格和投入价格(ABBP,2007)。

和前文分析一致,假设生产函数为柯布道格拉斯形式如(c-2)式所示,资本是状态变量,只受当期和过去的 ω_i 影响,投资由下式计算得出: $I_{it} = K_{it+1} - (1-\delta)K_{it}$,因此企业层面的投资水平依赖于资本和生产率,即 $i_{it} = i_t(k_{it}, w_{it})$ [1]。给定资本情况下,假定投资对于生产率而言是严格递增的,投资函数可逆,则生产率可以写为投资和资本的函数: $w_{it} = h_t(k_{it}, i_{it})$, $h_t(\cdot) = i_t^{-1}(\cdot)$,继而(c-2)式可以写为:

$$y_{it} = \beta_0 + \beta_k k_{it} + \beta_l l_{it} + \beta_m m_{it} + h_t(k_{it}, i_{it}) + \mu_{it}^q \tag{c-4}$$

另外,定义 $\varphi(i_{it}, k_{it})$ 为 $\varphi(i_{it}, k_{it}) = \beta_0 + \beta_k k_{it} + h_t(k_{it}, i_{it})$ 。(c-4)式的估计过程分为两阶段,第一阶段,用 OLS 估计(c-5)式:

$$y_{it} = \beta_l l_{it} + \beta_m m_{it} + \varphi(i_{it}, k_{it}) + \mu_{it}^q \tag{c-5}$$

$\varphi(i_{it}, k_{it})$ 用 i_{it} 和 k_{it} 的包含常数项的高阶多项式逼近,(c-5)式可以得到劳动力和原材料的一致估计。资本的系数则要通过企业的动态行为来得到,假设生产率服从一阶条件的马尔可夫过程, $w_{it+1} = E(w_{it+1} | w_{it}) + \xi_{it+1}$,假定 ξ_{it+1} 与 t+1 期的生产率和资本无关。如果生产率超过临界值,企业会继续运营,即当 $w_{it+1} \geqslant \overline{w}_{it+1}$ 时, $\chi_{it+1} = 1$, χ_{it+1} 是生存概率。

$$E[y_{it+1} - \beta_l l_{it+1} - \beta_m m_{it+1} \mid k_{it+1}, \chi_{it+1} = 1]$$
$$= \beta_0 + \beta_k k_{it+1} + E[w_{it+1} \mid w_{it}, \chi_{it+1} = 1]$$

第二阶段主要由以下过程得出,

$$y_{it+1} - \beta_l l_{it+1} - \beta_m m_{it+1}$$
$$= \beta_0 + \beta_k k_{it+1} + E(w_{it+1} \mid w_{it}, \chi_{it+1}) + \xi_{it+1} + \mu_{it+1}^q$$
$$= \beta_0 + \beta_k k_{it+1} + g(P_{it}, \varphi_t - \beta_k k_{it}) + \xi_{it+1} + \mu_{it+1}^q \tag{c-6}$$

P_{it} 是企业在下一期存活的概率[2], $P_{it} = \Pr\{\chi_{it+1} = 1\}$, $E(\omega_{it+1} | \omega_{it}, \chi_{it+1}) = g(P_{it}, \varphi_t - \beta_k k_{it})$ 由生产率冲击的运动规律得出。与第一阶段相同,函数 $g(P_{it}, \varphi_t - \beta_k k_{it})$ 可以用 P_{it} 和 $\varphi_t - \beta_k k_{it}$ 的高阶多项式来逼近,最终,估计方程如(c-7)式,资本系数可以通过对(c-7)式非线性最小二乘估计得出:

---

① 式中小写字母代表取对数后的值。

② s 可以通过估计被解释变量是能否生存的 probit 模型得到。

$$y_{it+1} - \beta_l l_{it+1} - \beta_m m_{it+1}$$
$$= \beta_0 + \beta_k k_{it+1} + g(\hat{P}_{it}, \hat{\varphi}_t - \beta_k k_{it}) + \xi_{it+1} + \mu_{it+1}^q \qquad (c-7)$$

二、LP 估计方法

Olley and Pakes(1996)用投资决策作为不可观测的生产率的代理变量,而 Levinsohn and Petrin(2003)用中间品投入作为代理变量。OP 的单调性条件需要投资对于生产率而言是严格递增的,只有为正数的投资才能用(c-5)、(c-7)两式估计,会损失掉很多的观测值,估计结果依赖于样本,容易造成效率的损失,而且如果样本中有大量企业的投资为零,单调性的假设很难成立。因此, Levinsohn and Petrin(2003)用企业中间品的投入而不是投资来作代理变量,由于企业每年都报告原材料的使用状况,因此保留下来的观测值较多,原材料很少有为零的情况,单调性的假设很容易成立。

LP 方法的估计过程如下:首先,LP 方法用中间投入品做不可观测的生产率的代理变量,则中间投入品或者说原材料可以表示成资本和生产率的函数,即 $m_{it} = m_t(k_{it}, w_{it})$,如果满足单调性且原材料投入对于 w_{it} 是严格递增的,则上式是可逆的,因此像 OP 方法一样,把不可观测的生产率写成可以观测的资本和原材料的函数,$w_{it} = s_t(k_{it}, m_{it})$ 且 $s_t(\cdot) = m_t^{-1}(\cdot)$,将(c-2)式重新写为(c-8)式的形式:

$$y_{it} = \beta_0 + \beta_k k_{it} + \beta_l l_{it} + \beta_m m_{it} + s_t(k_{it}, m_{it}) + \mu_{it}^q \qquad (c-8)$$

从(c-8)式看出,代理变量原材料的系数在第二阶段中才估计得出,而 OP 方法在第一阶段就得出。OP 方法与 LP 方法的第二个区别在于对选择偏差的纠正,OP 方法允许非平衡面板数据,同时在估计过程的第二阶段中包含了企业生存的概率,而 LP 方法未包含企业生存概率;如果采用非平衡面板数据,OP 方法的估计结果带来的效率损失很小。除了用原材料投入做代理变量、在第二阶段省略了企业的生存概率外,LP 方法的估计过程与 OP 方法基本一致[①]。

三、OP 方法与 LP 方法的比较

从前文可知,LP 方法与 OP 方法的区别在于选用不同的代理变量以及是否包含企业生存概率来矫正选择偏差。然而,在实际应用中,应该选择哪种方法呢? 我们对两种方法进行了比较。

---

① Petrin and Poi et al. (2004)在 stata 中编了一套程序专门来实施 LP 方法。

OP 方法最明显的缺点是可逆性，即只包含了投资为正的样本，尽管用这些样本可以得到生产函数系数的一致估计，这会造成效率的损失，而且如果行业内投资为正的企业很少，则投资单调性的假设也不成立。

此外，ACF（2006）认为在估计的第一阶段，劳动力和非参数项之间存在多重共线性①导致劳动力的系数不被识别。出现这个问题的原因在于企业可能会按比例分配资本、原材料和劳动力。OP 估计量和 LP 估计量中都不可避免出现共线性问题，而在 LP 估计量中更为严重。

在 LP 方法中，由于劳动力和原材料是同时选择的，假定它们按相同的方式分配，意味着劳动力和原材料是生产率和资本的函数：$m_{it}=f_t(w_{it},k_{it})$ 与 $l_{it}=g_t(w_{it},k_{it})$，利用 LP 方法的可逆条件，$w_{it}=f_t^{-1}(k_{it},m_{it})$，得到下列结果（ACF，2006）：$l_{it}=g_t[f_t^{-1}(w_{it},k_{it}),k_{it}]=h_t(m_{it},k_{it})$。一方面不能同时估计由 w_{it}、k_{it} 构成的非参数函数与由许多其他变量构成的劳动力变量；劳动力变量和非参数函数的多重共线性使劳动力在第一阶段不能被识别。

这种共线性问题在用 OP 方法估计的过程中也存在。OP 方法假设企业并不是在完全察觉未来生产率的情况下决定劳动力的投入，即投资和劳动力分别由不同的信息集决定，如果这个假设成立的话，劳动力系数在 OP 方法估计过程的第一阶段就可识别出来。然而在 LP 方法中，这个假设不能解决多重共线性的问题，由于劳动力投入决策在原材料投入决策之前，因此原材料投入直接受劳动力投入决策的影响，导致劳动力不能在第一阶段被识别。OP 和 LP 估计量的区别在于：与原材料不同，投资不能直接与 t 期的结果联系起来，因此企业的劳动力分配不能直接影响企业的投资决策，却可以影响企业原材料投入决策（ACF，2006）。

在不完全竞争的产品市场和要素市场下，遗漏产品价格和要素价格，会导致 OP 和 LP 估计量的不一致。学者们对 OP 方法进行了扩展，以考虑不完全竞争市场的状况。De Loecker(2007)认为，在 LP 方法中，不完全竞争市场下可逆条件是不成立的，即使 LP 方法纠正了不完全竞争市场的状况，系数仍然是有偏的。因此，主要是针对 OP 方法进行了扩展。

四、各种方法的总结

表 C2 对各种方法进行了比较，包括假设、解决的问题及代表性文献等。理

---

① OP 方法中非参数项指原材料和资本的多项式，LP 方法中非参数项指投资和资本的多项式。

论上,固定效应法和工具变量法可以解决 OLS 估计过程中的同步偏差问题,然而,固定效应法由于不合理的假设生产率 w_{it} 不随时间变化,工具变量法由于很难找到合适准确的工具变量,两种方法在实证中的应用都不成功。Blundell and Bond(2000)考虑到这些问题,提出了 GMM 估计量。

半参数估计量(OP 和 LP)通过寻找不同的代理变量替代不可观测的生产率解决了同步偏差问题,二者都假设投资是单调的,并且生产率 w_{it} 是企业层面唯一不可观测的变量。如果样本是不平衡的面板数据,两种方法都面临选择偏差的问题,OP 方法在第二阶段考虑企业的生存概率来解决选择偏差。最新的进展主要集中在 OP 方法的扩展上,考虑了不完全竞争的产品市场以及多产品企业。

表 C1　全要素生产率估计过程中出现的偏差

偏差起因	定　义	偏差方向	主要参考文献
选择偏差	平衡面板数据下的内生性: 若企业在退出前观测到生产率,残差项 ε_{it} 与 k_{it} 存在相关性,	β_k 有向下的偏差	Wedervang(1965); Olley and Pakes(1996); ABBP(2007)
同步偏差	要素投入的内生性: 如果在决策前企业对 ε_{it} 的认知会影响企业的决策,则残差项 ε_{it} 与投入 x_{it} 相关	β_l 有向上的偏差 β_m 有向上的偏差 β_k 有向下的偏差	Marschak and Andrews Jr(1944); Olley and Pakes(1996); Levinsohn and Petrin(2003); ACF(2006); ABBP(2007)
遗漏产出价格偏差	产品市场不完全竞争: 产品价格与行业均价的偏差($p_{it} - \overline{p_{it}}$)与投入 x_{it} 相关	β_l 有向上的偏差 β_m 有向上的偏差 β_k 有向下的偏差	Klette and Griliches(1996); Levinsohn and Melitz(2002); De Loecker(2007)
遗漏投入价格偏差	要素市场不完全竞争: 投入价格与行业均价的偏差($p_{it}^{k,m} - \overline{p_{it}^{k,m}}$)与投入 x_{it} 相关	β_l 有向上的偏差 β_m 有向上的偏差 β_k 有向下的偏差	Levinsohn and Melitz(2002); De Loecker(2007); Katayama and Lu et al.(2009)
多产品企业	内生产品选择: 同一家企业内多种产品的生产技术不同	不确定	Bernard and Redding et al.(2006); De Loecker(2007); Bernard and Redding et al.(2009)

注:根据相关文献整理所得。

表 C2　几种估计方法的比较

估计方法	基本假设	解决的问题	主要参考文献
固定效应 (fixed effect)	ω_{it}是企业特有的,并不随时间变化	同步偏差; 选择偏差(当 $\omega_{it}=\omega_i$ 时)	Mundlak(1961); Hoch(1962); ABBP(2007)
工具变量法(IV)系统广义矩估计(GMM)	工具变量与内生变量相关,与残差项无关	同步偏差; 选择偏差(非平衡面板数据)	Blundell and Bond(2000); ABBP(2007)
半参数方法:OP (Olley and Pakes)法 pavcnik 法	1. 不可逆条件:投资对于 ω_{it} 而言严格递增; 2. 不可观测假设: ω_{it} 是唯一的不可观测变量	同步偏差 选择偏差(非平衡面板数据) 选择偏差(企业生存概率)	Olley and Pakes(1996); Pavcnik(2002); ACF(2006); ABBP(2007); Wooldridge(2009)
半参数方法:LP(Levinsohn and Petrin)法	1. 不可逆条件:中间投入 m_{it} 对于 ω_{it} 而言是严格递增的; 2. 不可观测假设: ω_{it} 是唯一的不可观测变量	同步偏差 选择偏差(非平衡面板数据)	Levinsohn and Petrin(2003); Petrin and Poi et al. (2004); ACF(2006);Wooldridge(2009)
产品市场不完全竞争下的 OP 方法	1. 不可逆条件:投资对于 ω_{it} 而言严格递增; 2. 不可观测假设: ω_{it} 是唯一的不可观测变量	同步偏差 选择偏差(非平衡面板数据) 选择偏差(企业生存概率) 遗漏产品价格的偏差	Klette and Griliches(1996); Levinsohn and Melitz(2002); De Loecker(2007)
矫正多产品企业下的 OP 的扩展方法	1. 不可逆条件:投资对于 ω_{it} 而言严格递增; 2. 不可观测假设: ω_{it} 是唯一的不可观测变量; 3. 企业所有产品具有相同的生产技术; 4. 各产品的需求弹性相同并且是常数	同步偏差 选择偏差(非平衡面板数据); 选择偏差(企业生存概率); 遗漏产品价格的偏差; 内生产品选择带来的偏差	Klette and Griliches(1996); Levinsohn and Melitz(2002); De Loecker(2007)

注:根据相关文献整理所得。